# 唐僕尙丞郎表

（一）

嚴耕望◎著

北京联合出版公司 Beijing United Publishing Co.,Ltd.
·后浪

# 出版說明

嚴耕望（一九一六—一九九六），安徽桐城人，著名歷史學家。一九四一年畢業於武漢大學歷史系，初任職於齊魯大學國學研究所，師從錢穆，後幾經輾轉，於一九四五年入『中央研究院』歷史語言研究所，一九五九年任專職研究員。一九六四年赴香港中文大學新亞研究所任教。一九七〇年當選『中央研究院』院士。一九七八年自高級講師任上退休，轉任香港中文大學中國文化研究所高級研究員。一九七九年赴耶魯大學任客座教授，講授唐史。一九八三年回『中研院』史語所任特約研究員，翌年恢復專任研究員職位。一九八五年退休，晚年居於香港。

嚴耕望一生踏實勤勉，著述宏富，在政治制度史與歷史地理研究領域極具開創性，為學界所稱道。代表性專著有兩漢太守刺史表、秦漢地方行政制度、魏晉南北朝地方行政制度、唐僕尚丞郎表、唐代交通圖考等。

唐僕尚丞郎表共二十二卷。考唐尚書省歷任職官——左右僕射、左右丞、六部尚書侍郎以及度支使、諸道鹽鐵轉運等使之姓名、籍貫、出身、任職經歷進行梳理排比，編為圖表，並詳加考訂，計成述制一卷、通表三卷、輯考十八卷。李唐顯貴，多在其中，為研究唐代政治制度、政局變遷必備之參考。

唐僕尚丞郎表早期由『中研院』史語所出版，此次引進即據該本影印。影印時做了一些修版與訂正錯訛的工作，並對部分內容進行了技術處理。力圖以清朗悅目的形態呈現給廣大讀者。特此說明。

北京聯合出版公司

二〇二三年五月

# 序言

余撰是書，動機有三：

民國二十九年春，余始從事兩漢地方制度之研究，因便勾稽郡國守相及州刺史之人選。三十年冬，比次表列為兩漢地方行政制度之附錄，初不敢以著述自許也。而師友咸稱為有用之作，因脫離制度，顏曰兩漢太守刺史表，獨立刊行。（本所專刊之三十。）回憶其書撰述時，既年少學淺，復未敢自信，惟鉤沉稽異，聊逞一快而已。故略為詮次，考證未精，至今引為深憾，時思有以補救前過。

三十六年春，余始讀唐史。尋繹歲餘，頗感唐代南北士風之不同對於唐代政治有深切之影響，而中國南北人文之盛衰尤以有唐一代為關鍵。欲考唐代政局之演變，推究牛李黨派之紛爭，最澈底之方法莫過於探求朝廷達官之出身與籍居。人文之方面甚廣，而大體言之，政治人才之多寡尤為人文盛衰之表徵，故考南北人文之盛衰，亦莫過於探求朝廷達官之出身與籍居。唐世朝廷達官自莫過於宰相、翰林學士與尚書省諸長官。宰相、翰學雖極顯要，然人數較少，不能盡朝廷顯達之全部。惟尚書省之左右僕射、左右丞、六部尚書及侍郎，不但本官華貴，即凡朝廷顯達亦莫不曾歷此任，至於宰相翰學尤多以此官兼充，故能盡括朝廷顯達之全部者實莫過於此。

且也，有唐人物之記載，當時及宋人彌為致意，故宰相有表，（新唐書有宰相年表及世系表。）郎官有柱，（郎官石柱題名。）御史有碑，（御史臺精舍碑。）登科有記；乃至各種官守類有壁記，惟翰林學士兩壁記為元稹、丁居晦所錄，（元稹翰林承旨學士廳壁記、丁居晦重修翰林學士壁記。）傳誦至今耳。自清中葉以來，唐史人物之研究蔚為風尚，如沈炳震之於宰相兩表，（有唐書宰相世系表訂譌十二卷，附唐書合鈔之後；又合鈔中之宰相年表亦經改編，非新書原式。）王昶、勞格之於郎官柱，（王昶金石萃編卷七十四至七十六錄郎官石柱，稍加考證。勞格與趙鉞合撰唐尙書省郎官石柱題名考二十六卷。此前尙有朱彝尊、趙魏諸家。近人岑仲勉前輩復有郎官石柱題名新著錄。）趙鉞之於御史碑，（鉞與勞格合撰唐御史臺精舍題名考三卷。）徐松之於登科記，（唐人撰登科記不下十餘家，皆已散亡，徐氏重輯爲登科記考三十卷。）及近人岑仲勉前輩之於翰林兩記，（岑氏撰元氏翰林承旨學士廳壁記校補與丁氏翰林學士壁記注補。又以元記止於敬宗，故撰補文宗至哀帝七朝翰林承旨學士記以續之；丁記止於懿宗，故撰補僖昭哀三朝翰林學士記以續之。）或訂誤，或疏證，或注補，或重輯，皆勤徵史料，蜚聲學林。復有吳廷燮方鎭年表，創意之作，視前列諸家爲尤難，雖徵考稍疏，而爲用殊博。然則宰輔、學士內執機柄，節度、觀察外鎭方嶽，下至郎官、御史、科第仕途，前賢鑽研，皆已具備；惟僕、尙、丞、郎爲都省六官之長，實中央行政之中樞，乃當時不錄，（南部新書卷甲云，「尙書諸廳，歷者皆有壁記。」惜未錄於簡冊，故不易傳。）後人忽諸，余竊惑焉。或者前列諸書多有依傍，時次已定，輯證爲易；否則，人數較少，稍易爲力。而僕尙丞郎人數既夥，復無依憑，辨其年月，比次先後，實倍難於他作。前人先爲其所易，暫置其所難，亦著述之勢然歟？

余未學，因有以上三種動機，故輒忘其淺陋，勉力發奮，試爲輯考而表列之。又中葉以後，度支、鹽鐵轉運等使與戶部並稱三司，關乎國政，有過六部，故因戶部而附及焉。

方余着手輯錄材料，考辨時次，果又困難重重：唐世職官遷轉頻速，中葉以後，官賞日濫，任期尤促，朝官又較外官爲甚，僕尚丞郎或數月卽遷，且有居任三數日者。比次先後，徵考匪易，其難一也。武宗以後，史料遺佚特甚，舊唐書之編撰已感困難，故紀傳敍事零亂無次，抵牾百出。歐宋新書又與舊書多歧。千載以下之今日，欲比次兩書，勘合紀傳，折衷抉擇，尤非易易，其難二也。所表諸官，其名稱多僅一字之差，而字形又極相近，如「左」「右」，如「戶」「兵」，如「兵」「工」，史傳傳寫易滋譌誤。有經考證可得其正者，且有無法求其本眞者，其難三也。唐世史傳碑誌所題先人或他人官銜，每多檢校、致仕、追贈之官而不明言。(書本人銜幸少此類。)有可考而知者，有不可考者，棄之不宜，收之或誤，其難四也。以余魯鈍，御此四難，駑馬重車，其不却步蹶躓者蓋幾稀耳！逮輯考已竣，表而列之，都凡一千一百一十六人，二千六百八十餘任，亦幸頗有可觀。(任數係據輯考逐條數之，間有一條兩任者，則未詳計。)孫逖吏部尚書壁記(全唐文三一二)云：自有唐之初至開元二十一年李暠任職，凡四十八人。今檢余所考得之人任，自武德元年之李綱迄李暠，凡五十三任，(權知選事者計入。)就中侯君集、高士廉、韋安石皆再任，宋璟三任，實得四十八人，與孫記恰合，快慰無限。其他官員雖尙多難考，然蓋亦十得七八矣。至於唐史諸籍之奪譌謬誤，亦因考辨而有所補正，約略計之，蓋一千二百餘條，(就中舊唐書六百餘條，新唐書三百餘條，通鑑唐紀九十餘條，唐會要七十餘條，全唐文、册府元龜及其他雜著乃至金石碑刻各若干條。惟此據初稿數之(初稿逐條有標記)，定稿容稍有出入。)則此編之副收穫也。(原擬編「輯考糾史引得」，作爲附錄第三，以廣讀者之應用。余既少暇，而印刷費亦已超過預算甚鉅，只好暫置，俟之異日。)然人任既夥，字近百萬，考證之功不能無懈，疏誤之病仍將百出，幸中外碩學有以敎之。

又余撰此書既竟，深感兩唐書各有優劣：新書體製完備，而事傷簡略，倘無舊書，則事制多湮。舊書敍事詳盡，而比次多誤，即余此編所考，決然可判其爲謬誤或奪譌者已逾六百條，除此而外，更不知凡幾。沈氏東甫合鈔兩書爲一編，殊有卓識。惟詳者鈔之未盡，誤者摘發殊少。因頗有意本沈氏合鈔，鈔之益審，糾之益精，又廣徵他籍爲之注補，俾政事制度朗然賅備，學者研尋，取給爲便。惟唐籍浩繁，沈氏合鈔已逾四百萬字，若加以撥正注補，必當逾倍；故此事體大，實非一人之力所能奏功。方今公私財力俱困，實亦無可如何。河淸可望，待之而已。

桐城嚴耕望　一九五二年六月初稿於楊梅　一九五五年九月再稿於南港

此書材料之搜集，始於民國三十七年冬。不數月，由南京遷寓臺灣之楊梅，工作中輟者累月。復值小女曉松出生，內子體弱，家務叢瑣，須余分任；然片刻之暇，仍匆匆就案。至一九五〇年冬，材料搜錄略備，乃開始撰述。一九五一年四月末，完成輯考之兩僕、兩丞、吏尚、吏侍、戶尚、戶侍諸卷。因清點金石拓本，至八月末始續撰度支以下諸卷。一九五二年四月三日，輯考完成。乃據輯考編製通表，五月五日完成。是年冬，復撰述制，冠諸卷首。全書初稿至此全部完成，都凡一百六七十萬字。惟念徵輯材料太詳，故致篇幅過巨，讀者雖便，而梓行不易。乃於再稿時改變輯考之體式，凡不待考辨者，只注出處，材料原文概從刪落。此項工作始於一九五三年正月，間因撰述他文，故遲至一九五五年正月六日始克竣工，時上距由楊梅遷寓南港本院新址旬有餘日。是年秋，付梓在望，又復有所修訂，則距始功已七逾歲序矣。回憶方此書材料搜集之始，余意未堅，則勞貞一先生鼓勵之功爲多。稿成，承陳槃厂先生百忙中抽暇惠閱，指正數處。復承李濟之、董彥堂兩前輩於經費極度困難中力謀付梓。而印刷諸務，則汪和宗先生任之。衷心感荷，統此謹致謝忱。

一九五六年四月十七日耕望校後記

# 唐僕尚丞郎表 目次

# 唐僕尚丞郎表 凡例

一、唐世任官，正員之外，有兼，有判，有攝，有權知，有檢校。兼判攝及權知雖非真除，然皆實職，故並收之。惟檢校官前後性質迥異：自唐初至肅宗世，凡檢校官，皆掌本職，與正員不異，故亦入錄；代宗以後，勳臣方嶽多加檢校僕射、檢校尚書，純虛銜，非實職，故摒而不錄；惟代宗世檢校僕尚有加「知省事」者，仍以入錄。

二、舊新兩書及通鑑書事，官名及年月日往往歧異，是非得失有不可考者。若三書皆載而各不相同，則取通鑑；若三書皆載，二同一異，則取其同者；若僅見二書，則取時次較後者。

三、遷轉書例——唐世職官遷轉，正史及政書無一定明確之書例。今略準兩唐書敍事用字釐為條例，以便書敍：

(甲)：僕尚丞郎與他官互調，其書法凡十二例：(有與此例不符者，則以職之輕重為準。)

(1) 品同職均曰「換」。
(2) 品高職均曰「遷」。
(3) 品低職均曰「換」。
(4) 品同職重曰「遷」。
(5) 品同(或稍低)職輕曰「轉」。
(6) 品高職重曰「遷」。
(7) 品高職輕曰「徙」。
(8) 品低職重曰「換」。
(9) 品低職輕曰「左遷」。

(10) 重謫曰「貶」。

(11) 特遷曰「擢」、曰「擢遷」。

(12) 僕尚丞郎出任節度觀察刺史曰「出爲」，節度觀察刺史入爲僕尚丞郎曰「入遷」。

(乙)僕尚丞郎互調，不論職任之閒劇，惟以品秩位序爲標準。今按下圖釐爲四例：

(上)

| (左) | | | | | (右) |
|---|---|---|---|---|---|
| | | 左僕 | 右僕 | | |
| 吏尚 | 兵尚 | 戶尚 | 刑尚 | 禮尚 | 工尚 |
| | | 左丞 | 吏侍 | | |
| 右丞 | 兵侍 | 戶侍 | 刑侍 | 禮侍 | 工侍 |

(下)

(1) 由下而上曰「遷」

(2) 由上而下曰「轉」

(3) 由右而左曰「遷」

(4) 由左而右曰「換」

（唐初六部位次稍異故有變例）

(丙)拜相，不論官品高低均曰「遷」；罷相曰「罷爲」，或「出爲」。罷爲本官曰「罷守本官」。

四、薨卒書例——僕射宰相書「薨」。餘皆書「卒」。

五、特殊標記

●……現任宰相

○……舊任宰相

*……檢校官知省事（惟代宗世有之）

△……戶部侍郎判本司事或他官判戶部事（此惟見通表中戶侍格及輯考四下戶侍卷）

六、官名簡稱——通表官名以書簡稱爲原則。玆列簡稱表如次：

(1) 尙書省諸長官

左右僕（尙書左右僕射）

左右丞（尙書左右丞）

某尙（某部尙書）

某侍（尙書某部侍郎）

(2) 九卿——凡正卿皆省「卿」字，少卿省「卿」字又移「少」字於本名之前，如太常（太常卿）、少太常（太常少卿），餘類推。惟武后世名稱改易不省書。又諸監不省稱。

(3) 左右兩省官

中令（中書令）

中郎（中書侍郎）、西郎（西臺侍郎）、鳳郎（鳳閣侍郎）、紫郎（紫微侍郎）

中舍（中書舍人）、西舍（西臺舍人）、鳳舍（鳳閣舍人）、紫舍（紫微舍人）

門郎（門下侍郎）、東郎（東臺侍郎）、鸞郎（鸞臺侍郎）、黃郎（黃門侍郎）

給事（給事中）

左右騎（左右散騎常侍）、散騎（散騎常侍不知左右）

左右大諫（左右諫議大夫）、大諫（諫議大夫不知左右）

(4) 御史臺官

大御（御史大夫）

御丞（御史中丞）

(5) 京兆府官

京尹（京兆尹）

少京尹（京兆少尹）

(6) 東宮官

太師、少師、太傅、少傅、太保、少保、詹事、賓客（以上皆省「太子」二字）

左右庶（太子左右庶子）、庶子（太子庶子不知左右）

(7) 諸院學士

翰學（翰林學士）、翰學承旨（翰林承旨學士）

集學（集賢院學士）

弘學（弘文館學士）、昭學（昭文館學士）、修學（修文館學士）

(8) 使職

鹽運使（諸道鹽鐵轉運等使）（貞元中葉名稱固定以後始省稱）

(9) 外官

某某節度（某某節度觀察等使）

某某觀察（某某觀察等使）

某刺（某州刺史）

某督（某州都督）

某大督（某州大都督）

某大督長史（某州大都督府長史）

(10) 散官

開府（開府儀同三司）

各級大夫皆省「大夫」二字，惟中大夫不省。又金紫光祿大夫、銀青光祿大夫皆省「光祿大夫」四字。

諸郎以下皆無簡稱。

# 唐僕尚丞郎表卷一

## 述制

### （一）尚書省之職權及其在行政系統中所居之地位

漢代國家政令，丞相總其綱，而九卿分掌之；尚書乃皇帝之秘書機關，非行政機關。西漢之末，尚書已漸侵宰相之權；東漢魏晉以下，權勢益隆，既奪宰相之權，兼分九卿之職，直接參預行政。經數百年之演變，至隋及唐初，則尚書令僕爲宰相正官，而六部分曹，共行國政，故尚書省爲宰相機關兼行政機關。及神龍以後，僕射雖被擯於衡軸之外；然尚書省上承君相，下行百司，爲國家政事之總樞紐，仍不失其爲國家最高行政機關之地位。

自漢季以來，尚書六部雖侵九卿之權，參預行政，而九卿亦沿置不廢，與尚書皆承君相之命，分行政務，故尚書六部與九卿之職權常至重複混淆，不能析辨。唐世亦置九寺諸監，粗觀六典、兩志之文，其職似幾盡與六部相重複，（如司農太府兩寺之與戶部，太常鴻臚光祿三寺之與禮部，太僕衞尉兩寺之與兵部，大理寺之與刑部，少府將作兩監之與工部。）學者不易通曉其故，易滋疑惑而生誤解。且安史亂後，制度劇變，尚書省之地位職權大見墜落，行政體系之紊亂視魏晉南北朝猶有過之。故卽中唐之世，亦惟唐制專家如蘇冕等，對於前期之行政系統，對於尚書省之本來地位，尚能具體言之，瞭如指掌；一般人士則已模糊不清。不幸爲後世推重之杜佑，對於前期舊制亦無眞切之認識，不免以正在劇變中百弊叢生之當時現狀，上봬開元以前之舊制。後世學者既震於杜氏通典之權威，又不能通曉六典、兩志之文義，於是沿誤千載，訾議百出，或謂六部與寺監之職權重複混淆一如魏晉南北朝，或謂九寺諸監皆閒司矣。然試觀尚書六

部與九寺諸監之組織：尚書都省與六部之組織極簡單，置官不過一百五十餘員，置吏不過一千一百餘人；而寺監官吏員額不下萬人，其組織較尚書六部遠爲複雜而龐大，其首長之品秩亦幾與尚書均等。若寺監之職果與尚書六部相類，均衡而重複，則寺監首長之權勢及其在政治上之地位不應低於尚書；乃事實上，卽視尚書二十四司之郎中（五品）亦遠有遜色，何耶？若謂寺監爲閒司，姑無論何以任其組織龐大如此，而國家大政亦決非尚書省一百五十餘員之官、一千一百餘人之吏所能集辦。由此觀之，六部與寺監之職權，似同，實必不同，而寺監亦決非閒司，可斷言矣。

然則尚書六部與九寺諸監之職權所異何在？彼此間有無相聯之關係歟？此則所極當解決者。

余嘗就六典、兩志敍六部與寺監職掌之文，愼思精析，發現戶部與司農太府兩寺雖皆掌財計，禮部與太常鴻臚光祿三寺雖皆掌禮樂，兵部與太僕衞尉兩寺雖皆掌兵事與甲仗，刑部與大理寺雖皆掌刑法，工部與少府將作兩監雖皆掌繕作，然作者用字遣詞却截然不同，並時露六部與寺監間之關係；再參以朝廷制勅、唐人議論、敦煌殘卷與日本令解徵引之唐令，則尚書六部與九寺諸監，其職掌之性質大異，而有下行上承之關係。蓋尚書六部之職是「掌政令」，以「行(君相之)制命」；而九寺諸監之職是「掌諸事」，以「行(尚書之)政令」。卽尚書六部上承君相之制命，製爲政令，頒下於寺監，促其施行，而爲之節制；寺監則上承尚書六部之政令，親事執行，復以成果申於尚書六部。故尚書六部爲上級機關，主政務；寺監爲下級機關，掌事務。六部爲政務機關，故官員不必多；寺監爲事務機關，事類叢瑣，故組織常龐雜。六部長官爲政務官，故地位特崇隆；寺監長官爲事務官，故權勢自遠遜。蘇冕謂「九寺三監各勤所守以奉職事。尚書准舊章立程度以頒之。」尚書與寺監性質地位之不同如此。蘇氏爲中唐時代研究唐制之專家，宜其有此卓識。與蘇氏同時之權德輿亦謂大農事有「恆規」，乃「守之之才」；度支「權其輕重」，必恃「通識」。此言確切說明度支與大農性質職權之不同，亦可推而廣之，視爲六部與九寺諸監性質職權之共同差異。此與近代行政學論政務官與事務官性質職權之不同，尤合若符契。前人於六典、兩志之文研讀未精，致滋疑惑而生誤解耳。

九寺諸監既爲承望於尙書省之下級機關；而諸衞亦文屬於兵部，故蘇氏以與寺監並列，而屢次議革諸衞皆委兵部，亦其旁證；至於東宮官屬亦文屬於尙書省，更明見於六典、兩志；天下州府之上隸尙書省，更不待言矣。然則唐代中外各級之行政機關如九寺、諸監、諸衞、東宮官屬以及諸道州府，縱不皆直接統轄於尙書省，然在行政上皆承受於尙書省，則無疑也。故有事皆申尙書省取裁聞奏，不能逕奏君相；君相制勑亦必先下尙書省詳定，然後下行百司；迺至京師諸司之互相關移，或有符移關牒下諸道州府者，諸道州府上京師諸司者，皆由尙書都省勾檢轉致。上下左右之公事文移畢會於尙書省而勾決發遣或奏上之，其被「會府」「政樞」之稱宜矣。

尙書六部職權之性質，尙書六部與九寺、諸監、諸衞、東宮官屬、諸道州府之關係，以及上下公文之運行既如此，則尙書省在唐代全部行政機構中所居之地位自顯。大抵尙書六部上承君相之制命，而總其政令，於天下大政無所不綜，然直接由六部執行者則甚少。凡事屬地方性質者，則下地方政府執行之，尙書只處於頒令節制之地位。凡事屬中央性質者，小部份蓋亦最重要部份，由六部自己執行，如吏部兵部之銓選、禮部之貢擧是也；大部份則符下寺監等事務機關執行之，尙書六部亦只處於頒令節制之地位，如財計、兵政、刑獄、繕作是最顯者。故尙書省上承君相，下行中外百司，爲全國行政之總樞紐，爲政令之製頒而節制之機關，非實地執行之機關也。玆作行政系統圖如次：

# 開元時代行政系統圖

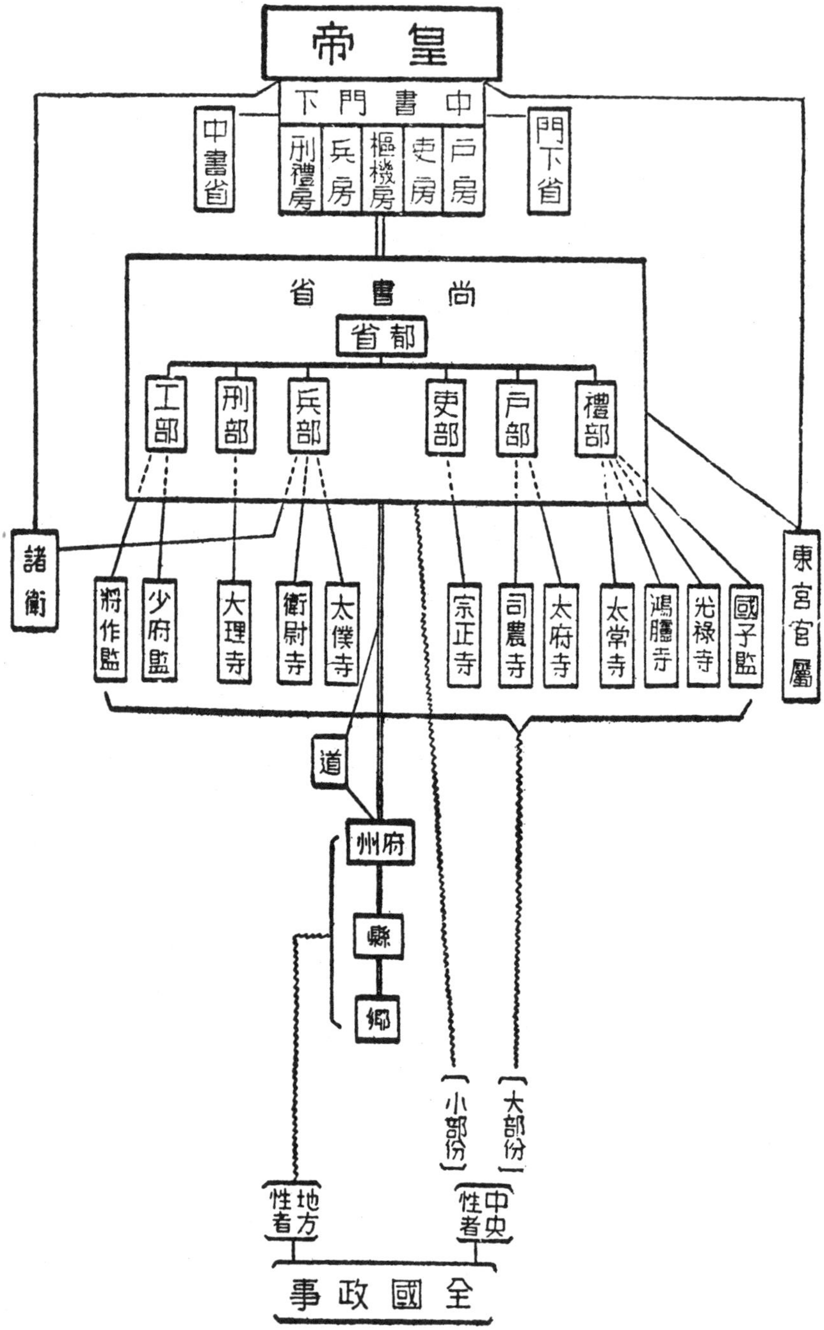
皇帝
中書門下
中書省
門下省
戶房
吏房
樞機房
兵房
刑禮房
尚書省
都省
工部
刑部
兵部
吏部
戶部
禮部
諸衛
東宮官屬
將作監
少府監
大理寺
衛尉寺
太僕寺
宗正寺
司農寺
太府寺
太常寺
鴻臚寺
光祿寺
國子監
道
府州
縣
鄉
小部份
大部份
地方性者
中央性者
全國政事

以上所論乃以開元時代之制度爲標準而言之。其在唐初（或當溯至隋代），所異於此者，惟僕射爲宰相正官，尙書省爲行政機關兼宰相機關，故其對於寺監及其他中外百司之首長有任免之權，是卽對於寺監等之控制權力視開元爲强；至於下行上承之行政關係則無異也。

唐人自稱立政作制師仿周官；其實唐代政府之官司組織大體與南北朝不異，「師仿周官」，殊非事實。然若但就行政部門之機關組織而言，則稍近似。蓋寺監等雖與尙書六部並存，且極龐大，然皆事務機關，非政令所自出；政令所出，惟在六部，此正周禮六官之遺意矣。（此當制度演變之偶合，原非有意之模仿。）然則唐代行政制度，形式上雖承南北朝之舊貫，有六部，亦有九寺諸監，然已釐革變通，加以系統化，於是舊官不廢，而體系精神煥然一新，「化臭腐爲神奇」，此之謂矣。

以上所論乃唐初及盛唐時代之行政系統與尙書省之地位，而盛唐時代尙書之地位已遠較唐初爲低落。及安史亂後，尙書省各部之職權普被剝奪分割與轉移，如吏部所掌銓選之權上爲君相所侵奪，下爲諸司諸使諸道州府所分割，兵部所掌軍政之權爲禁軍中尉及諸道藩鎭所攘奪，戶部所掌財政經濟之權爲度支鹽鐵轉運等使所分割與轉移，刑工兩部之權亦見衰落。惟禮部貢擧之權忝隆不替，然其事例由閣下權知，且與宰相中書之關係至切，而與本部尙書及都省僕丞反渺不相涉；然則其職其事，形式上雖仍在禮部，事實上亦不啻一使職矣。各部既失其權，則尙書省徒有軀殼，其在行政系統中所居之地位自大爲墜落，不復爲全國行政之眞正中樞矣。

方尙書省地位職權墜失之始也。君相尙深惜之，故代宗及德宗之初年，亂事稍平，卽屢勅規復舊章，而卒無成功。其後文宗亦欲擧舊章，如恢復僕射上事儀及力謀恢復吏部銓選權，然卒亦不能行，更遑論整個尙書省之舊章矣。此其故何在？自昔一般論者，大抵皆以爲安史亂後，軍期迫促，政務紛煩，一切皆從權便；而宦官擅權，藩鎭跋扈，亦促成之。以吾觀之，宦官擅權，藩鎭跋扈，兵部軍權因而悉被剝奪，自屬莫可如何；然軍期迫促、政務紛煩之際，尙書省何竟不能因應，致使事權必爲其他機關所攘奪乎？此則所當進一步求解者。

前論唐代初年尙書省爲宰相機關兼行政機關，其時行政只尙書省與寺監百司之兩級；兩僕爲宰相正官，對於寺監百司之長官有任免進退之權，卽尙書省對於寺監及其他中外百司能絕對控制，亦卽無異爲直接統轄之機關；故其所頒政令之推行，既能便捷迅速，復能切實貫徹，絕無留滯之弊。及兩僕摒於衡軸之外，尙書省之權勢大削，只爲行政機關，非復宰相機關；一切政令之製定，須上承中書門下之制命，而實際執行則仍下之寺監及其他中外百司，而自處於節制之地位；故行政體系由二級變爲三級制，卽政事之推行多一層轉折。且寺監雖在行政上承受於尙書省，亦可謂文屬於尙書省，然究非尙書省之直屬機關，其首長之品秩與各部尙書略均，其任免進退，尙書省不能干涉，是卽尙書省對於寺監及其他中外百司之控制力極爲薄弱，非復唐初之舊觀，故上下之間難免不相接，政令推行之際時或有留滯，承平之世尙可因應，軍興之後，政事既已增繁，又必期其敏速，以云開元舊制，實有周轉不靈之感。尤以戶部都領天下戶口土地財政經濟之政令，其職實當國家政事之半。軍興之後，支度浩繁十倍往昔，斷非一尙書二侍郎及四司郎中員外郎十數人高駐京輦指揮曠遠不相接之州府所能集辦，亦非符下非直屬機關不能指揮自如之司農太府所能集辦；度支鹽鐵轉運等使對上直承君相之制命，製爲政令，指令遍佈京師四方之直屬機構爲之施行，故政令之推行，能貫徹，能迅速，其運用較戶部符下司農太府及天下州府以施行者，自遠爲靈活；此其所以廢而復置，而戶部職權終難復舉也。至於吏部之失權，固由於君相之侵奪與諸道之擅權，上侵下擅，吏部不能自振。然吏部銓選並非一合理完善之制度，實爲根本原因之所在。蓋天下士衆，權衡於數人，百寮庶職，專斷於一司，考行究能，折衷於一面，簿書檢勘，必至於循資，故文宗有「選曹豈辨賢愚，但若配官。」之嘆（冊府六九）。如此用人，則人不稱事，事不稱人，必矣。故唐世明智之士已多言之，不待今日贅論矣。制度既不合理，治平之世尙可因循，天下大亂，才須稱職，縱諸道州府不自擅專，吾恐吏部銓選之權亦不能長行不革矣。

本節原文甚長，已抽刊於歷史語言研究所集刊第二十四本，題爲「論唐代尚書省之職權與地位」，今僅錄其「約論」於上。余此項新見，首表露於一九五一年二月所撰之「唐代六部與九寺諸監之關係」（刊大陸雜誌第二卷第十一期），再表露於一九五二年四月所撰之「唐代文化約論」（刊大陸雜誌第四卷第八期），此兩文皆甚簡略。一九五二年冬，復悉聚數年中所搜錄之史料，撰爲本書述制卷之第一節，並先予刊行。自此三文發表後，國內外學人頗有引用者。日人石田幹之助先生且爲文評介，於余此說亦深表贊同。（見其所主編之東方學第八輯。）回憶余懷此新見，爲時甚久；惟念欲推翻千餘年來已成定論之舊說，尤其杜佑爲權威學者，且卽爲唐人，欲動撼其舊說，更難爲力；故久持此見，不敢示人。近陸續發表此三文，竟能迅速爲國內外人士所承認而無異議，誠非始料所及。今全書出版，本擬重刊原文；第以文長六萬餘字，爲省篇幅計，故僅存「約論」，餘從刪略；讀者欲悉其詳，請看集刊所載之原文可也。

## （二） 僕尚丞郎地位職權之消長

李肇國史補下云：「國初至天寶常重尚書；……兵興之後，官爵寖輕，八座用之酬勳不暇，故今議者以丞郎爲貴。」時在元和長慶中。（按自序云：「予自開元至長慶，撰國史補。」）其言是矣，茲略疏論之。

唐代初葉，左右僕射爲宰相正官，其地位極爲崇重，自不待言。卽尚書之任，亦位尊職重，或兼任宰相，或用舊相碩德，不輕授也。

按：冊府六二九：「開元以前，兵吏尚書權位尤美，則宰相多所兼領。」卽其他尚書亦多以宰相兼領，或用舊相，參看本表各卷。又按：大唐新語七：「牛仙客爲涼州都督，……軍儲所集萬計，……玄宗大悅，將拜爲尚書。張九齡諫曰：不可。尚書古之納言，有唐以來多用舊相居之；不然，歷踐內外清貴之地、妙行德望者充之。」新書一二六張九齡傳及通鑑二一四略同。此已開元末事。其在國初，六部尚書什九爲當世名臣，尤不輕授。通鑑：貞觀二十一年六月，「以司農卿李緯爲戶部尚書。時房玄齡留守京師，有自京師來者，上問玄齡何言。對曰，玄齡聞李緯拜尚書，但云李緯美髭鬢。帝遽改除緯洛州刺史」。卽此一事足見不輕授矣。

卽兵興之初，仍以尚書爲貴。

按：全唐文四三肅宗加李輔國兵部尚書詔云：「元從開府儀同三司、判元帥行軍司馬、充閑廐五坊宮院營田栽接總監等使、兼隴右羣牧使、京畿鑄錢使、長春宮使、勾當內作、少府監及殿中都使、上柱國、郕國公李輔國：…。豈有業構經綸，任兼軍國，尚居散列，獨謝崇班。宜膺喉舌之寵，…加兵部尚書，餘並如故。」以輔國判使之重，仍謂「獨謝崇班」，不如尚書之榮，足見此時尚書仍極尊重。

代德以後，惟吏部尚書稍有職事，亦用淸德有望者居之。至於僕射及其他各部尚書，以職事淸閑，不常除官；有任職者，其地位亦不必高，常爲方鎭迴翔之地，而時人視之，仍不如方鎭遠甚。

按：舊書一七二蕭俛傳，長慶元年，罷相爲吏部尚書。「俛又以選曹簿書煩雜，非攝生之道，乞換散秩。其年十月，改兵部尚書。」唐初吏兵兩尚書事最煩；此時兵尚已爲閑職，戶禮刑工亦大略如此，惟吏尚稍有職任，然選權早落於侍郎掌中（詳後）。中葉以後，吏尚仍用舊德，檢本表卷三吏尚行自瞭。全唐文六六三白居易撰鄭絪可吏部尚書制：「天官太宰……自昔迄今，冠諸卿首，非位望崇盛者不可以處之；而朕卽位以來，凡命故相領者三矣，迨此而四，可不重乎。」是亦特重吏尚之意。而全唐文六四五李絳論僕射中丞相見儀制疏：「左右僕射師長庶僚。……近年緣有才不當位，恩加特拜者。」又舊書一五八鄭餘慶傳：「（元和）十三年，拜尚書左僕射。自兵興以來，處左右端揆之位者，多非其人；及餘慶以名臣居之，人情美洽。」是中葉以後，授任多非其人也。又全唐文六六八白居易論嚴綬狀：「嚴綬在太原之事，聖聰備聞，天下之人以爲談柄。陛下罷其節制，追赴朝廷，至今人情以爲至當。今忽再用（爲荊南），又替宗儒，臣恐制書下後，無不驚嘆。」按綬由太原入為右僕，出為荆南。觀此狀，可知時人視僕射遠不如方鎮。其他以僕尚為方鎮廻翔之例甚多，具詳本表。而舊書一六五殷侑傳：「太和四年，加檢校工部尚書、滄齊德觀察使。……六年(正月)，入為刑部尚書，尋(二月)復檢校吏部尚書(略)充天平軍節度(略)等使。……九年，御史大夫溫造劾侑，……(正月)授侑刑部尚書。八月，檢校右僕射復為天平軍節度使，上以溫造所奏深文故也。開成元年，復召為刑部尚書。……其年七月，檢校左僕射，出為襄州刺史、山南東道節度使。」此實尚書為方鎮廻翔之佳例。又按：會要五七左右僕射條：「大中三年正月三日勑節文，三公僕射不常除官。」足見其無實職實權。即尚書亦多缺任，看本表可略見梗概。

至末葉，僕尚之官雖亦多宰相兼領，然為宰相序位之官，與唐初以位尊職重故兼領宰相者殊不侔矣。

按：唐初兩僕固為宰相正官，其以尚書參知政事者，尚書亦即底官，非序位也。唐末宰相雖亦多兼僕尚，然其時宰相底官什九為中書侍郎、門下侍郎，而以兼六尚書兩僕射為序進之次，通常由兼工禮遷兼刑戶，遷兼兵吏，進兼右僕左僕，而後三公，具詳本表。其形式與事實皆與唐初不侔。

蓋自唐初僕射固宰相正官，尚書亦以位崇職重，故朝廷多藉其威望內參相職，外事征伐。開元中更常有帶尚書之官外領節度兼充留守者。宰相之職至煩，先天以前，以尚書領宰相者尚以餘力治本司事，開元以後，更不復視本司事矣；至於征伐四裔，動逾歲月，領節度，充留守，更經常在外矣。在此種情形下，本官之職亦不得不廢。安史亂後，八座用以酬勳故職事益失，而位任轉輕矣。

按：尚書內參政事，外事征伐，自武德貞觀至開元間常有其例。開元中，兵部尚書非領宰相即兼節度，且有兩兼者；戶禮亦多此例；刑工兩尚書幾恆充兩都留守；惟吏尚僅有平章事者，無兼領外職者；具詳本表各卷。吏兵尚書因參政事而廢本職見後引冊府六二九。而舊書一〇六楊國忠傳：「先天已前，諸司官知政事，午後歸本司決事。開元已後，宰臣數少，始崇其任，不歸本司。」新書二〇六本傳略同，最後一句作「不復視本司事」。是諸司官知政事者皆然，不獨吏兵兩尚書也。

丞郎之職本僕尙之亞，僕尙既失其職，丞郎位任自隆。僕尙失職既不始於軍興，丞郎得權亦自有漸。蓋自高宗之世，吏部銓選之權已歸侍郎。及武后竊權，不任大臣，侍郎委任漸重。歷中睿至玄宗，僕尙內參相職，外領節鎭，本職既廢，丞郎益能乘虛代行省務。此種情形，吏兵二侍郎最爲顯著。

按：舊紀，永淳元年四月「丁亥，黃門侍郎郭待擧、兵部侍郎岑長倩、中書侍郎郭正一、吏部侍郎魏玄同並同中書門下同承受進止平章事。上謂參知政事崔知溫曰：待擧等歷任尙淺，且令預聞政事，未可卽與卿等同名稱。自是外司四品已下知政事者，遂以平章爲名。」考此前未嘗以侍郎爲相，此次任命，自有提高侍郎地位之作用。

又按：會要七四論選事條：「天寶十載，……劉廼獻議于知銓舍人宋昱曰，……近代主司獨委一二小冢宰。」册府六二九：「吏部侍郎掌選補流內六品以下官，是爲銓衡之任，凡初仕進者無不仰屬，選集之際，勢傾天下，列曹之中，資位尤重。」開元初，侍郎與尙書通掌六品以下，此所云云，亦開元初以後選權在侍郎之謂也。而册府同卷又云：「開元以前，兵吏尙書（刋本作「兵部」，明鈔本作「兵吏」。按本卷常見「兵吏」，又據此敍事當兼吏部而言，且後引通鑑亦作「兵吏」。故從鈔本。）權位尤美，則宰相多所兼領，而從容衡軸，不自銓綜，其選試之任皆侍郎專之，尙書通署而已。」通鑑二一六，天寶十一載紀亦云：「故事，兵吏部尙書知政事者，選事悉委侍郎以下。」此言兵吏銓選權所以下委侍郎之故。尙書既當衡軸，不親選事，故吏部行政責任由侍郎獨負。舊書一一三苗晉卿傳：「(開元)二十九年，拜吏部侍郎。……時天下承平，每年赴選常萬餘人，李林甫爲尙書專任廟堂，銓事唯委晉卿及同列侍郎宋遙主之。……天寶一(二)年春，御史中丞張倚男奭參選，……分甲乙丙科，奭在其首。……玄宗……親試，……奭……竟日不下一字。……上怒，晉卿貶爲安康郡太守，遙爲武當郡太守。」是顯例也。又開元四年，帝以銓注縣令非才，貶侍郎盧從愿、李朝隱，見舊書一〇〇本傳。檢其時尙書爲盧懷愼兼黃門監；是亦尙書兼宰相，選事委侍郎專負其行政責任之例也。

又按：吏兵兩部之職多委侍郎，此種情形蓋亦甚早，且可能推溯到貞觀末。貞觀二十二年，太宗命兵部侍郎盧承慶知五品選事，卽其例。又會要七四掌選善惡條，列貞觀中六人，尙書及侍郎各三；高武中睿凡十人，皆爲侍郎，無一尙書，是亦銓選權漸移侍郎之證。又會要七四論選擧條：「上元元年，劉嶢上疏曰：……今國家以吏部爲銓衡，以侍郎爲藻鑑。」按此條置於開耀元年、垂拱元年之後，開元三年、天寶十載之前，不知究爲高宗之上元，抑爲肅宗之上元；次序必誤無疑。檢通典一七、通鑑二〇二，皆以爲高宗之上元。然劉嶢論事兼及貢擧，云：「國家以禮部爲孝秀之門，考文章於甲乙……。」（通典通鑑皆作禮部。）按高宗時貢擧尙在吏部，不在禮部，若非禮爲吏之譌，則當爲肅宗之上元，誤編爲高宗之上元也。今檢御史精舍碑、郎官石柱及登科記考均不見劉嶢之名，其人其事究在高宗時，抑肅宗時，今不可確知；以意度之，通典通鑑編次或不誤，惟誤吏爲禮耳。若此推測不誤，則高宗時吏部選權已移於侍郎矣。

又按：通鑑二一四開元二十五年紀，考異引實錄，十月丙午，以京城囚少，制「刑部侍郎鄭少微等各賜中上考」。是刑部亦由侍郎負責也。至於禮部侍郎自貢擧權由吏部移來後，地位日高，寖駕諸部尙書及侍郎矣。

安史亂後，八座既爲勳臣敍位之官，益失其職，故代德之世，議政事則擧丞郎而遺僕尙，論六官則數侍郎而摒尙書。故此時僕尙雖爲都省六部之長，而敍勳庸，無權職；丞郎雖爲僕尙之貳，而任才望，當省務。

按：舊書一九〇中賈至傳：「寶應二年爲尙書左丞。時禮部侍郎楊綰上疏請依古制……擧孝廉。……：詔令左右丞、諸司侍郎、大夫、中丞、給、舍等參議。」擧丞郎不及僕尙，此大可注意。此猶可謂偶然。考全唐文五九八歐陽詹唐天文述：「皇唐百七十有一載，皇帝御宇之十四祀（實十三祀）也。歲在辛未，實貞元七年。……是歲也，扶風竇公參、河中董公晉輔政之三年，趙郡李公紓爲天官之四年，范陽盧公徵爲地官之元年，范陽張公濛爲春官之三年，昌黎韓公洄爲夏官之三年，吳郡陸公贄同爲夏官之二年，京兆杜公黃裳爲秋官之二年，淸河張公彧爲冬官之五年。夫太宰六官，於天子之爲理，棼澄泒而淸洪流者，故列於斯志之末。」檢此所列六官皆爲侍郎，無一尙書，詳本表。此侍郎當權尙書失職之最强有力證據矣。又冊府四五七：「長慶四年十月，以韋顗爲御史中丞兼戶部侍郎，以御史中丞鄭覃爲權知工部侍郎，以刑部侍郎韋弘景爲吏部侍郎，以權知禮部侍郎李宗閔爲權知兵部侍郎，以工部侍郎于敖爲刑部侍郎，以中書舍人楊嗣復權知今年貢擧。是日（二十七日），尙書六曹無不更換，人情異之。」六曹無不更換，而皆爲侍郎，無一尙書，此亦足徵侍郎負行政責任，尙書則否也。

自唐初以來，丞郎本爲衣冠之華選；今既駕淩僕尙，代當省務，「議者以丞郎爲貴」，固宜。

按：議者云云已詳前引國史補。而大唐新語一一：「賀知章自太常少卿遷禮部侍郎兼集賢學士，一日併謝二恩。時源乾曜與張說同秉政，乾曜問說曰：……學士與侍郎何者爲美。說對曰：侍郎自皇朝已來爲衣冠之華選，自非望實具美，無以居之。」則開元以前，侍郎已爲士林所重如此。

丞郎之地位既日高，故任職之節儀亦漸隆，如開元末始聽表讓，寶曆中始有宣授，太和中卒日廢朝。此雖屬儀節，亦足爲丞郎地位職權日隆之旁證。

會要二六冊讓條：「景雲九（元）年八月十四日勅：左右丞相、侍中、中書令、六尙書已上，欲讓者聽；餘並不頌（須）。至開元中，宰相李林甫奏，兩省侍郎及南省諸司侍郎、左右丞雖是四品，職在淸要，亦望聽讓。」

舊紀：寶曆元年「四月甲戌，……宣中書，以諫議大夫劉栖楚爲刑部侍郎。丞郎宣授自栖楚始也。」（舊書一五四本傳、會要五九同。）又太和九年三月「庚午，左丞庾敬休卒，廢朝一日。詔曰：官至丞郎，朕所親委，不幸云亡者，宜爲之廢朝。自今丞郎宜準諸司三品官例，罷朝一日。」

惟整個尙書省之地位與職權既已墜落，故丞郎雖當省務，然比於前期之僕尙，其權任又不侔遠甚耳。

## （三） 僕尚丞郎官名員秩之演變與六部之位次

### (1) 省司官名之演變

唐承隋，尚書省置尚書令、左右僕射、左右丞、吏、民、禮、兵、刑、工六部尚書及侍郎。

按：此見舊志及會要五八、五九。

貞觀二十三年六月八日辛巳，改民部尚書爲戶部尚書，侍郎爲戶部侍郎。

按：舊紀，貞觀二十三年五月己巳，太宗崩。「六月甲戌朔。……辛巳，改民部尚書爲戶部尚書。」辛巳爲八日。會要五八戶尚條作六月二十日。檢通鑑，系於丁丑（四日）下，癸未（十日）上，似當以八日爲正。舊志無日，新志又無月。

顯慶元年七月二十一癸未，改戶部尚書爲度支尚書，侍郎爲度支侍郎。

按：此據會要五八戶尚條、同書五七尚書省分行次第條。舊紀有月無日。舊志無月日。

龍朔二年二月四日甲子，改百司及官名。改尚書省爲中臺，左右僕射爲左右匡政，左右丞爲左右肅機，吏部爲司列，禮部爲司禮，戶部爲司元，兵部爲司戎，刑部爲司刑，工部爲司平，尚書爲太常伯，侍郎爲少常伯。七日丁卯，廢尚書令。

按：名稱，各書同。會要五七尚書省條及左右僕射條均作二年二月四日。舊紀、舊志作二年二月甲子，卽四日。廢尚書令月日惟見舊志。

咸亨元年十二月二十一庚寅（二十三日？），省司官名復舊。

按：各書均在此年。會要同前兩條在十二月二十三日；舊紀、新紀在十二月庚寅，是二十一日；今從紀。通鑑作十月庚寅，此下無紀事，疑有誤，胡注已揭出。

光宅元年九月六日甲寅（五日？），改尚書省爲文昌臺，左右僕射爲文昌左右相，吏部爲天官，戶部爲地官，禮部爲春官，兵部爲夏官，刑部爲秋官，工部爲冬官。

按：會要五七同前兩條在九月五日。新紀、通鑑在九月甲寅，是六日。舊紀、舊志無日。

俄改文昌臺爲文昌都省。

按：此僅見新志。

垂拱元年二月二日戊寅，改稱都臺。

按：此據會要五七尙書省條。（「改爲都臺」下有「咸亨初復爲尙書省」八字，衍文。）舊志有月無日。兩紀不書。新志云：「光宅元年，改尙書省爲文昌臺，俄曰文昌都省。垂拱元年曰都臺。」他處無文昌都省一改。

長安三年閏四月十五乙亥(?)，又改爲中臺。

按：會要五七尙書省條：「長安三年閏四月十五日又改爲中臺。」舊紀在四月庚子(九日)。通鑑在閏四月己卯(十九日)。新志無月日。舊志失載。

神龍元年二月四日甲寅，省司官名並復永淳已前舊稱。

按：舊志：「神龍元年二月，臺閣官名並依永淳已前故事」。會要五七尙書省條及僕射條均云二月四日。舊紀、通鑑作二月甲寅；卽四日。

開元元年十二月一日庚寅朔，改尙書左右僕射爲左右丞相。

按：會要五七僕射條作十二月一日。舊紀、通鑑作十二月庚寅朔，卽一日。

天寶元年二月二十丙申，改侍中爲左相，中書令爲右相，左右丞相依舊爲僕射。

按：會要僕射條作二月二十日。舊紀、新紀在二月丙申，卽二十日。舊志無日。

十一載三月二十八乙巳，改吏部爲文部，兵部爲武部，刑部爲憲部。

按：會要五九兵部尙書條：「天寶十一載三月二十八日，改爲武部尙書。」卷五八吏部尙書條：「天寶二年三月二十七日，改爲文部尚書。」吏部侍郎條：「天寶十一載三月二十七日，改爲文部侍郎。」舊志云十一載正月。舊紀在十一載三月丙午。新紀在三月乙巳。通鑑同。陳曆，乙巳爲三月二十八日，丙午爲二十九日。合而觀之，當以十一載三月二十八日爲正。

至德二載十二月十五戊午，文、武、憲三部復改稱吏、兵、刑。

按：會要五八吏尚條、吏侍條均作十二月十五日。卷五九刑尚條作二月五日，有脫誤。舊紀在十二月戊午，亦十五日。

此後尚書省司官名沿用不改。

## (2)　僕尚丞郎之品秩與員額

尚書令，承隋置，一員，正二品。（兩志。）龍朔二年二月七日丁卯，制廢之。

按：此見會要五七尚書令條。通典二二，作三年；誤。又按：太宗由尚書令立爲太子，其後人臣不敢居。代宗廣德元年，以子雍王适爲之，旋亦爲太子。又以郭子儀有再造之功，特授此職；子儀堅辭不受。惟唐末李茂貞一度僭居此任，旋以逼於朱全忠亦辭讓。故有唐一代居此任者三人而已。今表不錄。

左右僕射各一員，從二品。（兩志。）

左右丞各一員，左丞正四品上，右丞正四品下。永昌元年三月二十癸酉，並進秩爲從三品。如意元年八月十六戊寅，復故。

按：此見會要五八左右丞條。舊志無月日，新志不書進秩事。

六部尚書各一員，皆正三品。舊令，吏部尚書班在侍中中書令之上。開元令，移在下，而仍冠他部。（舊志。）

唐初承隋，六部皆置侍郎，爲尚書之副。吏部侍郎正四品上，班次尚書左丞；其他五部侍郎正四品下，班次尚書右丞。（舊志。）武德七年三月八日戊寅，廢六部侍郎。惟增吏部郎中秩正四品上，掌流內選事；是仍侍郎之職也。貞觀二年正月十日戊午，復置六侍郎爲尚書之貳；吏部郎中亦退依原秩，罷掌選事。

按：兩志有年，無月日。會要五八吏部侍郎條：「武德初，因隋舊制。至七年二(三)月省。貞觀二年正月十日，復置。」又吏部郎中條：「武德七年，廢侍郎，加郎中秩正四品上，掌流內選事。貞觀二年，復置侍郎，乃降依本秩，亦罷掌選事。」舊紀：武德七年「三月戊寅，廢尚書省六司侍郎，增吏部郎中秩正四品，掌選事。」戊寅卽八日。又云貞觀二年，「正月辛丑，尚書右僕射長孫無忌爲開府儀同三司，……復置六侍郎，副六尚書事。」新紀：正月辛亥，長孫無忌罷；不載置六侍郎事。此年正月無辛丑，當從新紀作辛亥，是三日也。然復六侍郎未必卽此日，故仍從會要。

吏部侍郎，總章二年四月一日己酉朔，增置一員。永昌元年三月二十一甲戌，又增一員。聖曆二年五月八日辛酉，減一員。終唐世爲兩員。

按：會要五八吏侍條：「吏部侍郎本一員。總章二年四月一日加一員，以裴行儉爲之，本員爲中銓，新加員爲東銓。永昌元年三月二十一，又加一員，以李景諶爲之，通前三員。聖曆二年五月八日減一員。」此段記載甚詳。舊紀惟總章二年一條云：「四月乙酉，置司列少常伯、司戎少常伯各兩員。」四月無乙酉，當爲己酉，適一日也。舊志：「總章二年，置司列司戎少常伯各兩員。」又云：「垂拱元年十月，增置天官侍郎二員。」蓋有誤。兩志記吏侍員額皆二員，蓋終唐世。

景龍二年冬，西京東都各置兩吏部侍郎爲四銓，非恆制。

按：舊紀，景龍二年，「是冬，西京吏部置兩侍郎銓試，東都又置兩銓，恣行囑請，又有斜封授官，預用秋闈。」通鑑云：「西京、東都各置兩吏部侍郎，爲四銓，選者歲數萬人。」

戶部侍郎，垂拱四年四月十一戊戌，增置一員。

按：此見會要五八戶侍條，云以武攸寧爲之。

長安三年，又減一員。

按：舊志前段總敍各官增省云：「長安三年，地官依舊置侍郎一員。」前不云增置，此條似突兀。然此段前云總章二年置司列少常伯兩員，又云垂拱元年十月增置天官侍郎二員；重出。疑天官爲地官之譌。然年月亦與會要不合。

神龍二年九月一日壬寅朔，復增爲二員。終唐世不增省。

按：舊紀此年九月「壬寅，置戶部侍郎一員。」壬寅爲一日。戶侍未嘗廢，此必謂增置一員也。兩志分述各官員額，戶侍均二員。

禮部侍郎一員，前後無增省。（兩志。）

兵部侍郎，總章二年四月一日己酉朔，增一員。長壽二年春一月二十四甲寅，又增一員。共三員。長安四年十二月三日甲寅，減一員。終唐世爲二員。

按：會要五九兵侍條：「總章二年四月二日加一員，以李處繹爲之，長壽二年正月二十四日又加一員，以侯知一爲之，通前三員。長安四年十二月三日減一員。」按：「正月」爲「一月」之譌，詳輯考兵侍卷李昭德條。舊紀惟總章二年一條，見前引，可據以證二日爲一日之譌。舊志有總章長壽兩次增置，但無月日。舊書八七李昭德傳云：「長壽二年，增置夏官侍郎三員，時選昭德與婁師德侯知一爲之。」檢新表：長壽二年一月庚子，夏官侍郎婁師德同鳳閣鸞臺平章事。乙卯，（李）昭德爲夏官侍郎。（一月，通本作二月，據百衲本改。二月無庚子、乙卯。）乙卯爲二十五日，足證會要日月不誤。兩志述各官員額，兵侍爲二員。

刑部侍郎，垂拱四年四月十一戊戌加一員。長安四年十二月四日乙卯，減一員。終唐世爲一員。

按：此見會要五九刑侍條。兩志均一員。舊志前段總敍官員增省云：「垂拱三年，加秋官侍郎一員」。較會要早一年，又不云何時省。

工部侍郎一員，前後無增省。（兩志。）

以上皆就正員而言也。而正員外，同時常有權知之任，與正員並存。故正員一人者常另有權知一人，正員二人者常另有權知一人或二人。在此種情形下，皆權知者舉職，而正員反不舉職；蓋此時正員或別有他職（權知他官），或出使未上，或不爲君上所任故也。

按：文苑英華三八七（全唐文三〇八）孫逖授韋陟達奚珣等吏部侍郎禮部侍郎制：「正議大夫、行尚書禮部侍郎、權知吏部侍郎、（勳、封）韋陟，明斷一堅，純鋼百鍊。中書舍人、權知禮部侍郎、（勳）達奚珣，忠公淑愼，白圭三復。……頃膺時事之委，深得選賢之稱，如有所試，已副於僉諧，必也正名，宜光於並拜。陟可吏部侍郎，珣可中散大夫、守禮部侍郎，勳封各如故。」據此，則此制頒行以前，韋陟爲禮侍正員，乃不知禮部貢舉，而權知吏部侍郎銓選事；其禮部貢舉事反由中書舍人達奚珣權知，且放春榜。考韋陟於開元二十九年已遷任禮侍，而此制行於天寶二年，是達奚珣權知禮侍當始於天寶元年冬，知二年春貢且放榜也。則自元年冬至二年春之數月中，韋陟仍爲禮部正員，同時有達奚珣爲權知禮侍矣。又金石萃編一〇二顏魯公書朱巨川行起居舍人試知制誥告身（建中元年八月廿二日）列銜，吏部尚書眞卿後有吏部侍郎正員及權知各二人如次：

朝議郎、權知吏部侍郎、賜緋魚袋　說

正議大夫、吏部侍郎　未上

朝議大夫、吏部侍郎、上柱國、吳縣開國男、賜紫金魚袋　未上

朝議郎、權知吏部侍郎、賜緋魚袋臣誂等言

此四人中，權知兩人當其職事，（說卽邵說，最後一行臣誂下有「等言」疑誂卽說之譌，是權知僅一人。）而正員兩人（吳縣男者蓋張鎰）均未上，或出使或他故歟？又開元十三年冬分吏部爲十銓，均以他官權知，而尚書及侍郎並不與其事，是亦一例也。

## (3) 六部次序與地位

六部次序，前後凡三變：武德令以吏、禮、兵、民、刑、工爲序。貞觀令以吏、禮、民、兵、刑、工爲序。光宅元年，準周禮六官，改以吏、戶、禮、兵、刑、工爲序。終唐世不改。

會要五七尚書省分行次第條：「武德令：吏、禮、兵、民、刑、工等部。貞觀令：吏、禮、民、兵、刑、工等部。光宅元年九月五日改爲六官，準周禮分，卽今之次第乃是也。」

舊志：「吏部尚書……戶部、禮部、兵部、刑部、工部尚書。」本注：「武德令，禮部次吏部，兵部次之，民部次之。貞觀年，改以民部次禮部，兵部次之。則天初，又改以戶部次吏部，禮部次之，兵部次之。」

而其辦公廳之位次：兵部、吏部在前，爲前行；刑部、戶部居中，爲中行；工部、禮部居後，爲後行。

會要五七同條：「故事，以兵、吏及左、右司爲前行。刑、戶爲中行。工、禮爲後行。」新志：「六尚書：兵部、吏部爲前行；刑部、戶部爲中行；工部、禮部爲後行。」不數左右司。

故在政治上實際之地位次序爲：吏、兵、戶、刑、禮、工。遷官之次序則由工而禮，而刑，而戶，而兵，而吏矣。

# 唐僕尚丞郎表　卷二

## 通表上　左右僕射左右丞年表

| （西曆紀年）君主紀年 | 左僕射 | 右僕射 | 左丞 | 右丞 |
| --- | --- | --- | --- | --- |
| 高祖 | | | | |
| （六一八）武德元〔五月二十甲子即位改元〕 | | ●裴寂—六月一日甲戌由高祖相國府長史遷 | 崔善爲—十一月四日乙巳至十二月間由內史舍人遷 | 裴晞—六月一日甲戌由高祖相國府錄事參軍遷 |
| （六一九）武德二 | | ●裴寂 | 崔善爲 | |
| （六二〇）武德三 | | ●裴寂 | 崔善爲 | |
| （六二一）武德四 | | ●裴寂 | 崔善爲 | |
| （六二二）武德五 | | ●裴寂 | 崔善爲—是年或稍前徙大理<br>令狐德棻—是年或稍後以秘書丞擢 | |

| | 〔左僕〕 | 〔右僕〕 | 〔左丞〕 | 〔右丞〕 |
| --- | --- | --- | --- | --- |
| （六二三）武德六 | ●裴寂—四月二十八癸酉由右僕遷 | ●裴寂—四月二十八癸酉遷左僕<br>●蕭瑀—四月二十八癸酉由中令遷 | 獨孤義順—武德中官至左丞時階光祿 | |
| （六二四）武德七 | ●裴寂 | ●蕭瑀 | | |
| （六二五）武德八 | ●裴寂 | ●蕭瑀 | 李珹—武德中曾官左丞 | |
| （六二六）武德九<br>**太宗**<br>〔八月九日甲子即位〕 | ●裴寂—正月二十五甲寅罷爲司空<br>●蕭瑀—七月六日壬辰由右僕遷 十月二十五庚辰罷 | ●蕭瑀—七月六日壬辰遷左僕<br>●封德彝（倫）—七月七日癸巳由中令遷 | | |
| （六二七）貞觀元 | ●蕭瑀—六月十二壬辰由少師復遷時階特進 十二月四日壬午罷 | ●封德彝—六月一日辛巳薨<br>●長孫無忌—七月二日壬子由吏尚遷 | 戴胄—蓋夏由右丞遷 六月上旬見在任後又領大諫 | 戴胄—夏由少大理遷旋遷左丞<br>魏徵—夏秋間由大諫遷右丞仍兼大諫 九月十二辛酉見在任 |

| | | | | |
|---|---|---|---|---|
| 貞觀二（六二八） | | ●長孫無忌—正月三日辛亥罷爲開府 | 戴胄 | 魏徵 |
| 貞觀三（六二九） | ●房玄齡—二月六日戊寅由中令遷 | ●杜如晦—二月六日戊寅由兵尚檢校侍中攝吏尚遷右僕仍知選事十二月十七癸未罷 | 戴胄—是年遷民尚兼檢校左庶 | 魏徵—二月六日戊寅遷秘書監參預朝政<br>杜正倫—由給事兼知起居注遷蓋即二月 |
| 貞觀四（六三〇） | ●房玄齡 | ●李靖—八月二十二甲寅由兵尚遷時階左光祿 | 賀若孝義—約貞觀初官至左丞 | 杜正倫—是年遷中郎<br>韋挺—蓋是年始任不久或明年遷吏侍 |
| 貞觀五（六三一） | ●房玄齡 | ●李靖 | | |
| 貞觀六（六三二） | ●房玄齡 | ●李靖 | | |
| 貞觀七（六三三） | ●房玄齡 | ●李靖 | | |
| 貞觀八（六三四） | ●房玄齡 | ●李靖—十一月三日辛未罷官進階特進 | 楊纂—是年由吏侍遷 | |
| 貞觀九（六三五） | ●房玄齡—十一月九日辛丑進階開府 | | 楊纂—是年或明年復換吏侍 | |

| | 〔左僕〕 | 〔右僕〕 | 〔左丞〕 | 〔右丞〕 |
|---|---|---|---|---|
| (六三六)<br>貞觀一〇 | ●房玄齡 | ●溫彥博—六月十四壬申<br>由中令遷 | 唐皎—貞觀中官至左丞 | 劉洎—是年或明年由治書<br>侍御史遷 |
| (六三七)<br>貞觀一一 | ●房玄齡 | ●溫彥博—六月一日甲寅<br>薨 | 權萬紀—十年至十五年間<br>曾由御丞遷任<br>復出爲西韓刺 | 劉洎 |
| (六三八)<br>貞觀一二 | ●房玄齡 | ●高士廉(儉)—七月二十<br>七癸酉由吏尙遷右僕時階<br>特進 | 馮長命—貞觀中蓋前葉曾<br>官左丞 | 劉洎 |
| (六三九)<br>貞觀一三 | ●房玄齡—正月十四戊午<br>兼少師<br>嘗領度支 | ●高士廉 | | 劉洎—十一月三十戊辰遷<br>黃郎參知政事 |
| (六四〇)<br>貞觀一四 | ●房玄齡 | ●高士廉 | 韋琮—十一月見在任 | |
| (六四一)<br>貞觀一五 | ●房玄齡 | ●高士廉—正月兼攝少師<br>特令掌選 | 裴熙載<br>狄孝緒<br>李行廉<br>以上三人皆貞觀中曾官左<br>丞 | |
| (六四二)<br>貞觀一六 | ●房玄齡—七月五日戊午<br>遷司空仍綜朝政 | ●高士廉—是年進階開府 | | |

| | | | | |
|---|---|---|---|---|
| (六四三)貞觀一七 | | ●高士廉—二月二十八戊申圖形凌烟閣　六月十九丁酉罷官仍以開府同三品 | | |
| (六四四)貞觀一八 | | | | |
| (六四五)貞觀一九 | | | 楊纂—蓋是年由少太常雍州別駕遷左丞進階銀青 | 宇文節—是年見在任 |
| (六四六)貞觀二〇 | | | 楊纂—正月十四丁丑見在任　春或夏徙太僕檢校雍州別駕<br>●張行成—三四月至七月間以少詹事同掌機務兼檢校左丞　旋進階銀青 | 宇文節—是年見在任 |
| (六四七)貞觀二一 | | | ●張行成 | |
| (六四八)貞觀二二 | ●長孫無忌—正月二十五丙午以司徒兼檢校中令知尚書門下二省事 | | ●張行成 | |

| 年 | 〔左僕〕 | 〔右僕〕 | 〔左丞〕 | 〔右丞〕 |
|---|---|---|---|---|
| （六四九）貞觀二三 **高宗**（六月一日甲戌即位） | ●長孫無忌—六月十日癸未遷太尉餘如故固辭知尚書省事乃以太尉同中書門下三品<br>●李勣—九月十三乙卯由開府同三品遷左僕仍開府同三品是爲僕射帶同中書門下之始 | | ●張行成—五月二十七庚午遷兼侍中 | |
| （六五〇）永徽元 | ●李勣—十月三日戊辰罷官仍以開府同三品 | | 盧承慶—是年或上年由雍州別駕遷 十月以前出爲益大督長史<br>盧承業—以雍州長史繼承慶兼檢校左丞 旋貶忠刺 | 段寶元（乾）—是年或明年初由刑侍遷 |
| （六五一）永徽二 | ●于志寧—八月八日己巳由侍中遷左僕仍同三品時階光祿 | ●張行成—八月八日己巳由侍中兼刑尚遷右僕仍同三品 | | 段寶元（乾）—閏九月十四甲戌見在任 是年或明年五月以前徙大理時階太中 |
| （六五二）永徽三 | ●于志寧—七月十日乙丑兼少師 | ●張行成—七月十日乙丑兼少傅 | | 劉燕客—是年或上年冬由刑侍繼寶元爲右丞 五月見在任 |

| | | | | |
|---|---|---|---|---|
| （六五三）永徽四 | ●于志寧 | ●張行成—九月十三壬戌薨<br>●褚遂良—九月二十五甲戌由吏尚同三品遷右僕仍同三品知選事時階光祿 | | 劉燕客—十一月十九丁卯見在任時階朝議 |
| （六五四）永徽五 | ●于志寧 | ●褚遂良 | | |
| （六五五）永徽六 | ●于志寧 | ●褚遂良—九月三日庚午貶潭督 | | 辛茂將—永徽五六年至顯慶三年間曾官右丞 |
| （六五六）顯慶元 | ●于志寧—正月十九甲申兼太傅 | | 段寶元（乾）—是年或稍後曾官左丞 | 韋思齊—永徽顯慶中曾官右丞 |
| （六五七）顯慶二 | ●于志寧 | | 李孝友—約高宗初官至左丞 | |
| （六五八）顯慶三 | ●于志寧 | | | |
| （六五九）顯慶四 | ●于志寧—四月十日丙辰遷太師仍同三品 | | 李雲將—蓋太宗高宗世不能遲過高宗中葉官至左丞 | |
| （六六〇）顯慶五 | | | | 崔餘慶—五月二十八戊辰以右丞總護三總管討奚 |

| 年 | 〔左匡政〕 | 〔右匡政〕 | 〔左肅機〕 | 〔右肅機〕 |
| --- | --- | --- | --- | --- |
| （六六一）顯慶六 龍朔元〔三月改〕 | | | | |
| （六六二）龍朔二 | 左匡政 二月四日甲子更名 | 右匡政 二月四日甲子更名 | 左肅機 二月四日甲子更名<br>源直心—不知何時始任 是年五月八日丙申徙奉常<br>崔餘慶—五月十五癸卯見在左肅機任 | 右肅機 二月四日甲子更名<br>楊昉—是年見在右肅機任 |
| （六六三）龍朔三 | | | 崔餘慶—六月十五丁酉仍見在任 | |
| （六六四）麟德元 | | | 鄭欽泰—十二月十五戊子由左肅機流貶 | 盧承業—是年由同刺入遷右肅機進階銀青 |
| （六六五）麟德二 | | | 盧承業—是年由右肅機遷左肅機兼掌司列選事時階銀青 | 盧承業—三月十六戊午見在任 是年遷左肅機 |
| （六六六）乾封元 | | | 盧承業 | |

| 年 | 左僕射 | 右僕射 | 左丞 | 右丞 |
|---|---|---|---|---|
| （六六七）乾封二 | | | 盧承業 | 李敬玄—乾封末由西舍弘學遷右肅機檢校右中護 |
| （六六八）乾封三 總章元〔三月改〕 | | | 盧承業—是年或明年出爲陝刺 | 李敬玄 |
| （六六九）總章二 | | | 馬載—約總章咸亨中曾官左丞 | 李敬玄—二月十二辛酉遷西郎同三品<br>皇甫公義—四月見在任 |
| （六七〇）總章三 咸亨元〔三月改〕 | 左僕射 十二月二十一庚寅或二十三壬辰復舊名 | 右僕射 復舊名月日同左僕 | ○趙仁本—十月二十六乙未由太子右中護兼攝正諫大夫同三品罷爲左肅機<br>左丞 復舊名月日同左僕 | 皇甫公義—閏九月二十一辛酉仍見在右肅機任<br>右丞 復舊名月日同左僕 |
| （六七一）咸亨二 | | | ○趙仁本—蓋是年卒 | |
| （六七二）咸亨三 | | | | |
| （六七三）咸亨四 | | | ○許圉師—是年或前後一年由相刺入遷 | 高審行—高宗中葉不能遲過上元前後曾官右丞 |

| | 〔左僕〕 | 〔右僕〕 | 〔左丞〕 | 〔右丞〕 |
|---|---|---|---|---|
| (六七四) 咸亨五 上元元〔八月改〕 | | | ○許圉師 | |
| (六七五) 上元二 | ●劉仁軌—八月二十九庚子由左庶同三品遷左僕仍同三品 | ●戴至德—八月二十七戊戌由戶尚同三品遷右僕仍同三品 | ○許圉師—八月二十九庚子遷戶尚 | |
| (六七六) 上元三 儀鳳元〔十一月改〕 | ●劉仁軌 | ●戴至德 | 鄧惲—蓋上元末見在任<br>崔知悌—蓋是年由中郎遷十二月二十五戊午爲江南巡撫大使 | |
| (六七七) 儀鳳二 | ●劉仁軌 | ●戴至德 | 崔知悌 | |
| (六七八) 儀鳳三 | ●劉仁軌 | ●戴至德 | 崔知悌 | |
| (六七九) 儀鳳四 調露元〔六月改〕 | ●劉仁軌 | ●戴至德—正月二十九庚戌薨 | 崔知悌—四月九日戊午遷戶尚<br>韋仁約(思謙)—夏始任 | |

| | | | | |
|---|---|---|---|---|
| （六八〇）調露二 永隆元〔八月改〕 | ●劉仁軌 | | 韋仁約 | 崔知溫—四月二十四戊辰稍前或前一兩年由右丞遷黃侍 |
| （六八一）永隆二 開耀元〔十月改〕 | ●劉仁軌—三月二十二辛卯兼少傅 七月二十七甲午罷爲少傅 仍同三品 | | 韋仁約—蓋是年遷大御 | 柳範—高宗世曾官右丞 |
| （六八二）開耀二 永淳元〔二月改〕 | | | 馮元常—是年或明年始任 | 韋行詮—蓋高宗世官至尚書右丞 |
| （六八三）永淳二 弘道元〔十二月改〕 中宗〔十二月十一甲子即位〕 | ●劉仁軌—十二月二十一甲戌進階特進復拜左僕充京師留守仍同三品 | | 馮元常 | |
| （六八四）嗣聖元 睿宗〔二月七日己未即位〕 | ●劉仁軌 | | 馮元常—八月十一庚寅稍前貶隴刺<br>●魏玄同—八月十一庚寅稍前由黃郎同三品遷左丞仍同三品 | |

| | 〔文昌左相〕 | 〔文昌右相〕 | 〔文昌左丞〕 | 〔文昌右丞〕 |
|---|---|---|---|---|
| 文明元（二月改）光宅元（九月改）**武后** | 文昌左相 九月六日甲寅或五日癸丑更名 | 文昌右相 更名月日與文昌左相同 | 文昌左丞 更名月日與文昌左相同 | 文昌右丞 更名月日與文昌左相同 |
| 垂拱元（六八五） | ●劉仁軌—正月二十二戊辰薨 | | ●魏玄同—七月五日己酉復遷鸞郎仍同三品 | 張光輔—垂拱初曾官文昌右丞 |
| 垂拱二（六八六） | ●蘇良嗣—六月三日辛未由納言遷文昌左相仍同三品 | ●韋待價—六月三日辛未由天尙同三品遷文昌右相仍同三品時階金紫 | | |
| 垂拱三（六八七） | ●蘇良嗣 | ●韋待價—十二月二日壬辰爲安息道行軍大總管擊吐番 | | |
| 垂拱四（六八八） | ●蘇良嗣 | ●韋待價 | | 狄仁傑—六七月由冬侍遷九月或稍後出爲豫刺 |
| 永昌元（六八九）〔此年並閏九月只十一個月〕 | ●蘇良嗣 | ●韋待價—五月五日丙辰敗績七月二十六丙子流繡州 | 盧獻—是年或稍前始任三月二十癸酉兩丞進爲從三品獻此日在任蓋不久卸 | 李景諶—三月二十癸酉兩丞進爲從三品景諶此日在任明日換天侍 |

| | | | | |
|---|---|---|---|---|
| (六九〇)<br>載初元<br>(用子正以十一月爲正月十二月爲臘月建寅月爲春一月)<br>天授元<br>(九月九日壬午改元更國號曰周) | ●蘇良嗣—春一月十日戊子罷官進階特進仍同三品<br>●武承嗣—春一月十日戊子由納言遷文昌左相仍同三品 | ●岑長倩—春一月十日戊子由內史遷文昌右相仍同三品 | 張行廉—八月二十癸亥被殺(一作右丞)<br>周興—九月由秋侍遷 | |
| (六九一)<br>天授二 | ●武承嗣 | ●岑長倩—六月四日癸卯加輔國大將軍進階特進<br>十月十二己酉被殺 | 周興—十一月下獄<br>二月流嶺南 | |
| (六九二)<br>天授三<br>如意元<br>(四月改)<br>長壽元<br>(九月改) | ●武承嗣—八月十六戊寅罷官進階特進 | | ●姚璹—八月十六戊寅由檢校天侍遷左丞同平章事 | ●李元素—八月十六戊寅由檢校地侍遷右丞同平章事<br>九月二十二癸丑流嶺南 |
| (六九三)<br>長壽二 | | | ●姚璹—九月十五辛丑罷爲少司賓 | ●韋巨源—是年或上年由司府遷<br>九月十五辛丑以本官同平章事 |

| | （六九四）長壽三 延載元〔五月改〕 | （六九五）證聖元 天册萬歲元〔九月改〕 | （六九六）天册萬歲二 萬歲登封元〔臘月改〕 萬歲通天元〔三月改〕 | （六九七）萬歲通天二 神功元〔九月改〕 | （六九八）聖曆元 |
|---|---|---|---|---|---|
| 〔文昌左相〕 | | | | | |
| 〔文昌右相〕 | | | | | |
| 〔文昌左丞〕 | | 顧琮—武后中葉久視元年稍前官左丞 | | 孫彥高—是年由左丞出爲定刺 | ○宗楚客—正月三日丙寅由夏侍平章事罷爲左丞 |
| 〔文昌右丞〕 | ●韋巨源—三月轉夏侍仍平章事<br>○李元素—是年復爲右丞十月二十二壬申遷鳳郎同平章事進階銀青 | | | | 宋玄爽—五月見在任九月二十一戊寅以右丞充河北道元帥長史 |

| | | | | |
|---|---|---|---|---|
| （六九九）聖曆二 | ●王及善—八月十九庚子由內史遷文昌左相仍同三品 九日二十九庚辰薨 | ●豆盧欽望—八月十九庚子由太子宮尹遷文昌右相同三品 | ○宗楚客—臘月二日戊子貶播州司馬 | |
| （七〇〇）聖曆三 久視元〔五月改〕〔此年並閏七月共十五個月〕 | | ●豆盧欽望—二月十五乙未罷爲賓客 | ○韋巨源—臘月二十庚子由左丞遷納言 ○陸元方—是年由右庶遷 | 韋安石—是年由鄭刺入遷 十月十三丁巳遷鸞郎同平章事 |
| （七〇一）大足元 長安元〔十月改〕〔此年復以建寅月爲正月〕 | | | ○陸元方—二月七日庚戌卒 崔玄暐—冬由天侍遷 月餘復換天侍 | |
| （七〇二）長安二 | | | 薛季昶—四月稍後由雍州長史遷 不久出歷魏陝刺史 ○李嶠—六月稍後以成均祭酒兼檢校左丞進階通議 | |

| | 中臺左相 | 中臺右相 | 中臺左丞 | 中臺右丞 |
|---|---|---|---|---|
| 長安三（七〇三） | 中臺左相 閏四月十五乙亥或十九己卯更名 | 中臺右相 更名月日與中臺左相同 | ●李嶠—閏四月十日庚午正兼左丞同平章事 十九己卯知納言事<br>中臺左丞 更名月日與中臺左相同 | 張知泰—夏後由益大督長史入遷 是年盖轉夏侍<br>敬暉—是年由洛州長史東都副留守入遷右丞進階銀青<br>中臺右丞 更名月日與中臺左相同 |
| 長安四（七〇四） | | | ●李嶠—蓋是年四月卸<br>●韋安石—四月六日壬戌遷知納言事旋加檢校左丞兼左庶 八月一日甲寅兼檢校揚大督長史 不知何時卸左丞 | 敬暉 |

| 年 | 尚書左僕射 | 尚書右僕射 | 尚書左丞 | 尚書右丞 |
| --- | --- | --- | --- | --- |
| （七〇五）神龍元<br>**中宗**<br>（正月二十五丙午復位）<br>（二月四日甲寅復國號曰唐） | 尚書左僕射<br>二月四日甲寅復舊名<br>●豆盧欽望— 五月二十六甲辰始任時階特進<br>六月十五癸亥加平章軍國重事<br>八月兼檢校相王長史 | 尚書右僕射<br>復舊名月日與左僕同<br>●唐休璟（璿）—五月二十六甲辰由輔國大將軍同三品遷右僕仍同三品時階特進<br>十月一日丁未充京師留守仍判尚書省事 | 尚書左丞<br>復舊名月日與左僕同<br>蘇瓌—六月二十七乙亥後不久由右丞遷時階銀靑<br>十月二十五辛未至十一月二十五辛丑間遷戶尚 | 敬暉—正月二十二癸卯稍前或上年遷右羽林將軍<br>尚書右丞<br>復舊名月日與左僕同<br>蘇瓌—是年由陝刺入遷<br>六月二十七乙亥見在任進階銀靑<br>十月以前遷左丞 |
| （七〇六）神龍二 | ●豆盧欽望— 十二月二十六丙申罷爲開府仍平章軍國重事<br>●魏元忠—十二月二十六丙申由右僕兼中令知兵部事遷左僕仍兼中令知兵部時階光祿 | ●唐休璟—三月五日戊申致仕<br>●魏元忠—七月二十五丙寅由中令兼兵尚遷右僕仍兼中令知兵部事時階光祿<br>十二月二十六丙申遷左僕仍兼中令知兵部散官如故 | 宋璟— 蓋夏秋以黃郎兼<br>十月兼檢校幷督長史未行改檢校貝刺<br>○張錫—是年或明年正月由左丞遷工尚 | |
| （七〇七）神龍三<br>景龍元<br>（九月改） | ●魏元忠—七月二十七壬戌進階特進<br>八月二十一丙戌以特進致仕 | | ○崔元綜—中宗時曾官左丞 | |

| 年 | 〔左僕〕 | 〔右僕〕 | 〔左丞〕 | 〔右丞〕 |
| --- | --- | --- | --- | --- |
| （七〇八）景龍二 | | | 元暕—四月見在任時階銀青 | |
| （七〇九）景龍三 | ●韋巨源—二月十五壬寅由侍中遷左僕仍同三品 | ●楊再思—二月十五壬寅由中令遷右僕進階光祿仍同三品　六月十八癸卯薨<br>●蘇瓌—九月十五戊辰由吏尚遷右僕同三品時階金紫 | ○崔湜—五月以後由襄刺入遷　多換吏侍 | 裴元質—蓋此年稍後官至右丞 |
| （七一〇）景龍四<br>唐隆元〔六月四日甲申改〕<br>溫王〔六月七日丁亥卽位〕<br>睿宗〔六月二十四甲辰復位〕<br>景雲元〔七月二十己巳改〕 | ●韋巨源—六月二十庚子誅<br>●蘇瓌—七月十八丁卯由右僕同三品遷左僕仍同三品　十一月五日壬子罷爲少傅<br>●宋王成器—十一月五日壬子由太師兼雍牧揚大督遷左僕仍兼太師大督　同月二十二己巳罷爲司徒仍兼太師大督 | ●蘇瓌—七月十八丁卯遷左僕仍同三品 | 薛謙光（登）—是年由左丞遷大御時階銀青<br>齊景冑—蓋中睿之世或開元六年稍後曾官左丞<br>○崔湜—七月十三壬戌由吏侍平章事復罷爲左丞 | ●劉幽求—六月二十五乙巳由中舍參知機務遷右丞進階銀青仍知政事 |

| | |
|---|---|
| （七一一）<br>景雲二 | （七一二）<br>太極元<br>〔五月十三辛巳改〕<br>延和元<br>玄宗<br>〔八月三日庚子卽位〕<br>先天元<br>〔八月七日甲辰改〕 |
| ○韋安石—十月三日甲辰由右僕同三品罷爲左僕兼東都留守時階開府<br>〔自後空除僕射不帶同三品不是宰相〕 | ○韋安石—蓋八月貶蒲刺<br>●竇懷貞—八月十三庚戌由右僕兼大御平章軍國重事遷左僕仍同三品兼大御 |
| ●韋安石—八月二十七己巳由中令遷右僕仍同三品時階開府<br>十月三日甲辰罷爲左僕仍兼東都留守散官如故 | ●竇懷貞—七月八日乙亥由左大御同三品遷右僕仍兼大御平章軍國重事<br>八月十三庚戌遷左僕仍兼大御同三品<br>●劉幽求—八月十一日戊申或十三日庚戌由侍中遷右僕仍同三品<br>同月二十六癸亥流封州 |
| ○崔湜—十月以前徙詹事<br>○張說—十月三日甲辰由中郎平章事罷爲左丞 | ○張說—蓋是年八九月分司東都 |
| ●劉幽求—二月十一丙戌罷爲戶尙<br>陽嶠—是年始官右丞<br>六月八日壬午分置二十四都督府嶠爲涇督尋停不行 | 盧藏用—多或明年春由工侍遷時階蓋正議 |

| | 〔左僕〕 | 〔右僕〕 | 〔左丞〕 | 〔右丞〕 |
|---|---|---|---|---|
| （七一三）先天二 開元元〔十二月改〕 | ●竇懷貞—七月三日甲子誅<br>●劉幽求—八月二日癸巳由封州流人前右僕召拜左僕知軍國重事復階金紫 九月十日庚午加同三品 十一月五日乙丑兼侍中<br>左丞相 十二月一日庚寅更名<br>十二月二十四癸丑轉少保 | 右丞相 更名月日與左丞相同 | 張廷珪—是年以禮侍兼判 時階正議 | 盧藏用—七月六日丁卯流嶺南<br>崔昇（玄昇）—是年見在任 |
| （七一四）開元二 | | | 張廷珪—夏或前後一月遷黃郎<br>張暐—是年或明年以詹事兼判 | 劉知柔—是年或上年由戶侍遷時階銀青 是年徙鴻臚階如故 |
| （七一五）開元三 | | | 陸餘慶—開元初四年以前以宗正兼判換大理<br>韋玢—十二月由左丞出爲冀刺<br>源乾曜—十二月或明年正月由戶侍兼御丞遷時階正議 | 張暐—是年或上年以詹事兼時階銀青 後徙鴻臚<br>倪若水—十二月或明年正月由紫舍遷時階正議 |

| | | | | | | |
|---|---|---|---|---|---|---|
| （七一六）開元四 | （七一七）開元五 | （七一八）開元六 | （七一九）開元七 | （七二〇）開元八 | （七二一）開元九 | （七二二）開元一〇 |
| 源乾曜—十一月二十四丙申遷黃郎同平章事 | 盧從愿—是年或明年由工侍遷 | 盧從愿 | 盧從愿—三月十九戊申見在任<br>是年或明年夏秋以前遷中郎 | 裴漼—夏秋以前或上年由吏侍遷<br>是年末或明年遷黃郎 | | 崔泰之—約是年前後曾官左丞<br>源光裕—由戶侍遷 |
| 倪若水—二月二十四辛未出爲汴刺河南採訪 | | | 倪若水—是年由戶侍復遷<br>不知何時卒 | | | 王丘—是冬或稍前由吏侍轉 |

| | 〔左丞相〕 | 〔右丞相〕 | 〔左丞〕 | 〔右丞〕 |
|---|---|---|---|---|
| （七二三）開元一一 | | | 源光裕—二月見在任 是年徙大理<br>蕭嵩—十一月二十六戊子見在任 | 王丘—五月見在任 |
| （七二四）開元一二 | | | 蕭嵩—是年轉兵侍 | 王丘—春或上年秋冬遷黃郎 |
| （七二五）開元一三 | ●源乾曜—十一月十二壬辰由侍中遷左丞相仍兼侍中 | ●張說—十一月十二壬辰由中令遷右丞相仍兼中令時階特進 | 楊承令—二月二十一乙亥由左丞出爲汾刺<br>袁仁敬—是年或明年見在任 | |
| （七二六）開元一四 | ●源乾曜 | ●張說—四月十二庚申停兼中令 | 王丘—正二月或上年十二月由懷刺分知吏部選事遷後丁憂免 | 齊澣—正二月或上年十二月由汴刺入遷多或明年遷吏侍 |
| （七二七）開元一五 | ●源乾曜 | ○張說—二月二日乙巳致仕 | 趙昇卿—開元中葉官至左丞 | 韋虛心—開元中葉蓋十五六年曾官右丞 |
| （七二八）開元一六 | ●源乾曜 | | | |

| | | | | |
|---|---|---|---|---|
| (七二九)開元一七 | ●源乾曜—六月十五甲戌停兼侍中 八月二十七乙酉轉少傅<br>○張說—八月二十七乙酉由右丞相集學知院遷左丞相仍知院時階特進 | ○張說—三月十日庚子復爲右丞相時階特進 八月二十七乙酉遷左丞相階如故<br>○宋璟—八月二十七乙酉由吏尚遷右丞相時階開府 | 韋虛心—十四年至二十年間曾官左丞 | 韓休—蓋是年秋由工侍知誥遷 |
| (七三〇)開元一八 | ○張說—正月六日辛卯進階開府 十二月二十八戊申薨 | ○宋璟 | | 韓休 |
| (七三一)開元一九 | | ○宋璟 | | 韓休 |
| (七三二)開元二〇 | | ○宋璟 | | 韓休 |
| (七三三)開元二一 | | ○宋璟—十一月二十五戊子致仕<br>○蕭嵩—十二月二十四丁巳由吏尚兼中令罷爲右丞相時階金紫 | 皇甫翼—二月見在檢校左丞任 | 韓休—三月十六甲寅遷黃郎同平章事<br>席豫—三月十六甲寅稍後由鄭刺入遷時階朝散 |

| | 〔左丞相〕 | 〔右丞相〕 | 〔左丞〕 | 〔右丞〕 |
|---|---|---|---|---|
| （七三四）開元二二 | | ○蕭嵩—五月二十七丁亥見在任階如故 | 嚴挺之—春夏間由太府遷吏侍兼守左丞 五月二十七丁亥見在任時階朝議 | 席豫—五月二十七丁亥以前或上年遷吏侍 |
| （七三五）開元二三 | | ○蕭嵩 | 嚴挺之—是年或上年遷中郎 | |
| （七三六）開元二四 | ○裴耀卿—十一月二十七壬寅由侍中宏學罷爲左丞相仍宏學時階金紫 | ○蕭嵩—十一月二十七壬寅徙太師<br>○張九齡—十一月二十七壬寅由中令集學知院罷爲右丞相時階金紫 | | |
| （七三七）開元二五 | ○裴耀卿 | ○張九齡—四月二十甲子貶荆大督長史階如故 | | |
| （七三八）開元二六 | ○裴耀卿 | | | 姚奕—是年由禮侍遷 |
| （七三九）開元二七 | ○裴耀卿 | | | 姚奕 |
| （七四〇）開元二八 | ○裴耀卿 | | 席豫—是年或上年由吏侍遷 | 姚奕 |

| | | | | |
|---|---|---|---|---|
| (七四一)開元二九 | ○裴耀卿 | | 席豫—五月見在任 | 姚奕 |
| (七四二)天寶元 | 左僕射 二月二十丙申復舊名<br>○裴耀卿—八月二十壬辰換右僕階如故<br>●李林甫—八月二十壬辰由右相兼吏尚集學遷左僕仍兼右相吏尚集學時階光祿 尋進階特進 | 右僕射 復舊名月日與左僕同<br>○裴耀卿—八月二十壬辰由左僕換時階金紫 | 席豫—約是年遷檢校禮尚 | 姚奕—八月貶永陽太守<br>陸景融—是年由滎陽太守入遷 旋遷左丞 |
| (七四三)天寶二 | ●李林甫 | ○裴耀卿—七月十九丙辰薨 | 陸景融—是年由左丞換吏侍 | 張紹貞—天寶初由劍南節度留遷時階朝議蓋在陸景融後宋鼎前 |
| (七四四)天寶三 | ●李林甫 | | 宋遙—是年由戶侍遷 是年或明年春卸 | 宋鼎—是年或上年由刑侍遷時階通議 是年或明年春夏換兵侍時階正議 |

| 年 | 〔左僕〕 | 〔右僕〕 | 〔左丞〕 | 〔右丞〕 |
|---|---|---|---|---|
| 天寶四（七四五） | ●李林甫 | | 崔翹—春夏或上年由右丞遷 是年九月一日乙卯見在任 時階通議 | 崔翹—由河南太守河南採訪入遷時階太中在宋鼎後 是年春夏或上年遷左丞 |
| 天寶五（七四六） | ●李林甫 | | 崔翹—三月二十四丙子以本官充諸道黜陟使 | |
| 天寶六（七四七） | ●李林甫—是年進階開府 | | 崔翹 | |
| 天寶七（七四八） | ●李林甫 | | 崔翹—蓋是年遷禮尚<br>韋濟—是年蓋秋冬由河南尹入遷 | |
| 天寶八（七四九） | ●李林甫 | | 韋濟—是年蓋在任 不知何時卸 | 李道邃—九月見在任<br>韋見素—是載冬或明年由工侍遷 |
| 天寶九（七五〇） | ●李林甫 | | | 韋見素—是年遷吏侍進階銀青 |
| 天寶一〇（七五一） | ●李林甫—正月十三丁酉遙領單于安北副大都護充朔方節度 | | | 盧奐—是年前後由南海太守入遷時階銀青 旋卒 |

| | | | | |
|---|---|---|---|---|
| 天寶一一（七五二） | ●李林甫—四月十日丙戌罷都護 十一月十二乙卯薨 | | 蔣冽—天寶末官至左丞 | |
| 天寶一二（七五三） | | | | 李憕—是年冬或上年冬由河南太守河南採訪入遷 |
| 天寶一三（七五四） | 安祿山—正月九日乙巳由平盧范陽河東三節度加拜是月又兼閑廐隴右羣牧等都使 | | | 李憕—約是年遷京尹 |
| 天寶一四（七五五） | 安祿山—十一月九日甲子反 | | 張倚—春夏由左丞兼文侍遷大御<br>苗晉卿—是年由工尚東都留守遷憲尚兼右丞 十二月致仕 | 劉彙—天寶末或即十三四載由給事遷 後徙左騎 |
| 天寶一五（七五六）<br>肅宗（七月十二甲子即位）<br>至德元（即位日改） | ●哥舒翰—正月十日甲子由兵馬元帥加拜左僕同平章事時階開府 六月九日辛卯被俘 | | 陽浚—蓋是年或稍後曾官左丞<br>李麟—八月由國子祭酒遷戶侍兼左丞時階銀青 冬遷憲尚 | |

| | 〔左僕〕 | 〔右僕〕 | 〔左丞〕 | 〔右丞〕 |
|---|---|---|---|---|
| (七五七) 至德二 | ○韋見素—三月十三辛酉由左相罷爲左僕 五月十七甲子徙太師<br>●郭子儀—五月十七甲子由司空關內河東副元帥朔方節度貶左僕仍充元帥節度 十二月十五戊午遷司徒仍兼左僕節度同平章事時階銀靑 | ○裴冕—三月十三辛酉由中郎平章事罷爲右僕時階銀靑 十二月十五戊午進階開府 | 李峴—由鳳翔太守入遷左丞又遷禮尚均不出是年春至秋 | 劉秩—是年曾官右丞<br>徐浩—是年以中舍集學加兼右丞 |
| (七五八) 至德三 乾元元 〔二月改〕 | ●郭子儀—八月十七丙辰加中令 不知何時卸左僕 | ○裴冕 | | 徐浩—正月及三月十二甲申皆見在任時階中大夫 旋徙國子祭酒<br>裴遵慶—是年或明年春見在任 |
| (七五九) 乾元二 | | ○裴冕—六月一日乙未出爲劍南西川節度 | 薛侃—蓋肅宗前後官至左丞 | 裴遵慶—春夏以前換兵侍<br>王維—是年由給事遷 七月卒(?)<br>崔寓—是年由都統浙江淮南節度入遷 |

| | | |
|---|---|---|
| （七六〇）乾元三 上元元〔閏四月改〕 | （七六一）上元二 | （七六二）元年 寶應元〔四月改〕〔此年本廢年號但稱元年以建子月爲歲首月以所建辰爲名四月復建年號曰寶應並復寅正今據最後改定本年自寅正起〕 **代宗**〔四月二十己巳卽位〕 |
| | | |
| ○裴冕—三月十一壬申稍前後復入遷 | ○裴冕 | ○裴冕—九月二十丙申貶施刺 |
| | 鄧景山—七月由淮南節度入遷 約九十月出爲河東節度 | 李廙 ○崔渙 以上二人肅代之際曾官左丞姑置此時 |
| 崔寓—二月一日癸巳出爲蒲同晉絳節度 蕭華—二月由試秘書少監遷 四月二十八戊午出爲河中節度 盧元裕（正己）—是年或上年蕭華前後曾官右丞 | 杜鴻漸—是年由戶侍遷 是年或明年正二月遷吏侍 | ○崔渙—肅代之際曾官右丞姑置此年 |

| | 〔左僕〕 | 〔右僕〕 | 〔左丞〕 | 〔右丞〕 |
|---|---|---|---|---|
| （七六三）寶應二 廣德元 〔七月改〕 | | 郭英乂—是年由東都留守入遷 | 皇甫侁—代宗初官至左丞姑置此時<br>賈至—是年由中舍遷 | 顏眞卿—十月十二辛巳稍後數日由新除荊南節度遷時階金紫 |
| （七六四）廣德二 | ○裴冕—二月十日戊寅由澧刺前右僕遷左僕充東都河淮江南轉運使 | 郭英乂—十二月見在任 | 賈至—五月二十四庚申至九月二十五己未間轉禮侍<br>楊綰—五月二十四庚申至九月二十五己未間由禮侍遷 | 顏眞卿—正月五日癸卯遷檢校刑尚知省事 |
| （七六五）永泰元 | ○裴冕—三月一日壬辰待詔集賢院 | 郭英乂—三月一日壬辰待詔集賢院 五月二十二癸丑出爲劍南節度 | 楊綰—十一月二十丁丑見在任時階朝議兼充集學副知院修國史 | |
| （七六六）永泰二 大曆元 〔十一月改〕 | ○裴冕 | ○*崔圓—六月十四戊戌由檢校吏尚淮南節度遷檢校右僕知省事仍領節度 | 楊綰 | 李涵—是年或上年由給事遷 是年以本官充河北宣慰使時階銀靑<br>賈至—是年由禮侍遷 |

| | | | | |
|---|---|---|---|---|
| 大曆二（七六七） | ○裴冕—二月見在任<br>C*崔圓—蓋是年由檢校右僕知省事淮南節度遷檢校左僕知省事仍領節度時階特進 | C*崔圓—蓋是年遷檢校左僕知省事仍領節度時階特進<br>*田神功—四月二十七丙午以汴宋節度加檢校右僕知省事時階開府 | 楊綰—春夏間換吏侍集學副知院修國史如故時階朝議<br>李涵—七月稍前由右丞河北宣慰使遷時階銀靑　九月十八乙丑復宣慰河北 | 賈至—七月見在任 |
| 大曆三（七六八） | ○裴冕<br>C*崔圓—六月二十八庚子薨<br>*田神功—是年由檢校右僕知省事汴宋節度遷檢校左僕知省事仍領節度時階開府 | *田神功—是年遷檢校左僕知省事仍領節度 | 李涵—正月二十九甲戌轉兵侍階如故<br>蔣渙—正月二十九甲戌由工侍遷時階銀靑　九月十三甲申出爲華刺<br>張重光—九月十九庚寅由前華刺遷時階銀靑 | 賈至—正月二十九甲戌換兵侍<br>韋元甫—正月二十九甲戌由浙西觀察入遷　閏六月十八庚申出的淮南節度 |
| 大曆四（七六九） | ●裴冕—十一月十二丙子以本官同平章事　同月二十九癸巳兼河南淮南淮西山南東道副元帥　十二月四日戊戌薨<br>*田神功 | ○裴遵慶—三月四日壬申由吏尚遷右僕仍知選事時階金紫 | 崔倫—是年由前右庶遷左丞進階銀靑　後徙賓客 | |
| 大曆五（七七〇） | *田神功 | ○裴遵慶 | | 韓滉—是年或上年由給事知兵部選事遷 |

| | 〔左僕〕 | 〔右僕〕 | 〔左丞〕 | 〔右丞〕 |
|---|---|---|---|---|
| （七七一）大曆六 | *田神功 | ○裴遵慶 | | 韓滉—是年換戶侍判度支時階正議 |
| （七七二）大曆七 | *田神功 | ○裴遵慶 | | |
| （七七三）大曆八 | *田神功 | ○裴遵慶 | 田季羔—大曆中官至左丞 | |
| （七七四）大曆九 | *田神功—正月三日壬寅薨<br>*馬璘—五月二十八丙寅由檢校右僕涇原節度遷檢校左僕知省事仍領節度時階開府 | ○裴遵慶 | | |
| （七七五）大曆一〇 | *馬璘 | ○裴遵慶—十月二十九己丑薨<br>*李忠臣—是年以淮南節度加檢校右僕知省事時階開府 | | |
| （七七六）大曆一一 | *馬璘—十二月七日庚寅薨 | *李忠臣—十二月二十七庚戌遷檢校司空平章事節度如故 | | 庾準—蓋是年或稍前由御丞遷 |

| | | | | |
|---|---|---|---|---|
| （七七七）大曆一二 | ○劉晏—十二月由吏尙知三銓充東路轉運鹽鐵等使遷左僕仍知三銓充使職時階金紫 | *侯希逸—是年以檢校右僕加知省事 | | 庾準—三四月貶汝刺 |
| （七七八）大曆一三 | ○劉晏 | *侯希逸 | | |
| （七七九）大曆一四<br>德宗<br>〔五月二十三癸亥即位〕 | ○劉晏—閏五月二十七丙申加判度支兼領全國財賦 | *侯希逸 | 薛邕—七月由宣歙觀察入遷 | |
| （七八〇）建中元 | ○劉晏—正月二十八甲午罷判使<br>二月十四己酉貶忠刺 | *侯希逸—八月二十二癸丑見在任時階開府 | 薛邕—十月九日己亥貶連山尉 | 孟皥—八月十六丁未由右丞出爲涇刺知涇原節度留後 |
| （七八一）建中二 | ○楊炎—七月三日庚申由中郎平章事罷爲左僕<br>十月十日乙未貶崖州司馬 | *侯希逸—七月三日庚申徙司空是日薨<br>崔寧—七月三日庚申由檢校司空平章事京畿觀察兼朔方節度入遷 | 庾準—二月六日乙未由荊南節度入遷 | |

| | 〔左僕〕 | 〔右僕〕 | 〔左丞〕 | 〔右丞〕 |
|---|---|---|---|---|
| (七八二)建中三 | | 崔寧 | 庾準—六月六日丁巳卒<br>趙涓—六月二十七戊寅由前衢刺遷<br>旋知吏部選事 | 柳載(渾)—六月二十七戊寅由右庶集學遷右丞進階銀靑 |
| (七八三)建中四 | ○李揆—七月十九甲午由禮尚遷左僕充入吐蕃會盟使 | 崔寧—十月十一乙卯被殺 | 趙涓 | 柳載 |
| (七八四)興元元 | ○李揆—自蕃還四月二十四甲子薨于鳳州 | | 趙涓—四月二日壬寅卒 | 柳載—春徙右騎 |
| (七八五)貞元元 | ○張延賞—八月十七己卯由中郎平章事罷爲左僕 | | 鄭叔則—蓋是年由前東都留守遷 | |
| (七八六)貞元二 | ○張延賞 | 李叔明—四月由檢校右僕守太傅劍南東川節度入遷右僕仍守太傅時階金紫<br>旋守太傅致仕 | 鄭叔則—四月二十五甲申充淮西宣慰使<br>不久徙太常<br>薛播—是年由河南尹入遷<br>又轉禮侍<br>董晉—七月十八乙巳由左金吾大將軍遷<br>十二月見在任 | 元琇—二月十四甲戌由戶侍判鹽鐵酒榷事遷右丞罷判事<br>十二月五日庚申貶雷州司戶 |

| | | | | |
|---|---|---|---|---|
| （七八七）貞元三 | ●張延賞—正月十七壬寅以本官同平章事 七月二十一壬申薨 | | 董晉—約是年春徙太常 暢悅—五月十四丁酉由左丞出爲湖南觀察 杜佑—五月二十三丙午由嶺南節度入遷 | |
| （七八八）貞元四 | | | 杜佑—六月九日乙酉出爲陝虢觀察 | |
| （七八九）貞元五 | | | 裴郁—蓋是年末已在任 | 趙憬—是年由給事遷 |
| （七九〇）貞元六 | | | 裴郁—春見在任 | 趙憬 |
| （七九一）貞元七 | | | 趙憬—八月以前或上年由右丞遷 | 趙憬—八月以前或上年遷左丞 韓臯—是年或上年由御丞遷 |
| （七九二）貞元八 | | | 趙憬—四月十一乙未遷中郎同平章事 | 韓臯—春夏或上年冬換兵侍 盧邁—七月以前由給事遷 閏十二月十七丁卯見在任 |

| | 〔左僕〕 | 〔右僕〕 | 〔左丞〕 | 〔右丞〕 |
|---|---|---|---|---|
| (七九三)<br>貞元九 | | ●賈耽—五月二十七甲辰由檢校右僕義成節度入遷右僕同平章事 | | ●盧邁—五月二十七甲辰以本官同平章事 |
| (七九四)<br>貞元一〇 | | ●賈耽 | | ●盧邁 |
| (七九五)<br>貞元一一 | | ●賈耽 | | ●盧邁—正月六日乙亥遷中郎仍平章事<br>崔儆—是年或明年由大理遷 |
| (七九六)<br>貞元一二 | | ●賈耽 | 顧少連—約是年由吏侍遷 | 袁滋—約是年或明年由大諫遷<br>嘗知吏部選事 |
| (七九七)<br>貞元一三 | | ●賈耽 | 顧少連—十二月見在左丞知禮部貢舉任 | 袁滋 |
| (七九八)<br>貞元一四 | | ●賈耽 | 顧少連—四月見在任<br>蓋多換吏侍 | 袁滋 |
| (七九九)<br>貞元一五 | | ●賈耽 | 樊□—貞元末曾官左丞 | 袁滋 |
| (八〇〇)<br>貞元一六 | ●賈耽—四月二十一己丑由右僕平章事遷左僕仍平章事時階金紫 | ●賈耽—四月二十一己丑遷左僕仍平章事時階金紫<br>姚南仲—四月二十一己丑由義成節度入遷 | | 袁滋—三月十四壬子出爲華刺<br>李元素—春夏由給事遷九月九日甲辰出爲義成節度 |

| | | | | |
|---|---|---|---|---|
| (八〇一)貞元一七 | ●賈躭 | 姚南仲 | | |
| (八〇二)貞元一八 | ●賈躭 | 姚南仲 | | |
| (八〇三)貞元一九 | | 姚南仲—七月二十七乙亥薨時階中散 | | |
| (八〇四)貞元二〇 | ●賈躭—貞元末遷門郎守吏尙仍平章事 | | | |
| (八〇五)貞元二一 順宗(正月二十六丙申卽位) 永貞元(八月五日辛丑改) 憲宗(八月四日庚子受內禪九日乙巳卽位) | ●賈躭—三月二十一庚寅由門郎吏尙平章事遷檢校司空復兼左僕仍平章事 十月二日丁酉薨 | 伊愼—十二月九日甲辰由檢校右僕奉義節度入遷時階光祿 | ●韋執誼—二月十一辛亥由吏部郎中擢左丞同平章事時階朝議郎 三月二十一庚寅遷中郎仍平章事 ●鄭餘慶—五月十五癸未由舊相郴州司馬入遷 八月二十七癸亥以本官同平章事時階朝議 | 韓皐—五月一日己巳由杭刺復遷 同月十七乙酉出爲鄂岳觀察 |

| 年份 | 〔左僕〕 | 〔右僕〕 | 〔左丞〕 | 〔右丞〕 |
|---|---|---|---|---|
| 元和元（八〇六） | | 伊慎 | ●鄭餘慶—五月十七庚辰罷爲賓客<br>鄭元—是年末由河中節度入遷 | 李鄘—二月四日戊戌由京尹遷<br>八月二十六丙戌復還京尹 |
| 元和二（八〇七） | 李錡—十月五日己未由鎮海節度徵拜未至<br>同月六日庚申反<br>同月十一乙丑削官爵 | 伊慎—是年遷檢校左僕兼右金吾衞大將軍 | 鄭元—是年轉戶侍判度支 | 裴佶—秋後或明年由中舍遷 |
| 元和三（八〇八） | 王鍔—九月十日己丑由檢校司空淮南節度入遷<br>同月十九戊戌檢校司徒出爲河中節度 | 裴均—四月二十五丁丑由檢校右僕荊南節度入遷右僕判度支進階金紫<br>九月十一庚寅檢校左僕平章事出爲山南東道節度 | | 裴佶—是年遷吏侍<br>許孟容—是年由刑侍遷 |
| 元和四（八〇九） | | 嚴綬—三月九日乙酉由檢校司空河東節度入遷右僕<br>仍檢校司空時階金紫 | | 許孟容—七月二十四戊辰遷京尹<br>衛次公—秋冬或明年由賓客遷右丞兼判戶部事 |
| 元和五（八一〇） | | 嚴綬 | | 衛次公 |

| | | | |
|---|---|---|---|
| (八一一)元和六 | 嚴綬—三月十三丁未檢校司空出爲荊南節度階如故 | 段平仲—秋冬由給事遷 | 衛次公—二月二十八癸巳出爲陝虢觀察 |
| (八一二)元和七 | | 段平仲—二月見在任 是年或明年轉左庶 | |
| (八一三)元和八 | | 呂元膺—年冬或明年正月由鄂岳觀察入遷 | 孔戣—是年或上年以給事權知 |
| (八一四)元和九 | | 呂元膺—二月見在任 十月二十五戊辰檢校工尚出爲東都留守 | 孔戣—是年或上年正除 六月二十一丙申出爲華刺 ●韋貫之—六月二十一丙申至二十六辛丑間由禮侍遷 十二月二十五戊辰以本官同平章事時階中大夫 |
| (八一五)元和一〇 | | | ●韋貫之 |
| (八一六)元和一一 | | 許孟容—約是年由太常遷 八月見在任 | ●韋貫之—二月九日乙巳遷中郎仍平章事 |

| | 左僕 | 右僕 | 左丞 | 右丞 |
|---|---|---|---|---|
| （八一七）元和一二 | | | 許孟容—閏五月十日己亥出爲東都留守<br>衞次公—約夏秋間由兵侍遷 十月二十八甲申檢校工尙出爲淮南節度 | 崔從—是年末或明年春由陝虢觀察入遷 |
| （八一八）元和一三 | ○鄭餘慶—三月二十四丁未由少師遷 七月二十八庚戌出爲鳳翔隴右節度 | | 張賈—元和末曾官左丞 | 崔從—四月以本官充鎭州宣慰使 八日七日戊午出爲山南西道節度 |
| （八一九）元和一四 | | | | |
| （八二〇）元和一五 穆宗 〔閏正月三日丙午即位〕 | | | 韋綬—四月由虔刺入遷 七月六日丙午見在任 | 張正甫—是年或上年由河南尹入遷 是年或明年春出爲同刺 |

| | | | | |
|---|---|---|---|---|
| （八二一）長慶元 | | ○蕭俛—正月二十五壬戌由門郎平章事罷爲右僕時階朝議 二月六日癸酉轉吏尚階如故<br>韓皐—二月七日甲戌由檢校右僕兼吏尚正拜右僕時階金紫 | 韋綬—三月十四庚戌遷禮尚<br>崔從—十月二十六己丑由山南西道節度入遷 | |
| （八二二）長慶二 | 韓皐—三月二十三甲寅由右僕遷時階金紫 八月十日戊辰以本官兼充東都留守 | 韓皐—三月二十三甲寅遷左僕階如故<br>○李夷簡—三月二十三甲寅由檢校左僕平章事淮南節度召除辭不拜<br>○裴度—六月五日甲子由司空兼門郎平章事罷爲右僕時階光祿 | 崔從—三月二十六丁巳檢校禮尚出爲鄜坊節度<br>孔戣—是年由右騎遷時階正議 | 庾承宣—春由刑侍遷時階朝議 十一月十一丁卯出爲陝虢觀察<br>衞中行—十二月二十九乙卯由前陝虢觀察遷 |
| （八二三）長慶三 | 韓皐 | ○裴度—八月二十一癸卯遷司空出爲山南西道節度 | 孔戣—四月遷禮尚致仕階如故<br>柳公綽—是年由大御換 五月十八壬申檢校戶尚出爲山南東道節度時階銀靑 | 衞中行—是年見在任約是年卸<br>韋顗—約是年由給事遷 |

| | 〔左僕〕 | 〔右僕〕 | 〔左丞〕 | 〔右丞〕 |
| --- | --- | --- | --- | --- |
| （八二四）長慶四 **敬宗** 〔正月二十六丙子即位〕 | 韓皐—正月十四甲子薨 | ●李逢吉—六月七日乙酉由門郎平章事遷右僕仍兼門郎平章事 | ○段文昌—三月十八丁卯以刑尚權判 | 韋顗—三月七日丙辰換戶侍<br>丁公著—蓋三月十五甲子由河南尹入遷 |
| （八二五）寶曆元 | ○李絳—四月二日乙亥由檢校司空劍南東川節度（東都留守?）入遷 十二月二十六甲子轉少師分司 | ●李逢吉 | ○段文昌—閏七月二十七戊戌遷兵尚判如故 | 丁公著 |
| （八二六）寶曆二 **文宗** 〔十二月十二乙巳即位〕 | | ●李逢吉—十一月二十一甲申檢校司空平章事出爲山南東道節度<br>●竇易直—十二月二十七庚申由門郎平章事遷右僕仍兼門郎平章事 | ○段文昌 | 丁公著—五月十七甲申換兵侍<br>沈傳師—五月十七甲申由湖南觀察入遷 |
| （八二七）寶曆三 大和元 〔二月改〕 | ●王播—六月三日癸巳由檢校司徒平章事淮南節度兼鹽運使遷左僕同平章事仍充鹽運使時階銀靑 後進階金紫 | ●竇易直 | ○段文昌—正月八日庚午遷大御<br>錢徽—二月二十四丙辰由華刺入遷 十二月六日癸巳復出爲華刺 | 沈傳師 |

| | | | | |
|---|---|---|---|---|
| 大和二（八二八） | ●王播 | ●竇易直—十月二十一癸酉檢校左僕平章事出爲山南東道節度 | 韋弘景—二月一日丁亥由陝虢觀察入遷 | 沈傳師—十月二十一癸酉出爲江西觀察<br>王璠—十月二十七己卯由河南尹入遷 |
| 大和三（八二九） | ●王播 | | 韋弘景—九月二十一戊戌遷禮尚<br>○元稹—九月二十一戊戌由浙東觀察入遷 | 王璠—冬遷吏侍<br>溫造—十二月二十七癸酉由御丞遷右丞進階太中 |
| 大和四（八三〇） | ●王播—正月十九甲午薨<br>○竇易直—九月十五丙戌由檢校左僕平章事山南東道節度入遷 | ○王涯—九月九日庚辰由檢校司空兼吏尚鹽運使遷右僕仍充使 | ○元稹—正月二十六辛丑檢校戶尚出爲武昌節度<br>王起—正月二十八癸卯由前陝虢觀察遷<br>四月十六庚申遷戶尚判度支<br>庾承宣—十一月二十三癸巳由左丞出爲兗海節度<br>王璠—十二月十六丙辰由京尹遷 | 溫造—二月十五庚申檢校右騎出爲山南西道節度<br>●宋申錫—七月七日己卯由中舍翰學遷右丞出院時階朝議郎<br>同月十一癸未以本官同平章事進階正議 |
| 大和五（八三一） | ○竇易直—九月二十四己未兼判太常事<br>十一月二十九癸亥檢校司空出爲鳳翔隴右節度 | ○王涯 | 王璠—十二月十四戊寅兼判太常事 | ●宋申錫—三月二日庚子罷爲右庶階如故<br>崔琯—五月二十九丙寅由京尹遷 |

| | 〔左僕〕 | 〔右僕〕 | 〔左丞〕 | 〔右丞〕 |
|---|---|---|---|---|
| 大和六（八三二） | ○李程—七月二十九己未由檢校司空平章事河中節度入遷 | ○王涯 | 王璠—八月五日乙丑檢校禮尚出爲浙西觀察 | 崔琯—十二月十日戊辰出爲荊南觀察 |
| 大和七（八三三） | ○李程—七月二十四己酉見在任<br>同月二十八癸丑檢校司空出爲宣武節度 | ●王涯—七月十七壬寅以本官同平章事合度支鹽運爲一使兼領時之時階金紫 | 楊嗣復—三月三日庚寅由前戶侍起爲左丞<br>七月二十乙巳檢校禮尚出爲劍南東川節度<br>庾敬休—七月二十乙巳由戶侍遷 | 李固言—四月二十三庚辰由工侍遷 |
| 大和八（八三四） | ○李逢吉—三月十九庚午由東都留守入遷檢校司徒兼左僕時階開府<br>六月十五甲午見在任<br>十二月二十三己亥正拜司徒致仕 | ●王涯—三月七日戊午遷檢校司空兼門郞仍平章事充度支鹽運使階如故 | 庾敬休 | 李固言—三月二十五丙子出爲華刺<br>李虞仲—是年由左騎兼秘書監遷 |

| | | | | |
|---|---|---|---|---|
| （八三五）大和九 | ○令狐楚—十月三日乙亥由太常遷 十一月十二癸丑復判太常事 二十四乙丑兼充鹽運榷茶使 十二月一日壬申停榷茶法 | ●鄭覃—十月三日乙亥由刑尚遷 十一月十二癸丑判國子祭酒事 同月二十三甲子以本官同平章事時階銀靑 | 庾敬休—三月二十五庚午卒 | 李虞仲—春換兵侍 王璠—春由浙西觀察復入遷 五月二十四戊辰遷戶尚判度支 鄭肅—八九月由刑侍遷右丞權判吏部銓事 |
| （八三六）開成元 | ○令狐楚—四月二十五甲午檢校本官出爲山南西道節度 ○李程—閏五月十六甲申由檢校司徒河中節度復遷左僕判太常事 十一月十九甲申兼判吏尚停判太常事 | ●鄭覃—正月二十四甲子兼門郎餘如故 八月十二己酉兼國子祭酒餘如故 | 鄭澣（涵）—四月一日庚午由河南尹入遷 | 鄭肅—五月十九丁巳出爲陝虢觀察 |
| （八三七）開成二 | ○李程—三月十一甲戌檢校司徒出爲山南東道節度 | ●鄭覃 | 鄭澣—正月十一乙亥遷刑尚仍判左丞事 十一月二十七丁亥檢戶尚出爲山南西道節度 崔琯—是年以吏侍權判左丞事正除左丞又以本官權判兵部西銓吏部東銓 | |

| | 〔左僕〕 | 〔右僕〕 | 〔左丞〕 | 〔右丞〕 |
|---|---|---|---|---|
| （八三八）開成三 | ○牛僧孺—九月二十三戊寅由檢校司空東都留守入遷 | ●鄭覃—三月十二庚午加太師<br>十二月二十二丙午落太師仍三五日一入中書 | 崔琯—十月一日乙酉檢校戶尚出爲東都留守 | 盧載—二月二十三辛亥由右丞出爲同刺<br>韋溫—九月由給事遷 |
| （八三九）開成四 | ○牛僧孺—八月十四癸亥檢校司空平章事出爲山南東道節度 | ●鄭覃—五月十六丙申罷守本官 | | 韋溫—五月見在任稍後換兵侍 |
| （八四〇）開成五<br>**武宗**<br>〔正月十四辛卯即位〕 | ○李程—七月見在任 | ○鄭覃 | 狄兼謨—約是年或明年由河東節度入遷 | 高元裕—是年或上年末由御丞遷 |
| （八四一）會昌元 | ○李程—二月尚見在任<br>●李德裕—是年由吏尚兼門郎平章事遷左僕仍兼門郎平章事 | ○鄭覃—蓋是年遷徙司空<br>○李固言—是年冬由檢校左僕劍南西川節度徵爲右僕 | 狄兼謨 | 高元裕—約是年遷京尹 |

| | | | | |
|---|---|---|---|---|
| （八四二）<br>會昌二 | ●李德裕—正月四日己亥遷司空仍兼門郎平章事時階蓋光祿<br>●陳夷行—正月四日己亥由門郎平章事遷左僕仍兼門郎平章事時階銀靑<br>六月二十一甲申罷守本官階如故 | ○李固言—正月四日己亥卸<br>●崔珙—正月四日己亥由中郎平章事鹽運使遷右僕仍兼中郎平章事充使職時階銀靑<br>四月十四戊寅見在任階金紫 | 狄兼謨—八月轉益王傅<br>孫簡—是年由河中節度入遷<br>十月見在任 | 李讓夷—夏以前或上年末由戶侍遷<br>七月遷中郎同平章事 |
| （八四三）<br>會昌三 | ○陳夷行—是年初或上年末檢校司空出爲河中節度<br>王起—春由吏尙判太常事遷左僕仍判太常<br>十二月十七辛未特敕知明年春貢舉 | ●崔珙—二月十二辛未罷守本官蓋同時罷使職<br>●李紳—五月二十二庚戌由門郎平章事遷右僕仍兼門郎平章事 | | |
| （八四四）<br>會昌四 | 王起—四月二十五戊寅加平章事出爲山南西道節度<br>●杜悰—八月三十庚戌由右僕兼中郎平章事判度支鹽運使遷左僕仍兼門郎平章事判使並如故時階光祿 | ●李紳—閏七月十一壬戌檢校右僕平章事出爲淮南節度時階銀靑<br>●杜悰—閏七月十一壬戌由檢校右僕兼中郎平章事判度支鹽運使正拜右僕餘如故時階光祿<br>八月三十庚戌遷左僕餘並如故<br>●李讓夷—八月三十庚戌由中郎平章事遷右僕仍兼中郎平章事時階朝議 | 高元裕—五月以前或上年末由兵侍遷左丞知吏尙銓事<br>五月四日丙戌見在任 | |

| | 左僕 | 右僕 | 左丞 | 右丞 |
|---|---|---|---|---|
| (八四五)會昌五 | ●杜悰—五月十六壬戌罷守本官階如故蓋此時或稍前罷判使 | ●李讓夷 | 高元裕—五月十四庚申至十二月間出爲宣歙觀察 | |
| (八四六)會昌六 **宣宗** (三月二十六丁卯即位) | ○杜悰—是年或明年出爲劍南東川節度 | ●李讓夷—四月二十一辛卯遷司空兼門郎仍平章事 | 鄭涯—五月見在任<br>崔蠡—會昌末由前天平節度遷(蓋與鄭涯相先後但不能遲過大中元年春夏間) | |
| (八四七)大中元 | | ○李固言—大中初曾復官右僕 | | |
| (八四八)大中二 | | | | |
| (八四九)大中三 | | ●白敏中—三月由中郎兼刑尚平章事遷右僕進階金紫仍兼中郎(?)平章事 | | |
| (八五〇)大中四 | | ●白敏中 | | 蘇滌—十二月二十四丁卯以右丞充翰學 |

| | | | | |
|---|---|---|---|---|
| 大中五（八五一） | | ●白敏中—三月十一甲申遷司空兼門郎進階特進仍平章事<br>●崔鉉—四月十三乙卯由中郎平章事遷右僕兼門郎仍平章事 | 李景讓—大中初由浙西觀察入遷　是年五月見在任後出爲天平節度<br>徐商—約是年由戶侍遷 | 蘇滌—六月五日丙午換兵侍仍充翰學 |
| 大中六（八五二） | | ●崔鉉 | 徐商 | |
| 大中七（八五三） | | ●崔鉉 | 徐商—是年出爲河中節度<br>崔璪—是年由檢校兵尚河中節度入遷左丞兼御丞　七月遷刑尚時階正議<br>蘇滌—七月由兵侍翰學遷左丞出院時階銀靑 | 周敬復—是年或前後一年由檢校右（左？）騎江西觀察入遷時階光祿 |
| 大中八（八五四） | | ●崔鉉 | 蔣係—是年或上年由吏侍遷　是年九月以前出爲山南西道節度 | |

| | 〔左僕〕 | 〔右僕〕 | 〔左丞〕 | 〔右丞〕 |
| --- | --- | --- | --- | --- |
| （八五五）大中九 | ●崔鉉—二月二十五甲戌由右僕兼門郎平章事遷左僕仍兼門郎平章事　七月九日丙辰檢校本官平章事出爲淮南節度時階光祿<br>盧鈞—七月由檢校司空河東節度入遷 | ●崔鉉—二月二十五甲戌遷左僕仍兼門郎平章事 | | 盧懿—三月以右丞權判吏部東銓事 |
| （八五六）大中一〇 | 盧鈞—是年徙檢校司空守太師 | ●令狐綯—十月十八戊子由門郎兼兵尚平章事遷右僕仍兼門郎平章事時階蓋金紫 | | 夏侯孜—是年由刑侍兼御丞遷右丞仍兼御丞時階朝請 |
| （八五七）大中一一 | | ●令狐綯 | | 夏侯孜—正月七日丙午換戶侍判戶部事進階朝議 |
| （八五八）大中一二 | ●令狐綯—十一月二日己未由右僕兼門郎平章事遷左僕仍兼門郎平章事 | ●令狐綯—十一月二日己未遷左僕仍兼門郎平章事 | | |

| 年 | 左僕 | 右僕 | | 丞 |
|---|---|---|---|---|
| (八五九)大中一三 懿宗 〔八月十三丙申即位〕 | ●令狐綯—八月二十癸卯遷司空仍兼門郎平章事 | | | |
| (八六〇)大中一四 咸通元〔十一月改〕 | | ○杜悰—蓋十月由劍南西川節度入遷右僕充鹽運使是年改判度支 | | 鄭憲—大中咸通間官至右丞 |
| (八六一)咸通二 | ●杜悰—二月由右僕判度支遷左僕兼門郎同平章事仍判度支 | ○杜悰—二月遷左僕兼門郎同平章事仍判度支 | | 鄭薰—是年或前後一年曾官右丞 |
| (八六二)咸通三 | ●杜悰—二月一日庚子遷司空仍兼門郎平章事<br>●夏侯孜—七月八日乙亥由檢校右僕平章事劍南西川節度入遷左僕兼門郎同平章事時階光祿 | 封敖—咸通初或大中末蓋曾官右僕 | | |

| | 〔左僕〕 | 〔右僕〕 | 〔左丞〕 | 〔右丞〕 |
|---|---|---|---|---|
| 咸通四（八六三） | ●夏侯孜 | | 楊知溫—約是年或前後一年由戶侍遷 | |
| 咸通五（八六四） | ●夏侯孜—八月十三丁卯遷司空仍兼門郎平章事 | | 楊知溫 | |
| 咸通六（八六五） | | ●楊收—六月由門郎兼刑尚平章事遷右僕仍兼門郎平章事 | 楊知溫—五月出爲河南尹 | 李蔚—是年由禮侍遷後遷京尹 |
| 咸通七（八六六） | | ●楊收—十月一日壬申檢校工尚出爲宣歙觀察 | 鄭薰—七月十一癸丑見在任 | 裴坦—咸通中蓋六七年曾官右丞 |
| 咸通八（八六七） | | | 獨孤庠—蓋咸通中曾官尚書丞不知左右 | |
| 咸通九（八六八） | | | | |
| 咸通一〇（八六九） | ○杜審權—蓋秋後由檢校司空鎮海節度入遷左僕仍檢校司空 | | | |

| | | | | |
|---|---|---|---|---|
| （八七〇）<br>咸通一一 | ○杜審權—正月一日甲寅檢校司徒平章事出爲河中節度時階開府<br>●曹確—正月五日戊午由門郎兼吏尚平章事遷左僕仍兼門郎平章事三月檢校司徒平章事出爲鎮海節度<br>●路巖—是年由右僕兼門郎平章事遷左僕仍兼門郎平章事 | ●路巖—正月五日戊午由門郎兼戶尚平章事遷右僕仍兼門郎平章事是年遷左僕仍兼門郎平章事<br>●于琮—是年末或明年由中郎兼戶尚平章事遷右僕兼門郎仍平章事 | | |
| （八七一）<br>咸通一二 | ●路巖—四月二十七癸卯檢校司徒平章事出爲劍南西川節度 | ●于琮 | 李當—是年秋冬或明年春由吏侍遷 | |
| （八七二）<br>咸通一三 | ●王鐸—二月十七丁巳由門郎兼吏尚平章事遷左僕仍兼門郎平章事十一月遷司徒仍兼門郎平章事 | ●于琮—二月十七丁巳檢校司空出爲山南東道節度<br>●韋保衡—二月十七丁巳由門郎兼兵尚平章事遷右僕仍兼門郎平章事時階特進十一月遷司空仍兼門郎平章事 | 李當—五月十二辛巳貶道刺<br>李璋—七月二十七乙未由左丞出爲宣歙觀察 | 孔溫裕—三月見在任 |

| | 〔左僕〕 | 〔右僕〕 | 〔左丞〕 | 〔右丞〕 |
|---|---|---|---|---|
| （八七三）咸通一四 僖宗〔七月十九辛巳即位〕 | 蕭倣—是年蓋由兵尚判度支遷　十月四日乙未遷中郎兼兵尚同平章事<br>●劉鄴—十月四日乙未由門郎兼吏尚平章事遷左僕仍兼門郎平章事 | ○蕭鄴—是年或上年冬由吏尚遷　十一月加平章事出爲河東節度 | 鄭延休—八月二十二甲寅由兵侍翰學承旨遷左丞進階金紫仍充承旨 | |
| （八七四）咸通一五 乾符元〔十一月改〕 | ●劉鄴—十月一日丙辰檢校本官平章事出爲淮南節度 | ●蕭倣—正月五日乙丑由中郎兼兵尚平章事遷右僕兼門郎仍平章事　十一月五日庚寅遷司空仍兼門郎平章事 | 鄭延休—正月十三癸酉檢校禮尚出爲河陽節度 | |
| （八七五）乾符二 | ○王鐸—是年由宣武節度入遷 | | | 李景溫—約是年見在任 |
| （八七六）乾符三 | ●王鐸—三月以本官兼門郎同平章事 | ●崔彥昭—六月由門郎兼刑尚平章事判度支遷右僕仍兼門郎平章事判度支　九月進階特進 | | 崔蕘—夏秋間由吏侍轉　九月復權知吏侍<br>崔沆—九月由禮侍遷 |
| （八七七）乾符四 | ●王鐸—閏二月遷檢校司徒仍兼門郎平章事 | ●崔彥昭—正月五日丁丑遷司空仍兼門郎平章事 | | 崔沆—約是年遷吏侍 |
| （八七八）乾符五 | | | | 李景莊—五月以前曾官右丞 |

| | | | | |
|---|---|---|---|---|
| （八七九）乾符六 | ○劉鄴—冬末由檢校左僕平章事淮南節度入遷 | ○于琮—春或上年由前山南東道節度入遷 五月見在任 | 韋蟾—三月至五月見在任<br>張讀—十月由禮侍遷權知左丞事 | |
| （八八〇）廣明元 | ○劉鄴—十二月二十一庚子爲黃巢所殺 | ○于琮—十二月二十一庚子爲黃巢所殺 | 王徽—是年由兵侍翰學承旨遷左丞仍充承旨 十二月五日甲申遷戶侍同平章事 | |
| （八八一）廣明二 中和元〔七月改〕 | | ○趙隱—蓋春由吏尚遷 五月薨時階特進 | 崔厚—是年五月以後由左丞徙太常 | |
| （八八二）中和二 | ●蕭遘—五月由門郎兼吏尚平章事遷左僕仍兼門郎平章事時階特進 | | | 張禕—是年由工侍翰學遷右丞仍充翰學 |
| （八八三）中和三 | ●蕭遘 | ○王徽—五月由兵尚遷時階光祿 旋爲大明宮留守京畿安撫等使 | | 張禕—是年以本官判戶部事出院 |

| 年 | 〔左僕〕 | 〔右僕〕 | 〔左丞〕 | 〔右丞〕 |
| --- | --- | --- | --- | --- |
| （八八四）中和四 | ●蕭遘—十月遷司空仍兼門郎平章事<br>●韋昭度—十月由門郎兼吏尚平章事遷左僕仍兼門郎平章事 | ○王徽—九月換大御權知京尹<br>裴璩—九十月間見在任<br>●裴徹—十月由中郎兼兵尚平章事遷右僕兼門郎仍平章事 | 盧渥—七月以前或上年以御丞兼<br>九十月間見在左丞兼御丞任 | 張禕—三月八日己巳見在任<br>九十月間見在任 |
| （八八五）中和五 光啓元〔三月改〕 | ●韋昭度—二月遷司空仍兼門郎平章事<br>●裴徹—三月由右僕兼門郎平章事遷左僕仍兼門郎平章事 | ●裴徹—三月遷左僕仍兼門郎平章事 | 盧渥 | 楊希古—蓋僖宗末或稍後官至右丞 |
| （八八六）光啓二 | ●裴徹—正月帝幸興元徹陷附朱玫 | | 盧渥—三月十九戊戌遷戶尚兼充山南西道留後 | |
| （八八七）光啓三 | | | | 柳玭—冬以右丞權知明年春貢舉 |

| | | | | |
|---|---|---|---|---|
| （八八八）光啓四 文德元（二月改） **昭宗**（三月八日乙巳即位） | ●孔緯—二月二十戊子由門郎兼吏尙平章事鹽運使遷左僕進階開府仍兼門郎平章事充使職 四月遷司空仍兼門郎平章事充使職階如故 ●杜讓能—四月由右僕兼門郎平章事遷左僕判度支仍兼門郎平章事時階開府 | ●杜讓能—二月二十戊子由中郎兼兵尙平章事遷右僕兼門郎進階開府仍平章事 四月遷左僕仍兼門郎平章事階如故 | 李藻—蓋昭宗初官至左丞 | 柳玭—是冬尙見在任 |
| （八八九）龍紀元 | ●杜讓能—三月遷司空仍兼門郎平章事判度支階如故 | 盧渥—文德龍紀中由檢校司空兼太常遷 ○王徽—蓋二三月由吏尙遷檢校司空兼右僕 | | 盧知猷—約是年或明年由戶侍遷 |
| （八九〇）大順元 | | ○王徽—十二月薨 ●張濬—是年末由中郎兼兵尙平章事遷右僕判度支仍兼中郎平章事 | | |
| （八九一）大順二 | ●劉崇望—十月由門郎兼吏尙平章事判度支遷左僕仍兼門郎平章事判度支 | ●張濬—正月九日庚申檢校本官出爲鄂岳觀察時階光祿 | | 崔汪—大順末或景福初由戶侍翰學承旨遷右丞仍充承旨 |
| （八九二）景福元 | ●劉崇望—二月檢校司徒平章事出爲武寧節度時階光祿 | ○韋昭度—大順末景福中蓋曾官右僕 | | |

| | 〔左僕〕 | 〔右僕〕 | 〔左丞〕 | 〔右丞〕 |
| --- | --- | --- | --- | --- |
| (八九三) 景福二 | | ●崔昭緯—六月由門郎兼吏尚平章事遷右僕仍兼門郎平章事<br>十月充鹽運使 | | |
| (八九四) 乾寧元 | ●鄭延昌—二月由中郎兼刑尚平章事判度支遷左僕仍兼門郎平章事判度支<br>五月三十辛卯罷守本官 | ●崔昭緯 | | |
| (八九五) 乾寧二 | ●徐彥若—六月七日癸巳由中郎兼吏尚平章事遷左僕兼門郎仍平章事時階光祿<br>九月三日丙辰遷司空進階開府仍兼門郎平章事 | ●崔昭緯—八月二十八壬子罷守本官<br>十月三日丙戌貶梧州司馬 | 趙光逢—三月由兵侍翰學承旨遷左丞仍充承旨 | 崔澤—冬已在任 |
| (八九六) 乾寧三 | | | 趙光逢—是年初或上年卸<br>陸扆—正月稍後由兵侍翰學承旨遷左丞仍充承旨時階銀靑<br>七月二十七丙午遷戶侍同平章事階如故 | 崔澤—正月一日癸丑出爲鳳刺 |
| (八九七) 乾寧四 | | ○張濬—三月三日戊寅由兵尚(?)天下租庸使遷右僕進階特進仍充使<br>是年罷使職旋遷左僕致仕 | | 狄歸昌—九月一日癸酉由御丞遷 |

| 年 | 左僕 | 右僕 | 左丞 | 右丞 |
| --- | --- | --- | --- | --- |
| (八九八)乾寧五 光化元〔八月改〕 | | ●王摶—正月由門郎兼吏尚平章事鹽運使遷右僕仍兼門郎平章事 | 鄭璘—約光化中曾官左丞 | 李擇—唐末蓋昭宗世官至右丞 |
| (八九九)光化二 | | ●王摶—十一月遷司空仍兼門郎平章事 | | |
| (九〇〇)光化三 | ●崔胤—六月十一丁卯由新授清海(嶺南)節度遷左僕兼門郎平章事判度支 八月二十九甲申進階開府 九月二十三戊申兼充鹽運等使 | | | |
| (九〇一)光化四 天復元〔四月改〕 | ●崔胤—正月三日丙戌遷司空仍兼門郎平章事判使並如故 | | | |
| (九〇二)天復二 | | | 杜德祥—蓋天復中曾爲尚書丞不知左右 | |
| (九〇三)天復三 | ○裴贄—十二月十五辛巳由中郎兼戶尚平章事罷爲左僕 | 趙崇—正二月見在任 | | |

| | 〔左僕〕 | 〔右僕〕 | 〔左丞〕 | 〔右丞〕 |
|---|---|---|---|---|
| （九〇四）天復四 天祐元〔閏四月改〕 **哀帝**〔八月十五丙午即位〕 | ○裴贄 | ●裴樞—閏四月十四戊申由門郎兼吏尚平章事鹽運使遷右僕仍兼門郎平章事充使職 | 楊涉—正二月見在左丞知貢舉任 十月仍在左丞任 旋復換吏侍 | |
| （九〇五）天祐二 | ○裴贄—三月五日甲子（或此前數日）徙司空致仕<br>○裴樞—三月五日甲子由右僕兼門郎平章事鹽運使罷爲左僕進階光祿 五月十五癸酉貶登刺降階朝散 | ○裴樞—三月五日甲子罷爲左僕進階光祿<br>○崔遠—三月五日甲子由中郎兼兵尚平章事罷爲右僕時階光祿 五月十五癸酉貶萊刺降階朝散 | 趙光逢—春或上年末由吏侍復遷 是年或明年徙太常 | |
| （九〇六）天祐三 | | | 薛廷珪—是年由禮侍遷 | |
| （九〇七）天祐四〔四月十八甲子朱梁篡位唐亡〕 | | | 趙光逢—三四月見在任 | |

# 唐僕尚丞郎表 卷三

## 通表中 吏戶禮三部尚書及侍郎年表（度支鹽運等使附）

| （西曆紀年）君主紀年 | 吏部尚書 | 吏部侍郎 | 戶部尚書 | 戶部侍郎 | 禮部尚書 | 禮部侍郎 |
|---|---|---|---|---|---|---|
| 高祖 | | | | | | |
| （六一八）武德元〔五月二十甲子即位改元〕 | 李綱—六月一日甲戌以禮尚參掌選事 不久卸 | 殷開山（嶠）—六月一日甲戌由高祖相國府掾遷 八月六日戊寅見在任 十一月四日乙巳見在任 | 〔民部尚書武德貞觀時本名〕 竇璡—六月一日甲戌由隋禮尚遷 ○劉文靜—十一月二十八己巳由前納言起爲民尚領陝東道行臺左僕 | 〔民部侍郎武德貞觀時本名〕 | 李綱—六月一日甲戌由高祖相國府司錄遷禮尚兼詹事參掌選事 | 韋義節—六月一日甲戌由高祖相國府屬遷 九月稍前出爲虞刺 |
| （六一九）武德二 | | | ○劉文靜—九月六日辛未誅 鄭善果—多以左庶兼 | | 李綱—九月二十三戊子遷少保仍兼禮尚詹事 多卸禮尚餘如故 | |
| （六二〇）武德三 | | | 鄭善果—二月十日甲辰見在任 蓋即是年免 | | 唐儉—蓋秋後由中郎遷 | |

| | 〔吏尙〕 | 〔吏侍〕 | 〔民尙〕 | 〔民侍〕 | 〔禮尙〕 | 〔禮侍〕 |
|---|---|---|---|---|---|---|
| (六二一) 武德四 | ●封德彝(倫)—正月以中郎兼中令兼檢校吏尙 | 楊師道—武德中曾官吏侍 | | 獨孤義順—武德中曾官民侍後遷左丞 | 唐儉—十月或稍後遷天策長史兼檢校黃郎 | |
| (六二二) 武德五 | ●封德彝 | | 皇甫無逸—武德中蓋五六年由大御遷後出爲同刺 | | | |
| (六二三) 武德六 | ●封德彝—四月二十八癸酉遷中令<br>●楊恭仁—四月二十八癸酉由涼督遙領侍中入遷吏尙兼中令仍檢校涼州諸軍事 | | | | | |
| (六二四) 武德七 | ●楊恭仁 | 張銳—是年見在任 | 于筠—蓋武德中官至民尙 | | | |
| (六二五) 武德八 | ●楊恭仁 | | | | | |
| (六二六) 武德九<br>**太宗**<br>(八月九日甲子即位) | ●楊恭仁—七月六日壬辰罷爲雍州牧 | 韓仲良(良)—是年由吏部郎中出爲陝東大行臺戶尙(按此時省侍郎以郎中知選事如侍郎職) | | | 鄭善果—武德末曾官禮尙旋換刑尙 | |

| | | | | | | |
|---|---|---|---|---|---|---|
| | 長孫無忌—七月六日壬辰由左庶遷九月八日癸巳見在吏尚兼檢校左武衛大將軍任 | 溫彥博—多或明年以雍州治中檢校吏部郎中 | ○裴矩—秋始官民尚十月二十九甲申見在任 | | | |
| (六二七)貞觀元 | 長孫無忌—七月二日壬子遷右僕<br>●杜淹—九月十二辛酉以大御加檢校吏尚參議朝政 | 溫彥博—是年遷中郎<br>劉林甫—是年由中郎再遷 | ○裴矩—八月十九戊戌卒<br>韓仲良(良)—是年由安大督入遷 | 趙義綱—約貞觀初或稍前後官至民侍 | | |
| (六二八)貞觀二 | ●杜如晦—正月三日辛亥以兵尚加檢校侍中攝吏尚 | 劉林甫—正月見在任 | 韓仲良—四月三日己卯見在任 | 封元素—約貞觀初或稍後官至民侍 | ●房玄齡—是年以中令檢校 | 李百藥—四月以後由中舍遷 |
| (六二九)貞觀三 | ●杜如晦—二月六日戊寅遷右僕仍知選事十二月十七癸未罷 | 劉林甫—是年卒 | 韓仲良—是年換刑尚時在六月以前<br>戴冑—是年由左丞遷 | | 溫大雅—貞觀初曾官禮尚 | 李百藥 |

| | 〔吏尚〕 | 〔吏侍〕 | 〔民尚〕 | 〔民侍〕 | 〔禮尚〕 | 〔禮侍〕 |
|---|---|---|---|---|---|---|
| 貞觀四（六三〇） | ●戴胄—二月十八甲寅以民尚加檢校吏尚參預朝政是年卸吏尚<br>●侯君集—十一月以兵尚加檢校吏尚參預朝政 | 韋挺—是年或明年由右丞遷 | ●戴胄—二月十八甲寅兼檢校吏尚參預朝政是年卸吏尚餘如故 | | 豆盧寬—四五年間見在任 | 李百藥—四月以後徙右庶 |
| 貞觀五（六三一） | ○高士廉(儉)—是年由益大督長史入遷時階左光祿 | 韋挺—是年或上年遷黃郎<br>楊纂—是年始任 | ●戴胄 | | | |
| 貞觀六（六三二） | ○高士廉 | 楊纂 | ●戴胄 | | ○陳叔達—十一月十一庚寅始任時階左光祿 | 令狐德棻—是年始任 |
| 貞觀七（六三三） | ○高士廉 | 楊纂 | ●戴胄—六月五日辛亥薨 | | ○陳叔達—是年免 | 令狐德棻 |
| 貞觀八（六三四） | ○高士廉 | 楊纂—正月二十九壬寅爲河南巡察副使是年遷左丞<br>唐皎—十一月見在任 | | | ○王珪—正月由同刺入遷 | 令狐德棻 |

| | | | | | | |
|---|---|---|---|---|---|---|
| （六三五）貞觀九 | ○高士廉 | 楊纂—是年或明年復由左丞換 | 竇靜—是年卒於民尚 | | ○王珪 | 令狐德棻 |
| （六三六）貞觀一〇 | ○高士廉 | 楊纂 | 唐儉—是年或上年由遂督入遷 | | ○王珪 | 令狐德棻 |
| （六三七）貞觀一一 | ○高士廉 | 楊纂 | 唐儉 | | ○王珪—三月兼魏王師 | 令狐德棻 |
| （六三八）貞觀一二 | ○高士廉—春進階特進　七月二十七癸酉遷右僕階如故<br>●侯君集—八月三日戊寅由兵尚參預朝政遷吏尚進階光祿仍參政　同月二十七壬寅爲大總管伐吐蕃 | 楊纂 | 唐儉 | | ○王珪 | 令狐德棻 |
| （六三九）貞觀一三 | ●侯君集—十二月四日壬申爲大總管伐高昌 | 楊纂 | 唐儉 | 孫伏伽—某年由少大理遷 | ○王珪—正月卒<br>李道宗—蓋春由刑尚遷　不久免<br>李孝恭—秋前由晉刺入遷 | 令狐德棻 |

| | 〔吏尚〕 | 〔吏侍〕 | 〔民尚〕 | 〔民侍〕 | 〔禮尚〕 | 〔禮侍〕 |
|---|---|---|---|---|---|---|
| 貞觀一四（六四〇） | ●侯君集—十二月還京<br>●高士廉—蓋是年或明年以右僕兼掌選事 | 楊纂 | 唐儉 | 孫伏伽—是年徙大理 | 李孝恭—是年卒<br>李道宗—是年由晉刺復入遷 | 令狐德棻 |
| 貞觀一五（六四一） | ●侯君集 | 楊纂—是年或明年卸 | 唐儉 | | 李道宗 | 令狐德棻—四月見在任是年徙右庶進階正議<br>顏相時—是年由大諫遷時階中散 |
| 貞觀一六（六四二） | ●侯君集 | 蘇勗—蓋是年由魏王府司馬遷 | 唐儉 | | 李道宗 | 顏相時 |
| 貞觀一七（六四三） | ●侯君集—二月二十八戊申圖形凌煙閣四月六日乙酉誅<br>○楊師道—四月八日丁亥由中令罷爲吏尚 | 蘇勗—四月十日己丑轉右庶<br>高季輔（馮）—四月以後以右庶兼 | 唐儉—二月二十八戊申圖形凌煙閣時階光祿 | 崔仁師—是年或前後一年由少鴻臚遷 | 李道宗 | 顏相時 |

| 貞觀一八（六四四） | 貞觀一九（六四五） | 貞觀二〇（六四六） |
| --- | --- | --- |
| ○楊師道 | ●楊師道—三月二十四壬辰復攝中令從征高麗　十一月二十三丁亥換工尚<br>●劉洎—三月以侍中總吏民禮三尚書事輔太子定州監國　十二月二十六庚申賜死<br>●馬周—十二月以中令攝時階正議 | ●馬周 |
| 高季輔—是年進階銀靑 | ●高季輔—二月十七乙卯同掌機務 | ●高季輔 |
| 唐儉 | 唐儉—二月三十戊辰尚見在任　旋免官階如故<br>●劉洎—三月以侍中總吏民禮三尚書事輔太子定州監國　十二月二十六庚申賜死 | |
| 崔仁師—七月二十三甲午以本官充伐高麗饋運副使 | 崔仁師—正月二十八丁酉免<br>高履行—是年始任進階銀靑 | 高履行 |
| 李道宗 | 李道宗<br>●劉洎—三月以侍中總吏民禮三尚書事輔太子定州監國　十二月二十六庚申賜死 | 李道宗 |
| 顏相時 | 顏相時—是年或稍後卒 | |

| | 〔吏尚〕 | 〔吏侍〕 | 〔民尚〕 | 〔民侍〕 | 〔禮尚〕 | 〔禮侍〕 |
|---|---|---|---|---|---|---|
| (六四七)<br>貞觀二一 | ●馬周—是年進階銀靑 | ●高季輔 | 李緯—六月二十八癸未由司農遷不久轉洛刺 | 高履行—正月五日壬辰或上年免<br>盧承慶—正月十日丁酉以民侍充封禪副使其始官常在稍前或上年 | 李道宗—是年轉太常<br>于志寧—是年由衞尉判太常遷時階金紫 | |
| (六四八)<br>貞觀二二 | ●馬周—正月九日庚寅薨<br>盧承慶—二月以民侍兼檢校兵侍知(吏部)五品選事 | ●高季輔 | | 盧承慶—二月以本官兼檢校兵侍仍知(吏部)五品選事<br>此年或明年換雍州別駕 | 于志寧 | |
| (六四九)<br>貞觀二三<br>**高宗**<br>〔六月一日甲戌即位〕 | ●高季輔(馮)—五月二十七庚午由右庶兼吏侍攝戶尚遷兼中令檢校吏尚時階銀靑 | ●高季輔—五月二十七庚午遷兼中令檢校吏尚<br>唐臨—六月一日甲戌以黃郎兼檢校吏侍時階銀靑<br>是年徙大理 | ●高季輔—是年或上年以右庶兼吏侍攝民尚事是年五月二十七庚午遷兼中令檢校吏尚<br>〔戶部尚書　六月八日辛巳更名〕<br>楊纂—貞觀末蓋是年由太僕遷 | 〔戶部侍郎　六月八日辛巳更名〕 | 于志寧—是年兼左庶五月二十七庚午遷侍中階如故<br>許敬宗—五月二十七庚午由右庶遷時階銀靑 | |

| | | | | | | |
|---|---|---|---|---|---|---|
| (六五〇)永徽元 | ●高季輔 | | 楊纂—蓋是年卒<br>高履行—是年由衞尉遷時階金紫 | 張文琮—永徽初由亳刺入遷 | 許敬宗 | 令狐德棻—蓋是年復任 |
| (六五一)永徽二 | ●高季輔—八月八日己巳遷侍中兼少保進階光祿 | 高敬言—閏九月十四甲戌見在任 | 高履行 | | 許敬宗—蓋是年出爲鄭刺<br>房遺直—是年或明年始任出爲汴刺 | 令狐德棻—是年兼弘學閏九月稍前徙少太常 |
| (六五二)永徽三 | ●褚遂良—正月十一己巳由同刺入遷吏尚同三品進階光祿 | | 高履行—七月二十二丁丑見在任 | | 唐臨—約永徽中曾官禮尚<br>樂質—約高宗初官至禮尚 | 成威—蓋高宗初官至禮侍時階太中 |
| (六五三)永徽四 | ●褚遂良—九月二十五甲戌遷右僕仍同三品知選事 | | 高履行 | 張文琮—二月貶建刺 | | |
| (六五四)永徽五 | ●褚遂良<br>○柳奭—六月十九癸亥由中令罷爲吏尚時階銀青 | | 高履行 | 韋琨—蓋永徽中曾官戶侍<br>張大象<br>魏滿行<br>寇宏<br>以上三人蓋高宗初葉官至戶侍 | | |

| | 〔吏尙〕 | 〔吏侍〕 | 〔戶尙〕 | 〔戶侍〕 | 〔禮尙〕 | 〔禮侍〕 |
|---|---|---|---|---|---|---|
| （六五五）永徽六 | ○柳奭—七月十日戊寅貶遂刺<br>●來濟—是年以中令檢校吏尙時階銀靑 | 劉祥道—永徽末由御丞遷 | 高履行 | | 許敬宗—九月一日戊辰由衞尉復遷 | |
| （六五六）顯慶元 | ●來濟—蓋正月十九甲申卸 | 劉祥道 | 高履行—是年出爲益大督長史<br>[度支尙書 七月二十一癸未更名]<br>唐臨—是年或明年春夏由兵尙遷度支尙書 | 杜正倫—三月二十二丙戌由戶侍遷黃郎同三品<br>[度支侍郎 七月二十一癸未更名] | 許敬宗—正月十九甲申兼賓客 | |
| （六五七）顯慶二 | 唐臨—七月十九乙巳由度支尙書遷 | 劉祥道—是年遷黃郎仍知吏部選事 | 唐臨——七月十九乙巳遷吏尙<br>●杜正倫—七八月以黃郎同三品兼九月五日庚寅又兼中令 | 源惛—顯慶中官至度支侍郎 | 許敬宗—八月十五辛未遷侍中 | |
| （六五八）顯慶三 | 唐臨 | 劉祥道 | ●杜正倫—十一月六日乙酉罷爲橫刺 | | | |

| | | | | | | |
|---|---|---|---|---|---|---|
| (六五九)<br>顯慶四 | 唐臨—二月十八乙丑免<br>●李義府—八月八日壬子由普刺入遷兼吏尚同三品 | 劉祥道—是年遷刑尙 | ●盧承慶—春由光祿遷<br>五月二十丙申以本官參知政事<br>十一月二十一癸亥進同三品 | | | 孔志約—九月見在任 |
| (六六〇)<br>顯慶五 | ●李義府 | | ●盧承慶—七月二十八丁卯罷 | | | 辛良—高宗初龍朔二年以前官至禮侍 |
| (六六一)<br>顯慶六<br>龍朔元<br>〔三月改〕 | ●李義府 | 郝處俊—蓋是年或稍前始任 | 樂質—蓋高宗初年官至戶尙 | | | |
| (六六二)<br>龍朔二 | 〔司列太常伯　二月四日甲子更名〕<br>●李義府—二月五日乙丑正拜司列太常伯仍同三品<br>七月十一戊戌丁憂免<br>九月二十一丁丑起復本官仍同三品 | 〔司列少常伯　二月四日甲子更名〕<br>郝處俊—五月八日丙申換太子左中護<br>楊思玄—五月十五癸卯見在任蓋即是年免 | 〔司元太常伯　二月四日甲子更名〕<br>竇德玄—五月八日丙申以大司憲兼<br>同月十五癸卯見在任 | 〔司元少常伯　二月四日甲子更名〕<br>張山壽—五月十五癸卯見在任 | 〔司禮太常伯　二月四日甲子更名〕<br>李博乂—五月十五癸卯見在任<br>八月亦見在任 | 〔司禮少常伯　二月四日甲子更名〕<br>孫茂道—由中舍再遷司禮少常伯<br>是年九月二十二戊寅見在任 |

| | 〔司列太常伯〕 | 〔司列少常伯〕 | 〔司元太常伯〕 | 〔司元少常伯〕 | 〔司禮太常伯〕 | 〔司禮少常伯〕 |
|---|---|---|---|---|---|---|
| 龍朔三（六六三） | ●李義府—正月十一乙丑遷右相仍知選事　四月二日乙酉下獄　五日戊子流巂州<br>劉祥道—九月以後或明年蓋由司刑太常伯遷 | 李安期—是年或上年由黃郎遷 | 竇德玄—八月至十月見在任 | | 李博乂—十二月二十四癸卯轉司宗正卿原階光祿此時進階特進 | 孫茂道—是年或明年遷西郎 |
| 麟德元（六六四） | ●劉祥道—八月十二丁亥兼左相　十二月十五戊子罷爲司禮太常伯 | | ●竇德玄—八月十二丁亥正拜司元太常伯兼檢校左相 | | ○劉祥道—十二月十五戊子由司列太常伯兼右相罷爲司禮太常伯 | |
| 麟德二（六六五） | | 盧承業—是年以左肅機兼掌司列選事 | ●竇德玄 | | ○劉祥道 | |
| 乾封元（六六六） | 楊弘武—夏以司戎少常伯兼知司列五品選事 | 郝處俊—十二月十八己酉見在任副李勣伐高麗 | ●竇德玄—八月八日辛丑薨 | | ○劉祥道—是年進階金紫致仕 | 郝處俊—是年見在任 |

| | （六六七）乾封二 | （六六八）乾封三 總章元〔三月改〕 | （六六九）總章二 |
|---|---|---|---|
| 〔司列太常伯〕 | | ○盧承慶—是年曾在官 | |
| 〔司列少常伯〕 | 李安期—三月見在任 六月二十六乙卯稍前遷東郎<br>●趙仁本—六月二十六乙卯稍前由東郎遷任此日以本官同三品 | ●趙仁本—是年或明年換右中護仍同三品 | ●李敬玄—二月十二辛酉由右肅機遷西郎同三品同日或稍後兼檢校司列少常伯<br>〔四月一日己酉增置司列少常伯一員共二員〕 |
| 〔司列少常伯〕 | | | 裴行儉—四月一日己酉由司文少卿遷 |
| 〔司元太常伯〕 | | | |
| 〔司元少常伯〕 | | | |
| 〔司禮太常伯〕 | | | |
| 〔司禮少常伯〕 | | | |

| | (六七〇)總章三 咸亨元〔三月改〕 | (六七一)咸亨二 | (六七二)咸亨三 | (六七三)咸亨四 |
|---|---|---|---|---|
| 〔吏尚〕 | 吏部尚書十二月二十一庚寅或二十三壬辰復舊名 | | | |
| 〔吏侍〕 | ●李敬玄—四月七日己酉丁憂免 七月十七戊子起復<br>吏部侍郎十二月二十一庚寅或二十三壬辰復舊名 | ●李敬玄 | ●李敬玄—十月十八乙亥正除吏侍進階銀青仍同三品 | ●李敬玄 |
| 〔吏侍〕 | 裴行儉<br>吏部侍郎十二月二十一庚寅或二十三壬辰復舊名 | 裴行儉 | 裴行儉 | 裴行儉 |
| 〔戶尚〕 | 戶部尚書十二月二十一庚寅或二十三壬辰復舊名 | | ●戴至德—十月十八乙亥由中郎同三品遷戶尚仍同三品 | ●戴至德 |
| 〔戶侍〕 | 戶部侍郎十二月二十一庚寅或二十三壬辰復舊名 | 柳子房—高宗世官至戶侍<br>崔義起—高宗世官至戶侍 | | |
| 〔禮尚〕 | 禮部尚書十二月二十一庚寅或二十三壬辰復舊名 | | 楊思敬—冬或明年春見在任 | 楊思敬 |
| 〔禮侍〕 | 禮部侍郎十二月二十一庚寅或二十三壬辰復舊名 | 高智周—是年以正諫大夫兼檢校禮侍 | 裴宣機—高宗初葉或中葉官至禮侍 | 辛郁—蓋高宗時官至禮侍 |

| | | | | | | |
|---|---|---|---|---|---|---|
| （六七四）咸亨五 上元元〔八月改〕 | | ●李敬玄 | 裴行儉 | ●戴至德 | 楊思敬 | |
| （六七五）上元二 | ●李敬玄—八月二十九庚子由吏侍兼左庶同三品遷吏尚仍兼左庶同三品時階蓋銀青 | ●李敬玄—八月二十九庚子遷吏尚仍同三品 馬載—上元中始任蓋是年秋多繼敬玄 | 裴行儉—是年進階銀青 | ●戴至德—八月二十七戊戌遷右僕仍同三品 ○許圉師—八月二十九庚子由左丞遷 | 楊思敬—四月見在任 | |
| （六七六）上元三 儀鳳元〔十一月改〕 | ●李敬玄—十一月二十六庚寅遷中令 | 馬載 | 裴行儉—三月爲總管伐吐蕃 | ○許圉師 | | 李懷儼—蓋高宗世官至禮侍 |
| （六七七）儀鳳二 | | 馬載—三月九日辛未見在任此後數年蓋仍在任 | 裴行儉 | ○許圉師 | | |
| （六七八）儀鳳三 | | 馬載？ | 裴行儉 | ○許圉師 | | |

| | （六七九）儀鳳四 調露元〔六月改〕 | （六八〇）調露二 永隆元〔八月改〕 | （六八一）永隆二 開耀元〔十月改〕 |
|---|---|---|---|
| 〔吏尚〕 | | | |
| 〔吏侍〕 | 馬載？ | 元大士—蓋高宗末曾官吏侍 | |
| 〔吏侍〕 | 裴行儉—六月伐西突厥九月五日壬午敗之執其可汗都支以歸十一月六日癸未遷禮尚兼檢校右衛大將軍<br>韋萬石—十一月六日癸未後以少太常兼知吏部選事 | 崔元奬—蓋高宗末或稍後官至吏侍 | 魏玄同—是年或明年春始任 |
| 〔戶尚〕 | 〇許圉師—正月十日辛卯卒<br>崔知悌—四月九日戊午由左丞遷 | 崔知悌 | 崔知悌—八月二十一丁亥卒 |
| 〔戶侍〕 | | 高審行—八九月由戶侍貶渝刺 | |
| 〔禮尚〕 | 裴行儉—十一月六日癸未由吏侍遷禮尚兼檢校右衛大將軍同月二十七甲辰爲大總管伐突厥 | 裴行儉 | 裴行儉 |
| 〔禮侍〕 | | | |

| | | | | | | | |
|---|---|---|---|---|---|---|---|
| （六八二）開耀二 永淳元（二月改） | | 裴敬彝—三月二十五戊午見在任 | ●魏玄同—四月二十四丁亥以本官與中書門下同承受進止平章事 | ●薛元超（振）—四月三日丙寅以中令兼戶尚留京師輔太子 | | 裴行儉—四月卒 ●裴炎—四月以侍中兼知 | 魏叔璘—約高宗末或武后初官至禮侍 |
| （六八三）永淳二 弘道元（十二月改） **中宗**（十二月十一甲子即位） | | 魏克己（歸仁）—十二月見在任 | ●魏玄同—十二月二十五戊寅遷黃門郎同三品 | ●薛元超—七月十九甲辰罷 | | | |
| （六八四）嗣聖元 **睿宗**（二月七日己未即位） 文明元（二月改） | 韋待價—二月至八月間由右武衛將軍遷 八九月進階金紫 | 魏克己—春貶太子中允 鄧玄挺—春由中舍遷 旋貶澧刺 ●郭待舉—是年由左騎同三品遷吏侍仍同三品 | 張楚金—約二月至八月間始任 | 李晦（崇晦）—春始任 | | 〇武承嗣—正二月始任 閏五月十三甲子遷太常同三品 八月二十七丙午復罷爲禮尚 | 史節—蓋高宗末或武后世官至禮侍 |

| | 武后　光宅元（九月改） | 垂拱元（六八五） | 垂拱二（六八六） | 垂拱三（六八七） |
|---|---|---|---|---|
| （天尚） | 天官尚書　九月六日甲寅或五日癸丑更名 | ●韋待價—六月以本官同三品　十一月爲燕然道行軍大總管 | ●韋待價—六月三日辛未遷文昌右相仍同三品 | |
| （天侍） | 天官侍郎　九月六日甲寅或五日癸丑更名<br>●郭待舉—十一月二十丁卯罷爲左庶 | ●魏玄同—七月五日己酉由左丞平章事遷鸞郎兼吏侍仍平章事 | ●魏玄同—三月十六丙辰遷地尚仍平章事 | |
| （天侍） | 天官侍郎　九月六日甲寅或五日癸丑更名 | 孟允中—垂拱中曾官天侍 | | |
| （地尚） | 地官尚書　九月六日甲寅或五日癸丑更名<br>李晦—冬出爲荊大督長史 | | ●魏玄同—三月十六丙辰由鸞郎兼天侍同三品遷地尚仍同三品 | ●魏玄同—八月二十一壬子兼檢校納言遷階銀青 |
| （地侍） | 地官侍郎　九月六日甲寅或五日癸丑更名 | 宗楚客—垂拱中曾官地侍 | | |
| （春尚） | 春官尚書　九月六日甲寅或五日癸丑更名 | ●武承嗣—二月二十九乙巳以本官同三品　三月十六辛酉罷蓋守本官 | 徐銙—垂拱中官至春尚 | |
| （春侍） | 春官侍郎　九月六日甲寅或五日癸丑更名 | | | 賈大隱—是年由鳳舍遷 |

| | （六八八）垂拱四 | （六八九）永昌元（此年並閏九月只十一個月） | （六九〇）載初元（用子正以十一月爲正月十二月爲臘月建寅月爲春一月）天授元（九月九日壬午改元更國號曰周） |
|---|---|---|---|
| 〔天尚〕 | ○武承嗣｜蓋垂拱末遷任 | 〔天尚〕○武承嗣｜三月二十癸酉遷納言 | 武三思｜九月前後由夏尚遷 |
| 〔天侍〕 | 范履冰｜是年或明年由鸞郎換 | 〔天侍〕范履冰｜十月以前遷春尚　（三月二十一甲戌再增置天官侍郎一員共三員） | |
| 〔天侍〕 | | 〔天侍〕鄧玄挺｜春或上年由鱗臺少監遷　四月二十七己酉下獄死 | |
| 〔天侍〕 | | 〔天侍〕李景諶｜三月二十一甲戌由右丞遷 | 李景諶 |
| 〔地尚〕 | ●魏玄同｜是年或明年正二月卸地尚 | ●韋方質｜二月由鳳郎同三品遷地尚仍同三品 | ●韋方質｜春一月十六甲午流儋州　○王立本｜春一月十日戊子由左大御同三品罷爲地尚　二月二十丁卯被殺 |
| 〔地侍〕 | 傅元淑｜垂拱末或永昌元年曾官地侍　（四月十一戊戌增置地官侍郎一員共兩員） | | |
| 〔地侍〕 | 武攸寧｜四月十一戊戌所增一員以攸寧爲之 | | |
| 〔春尚〕 | 王及善｜約垂拱末由司屬卿遷出爲秦督 | ●范履冰｜十月以前由天侍遷　十月十八丁卯以本官同平章事 | ●范履冰｜四月十一丁巳下獄死 |
| 〔春侍〕 | 賈大隱｜春見在任 | | |

| | （六九一）天授二 | （六九二）天授三 如意元（四月改） 長壽元（九月改） |
|---|---|---|
| 〔天尚〕 | 武三思—蓋是年卸<br>●樂思晦—六月十一庚戌以鸞郎平章事兼檢校十月二十五壬戌被殺 | 李景諶—是年稍後由天侍遷 |
| 〔天侍〕 | 任令暉—天授中曾官天侍 | 姚璹—某時由桂督長史入遷檢校天侍八月十六戊寅遷左丞同平章事<br>李至遠—九月以天官郎中知侍郎選事不久出爲壁刺 |
| 〔天侍〕 | | 韋承慶—是年以鳳舍兼掌天官選事出爲沂刺 |
| 〔天侍〕 | 李景諶 | 李景諶—是年冬見在任稍後遷天尚 |
| 〔地尚〕 | ●格輔元—六月十一庚戌由左大御遷地尚同平章事十月十二己酉被殺<br>●狄仁傑—十月以地侍平章事判地尚事 | ●狄仁傑—春一月四日庚午貶彭澤令<br>○楊執柔—八月十六戊寅由夏尚平章事罷爲地尚 |
| 〔地侍〕 | ●狄仁傑—九月二十六癸巳由洛州司馬遷地侍同平章事十月兼判地尚事 | ●狄仁傑—春一月四日庚午貶彭澤令 |
| 〔地侍〕 | | 李元素—八月十六戊寅由檢校地侍遷右丞同平章事 |
| 〔春尚〕 | 武思文—春一月見在任八月二十六甲子流嶺南 | |
| 〔春侍〕 | | 孔惠元—九月二十二癸丑由春侍流嶺南 |

| | | | | | | | | | |
|---|---|---|---|---|---|---|---|---|---|
| （六九三）長壽二 | | 許子儒—九月始任 | 韋承慶—是年或稍後由沂刺復爲鳳舍兼掌天官選事後病免 | | | | | | 牛鳳及—長壽中官至春侍 |
| （六九四）長壽三 延載元〔五月改〕 | | 許子儒 | 劉奇—是年始任 | 何彥先—武后時官至天侍 | | | | | |
| （六九五）證聖元 天册萬歲元〔九月改〕 | | 許子儒—是年在任 石抱忠—是年以檢校天官郎中知侍郎選事 | 劉奇 | 崔冬日—武后時官至天侍 | | | 段嗣元—武后世蓋前葉官至地侍 | 武三思—蓋九月以前始任 | |
| （六九六）天册萬歲二 萬歲登封元〔臘月改〕 萬歲通天元〔三月改〕 | | 石抱忠 | 劉奇 | 張詢古—不知何時始任蓋是年卸 王勮—是年以鳳舍兼知天侍事 | | | | 武三思—七月十一辛亥爲檢關道安撫大使 | 〇陸元方—約是年由綏刺入還檢校春侍 |

| | （六九七）萬歲通天二 神功元〔九月改〕 | （六九八）聖曆元 |
|---|---|---|
| 〔天尙〕 | | |
| 〔天侍〕 | 石抱忠—正月二十四壬戌被殺<br>李嶠—閏十月以鳳舍知天侍選事 | 李嶠—十月以前左遷麟臺少監 |
| 〔天侍〕 | 劉奇—正月二十四壬戌被殺<br>○蘇味道—蓋是年由集刺入試天侍 | ○蘇味道—九月二十四辛巳遷鳳郎同平章事 |
| 〔天侍〕 | 王勮—正月二十四壬戌被殺 | ○陸元方—是年或前後數月由檢校春侍遷試天侍兼司衞卿 |
| 〔地尙〕 | | |
| 〔地侍〕 | | |
| 〔地侍〕 | 姜柔遠—武后世曾官地侍 | |
| 〔春尙〕 | ●武三思—六月二十四戊子以本官同三品 七月三日丁酉罷守本官 | ●武三思—八月十三庚子以本官檢校內史<br>〔閻知微—六月六日甲午以豹韜衞大將軍攝春尙 送武延秀入突厥 十月歸國 誅〕 |
| 〔春侍〕 | ○陸元方 | ○陸元方—是年或前後數月遷試天侍 |

| （六九九）聖曆二 | （七〇〇）聖曆三 久視元〔五月改〕〔此年並閏七月共十五個月〕 |
|---|---|
| ●吉頊—臘月二日戊子由左御丞遷天侍同平章事<br>〔五月八日辛酉天官侍郎減一員存二員終唐世〕<br>六月見在任時階朝請 | ●吉頊—正月二十八戊寅流嶺南<br>張錫—閏七月十三己丑由天侍遷鳳郎同平章事 |
| ○陸元方—八月二十六丁未遷鸞郎同平章事<br>鄭杲—是年見在任 | 鄭杲<br>顧琮—七月始任 |
| ○姚璹—是年或上年由益大督長史入遷 | ○姚璹—是年或上年換多尚充西京留守<br>○韋巨源—十月十三丁巳由納言罷爲地尚 |

張知泰—蓋聖曆久視中由夏侍換地侍後出爲益大督長史

紀處訥—武后末葉曾官地侍

| （六九九） | （七〇〇） |
|---|---|
| ●武三思—八月二十七戊申正拜內史 | |
| 孟詵—約聖曆中曾官春侍 | 李懷遠—不知何時由右騎還是年蓋在任 |

| 年 | 〔天尚〕 | 〔天侍〕 | 〔天侍〕 | 〔地尚〕 | 〔地侍〕 | 〔地侍〕 | 〔春尚〕 | 〔春侍〕 |
| --- | --- | --- | --- | --- | --- | --- | --- | --- |
| （七〇一）大足元 長安元〔十月改〕〔此年復以建寅月爲正月〕 | | 房穎叔—是年蓋春由地官郎中(?)遷　未上卒<br>李迥秀—六月十九庚申前蓋春以夏侍繼穎叔兼知天侍選事<br>崔玄暐—是年由鳳舍擢多遷左丞月餘復換天侍 | ●顧琮—五月二十四丙申以本官同平章事 | ○韋巨源—十月以本官充神都留守 | | | | 李懷遠—正月或稍前遷鸞郎 |
| （七〇二）長安二 | | 崔玄暐 | ●顧琮—十月十日甲辰薨 | ○韋巨源—是年換冬尚 | | | | 崔神慶—長安中蓋二三年由春侍徙右庶 |
| （七〇三）長安三 | ●韋安石—閏四月十七丁丑以鸞郎平章事充神都留守兼判天官秋官二尚書事 | 崔玄暐 | 鄭杲—是年在任(?)<br>韋嗣立—是年蓋由夏侍遷 | | 〔是年地官侍郎減一員存一員〕 | | | 張敬之—武后末葉或稍後曾官春侍 |

| | (七〇四) 長安四 | (七〇五) 神龍元 中宗 (正月二十五丙午復位) (二月四日甲寅復國號曰唐) |
|---|---|---|
| | | 吏部尙書 二月四日甲寅復舊名<br>●張柬之—四月二日辛亥由兵尙同三品遷吏尙 |
| | 崔玄暐—六月十一乙丑遷鸞郎同平章事<br>張敬之—武后末葉官至天侍 | 吏部侍郎 二月四日甲寅復舊名<br>劉憲—春由吏侍貶渝刺 |
| | 韋嗣立—正月二十六壬子遷鳳郎同平章事時階中散<br>韋承慶—正月二十六壬子由司僕少卿遷<br>十一月五日丁亥遷鳳郎同平章事 | 吏部侍郎 二月四日甲寅復舊名 |
| | ○李嶠—十一月二十一癸卯由成均祭酒同三品罷爲地尙 | 戶部尙書 二月四日甲寅復舊名<br>○李嶠—正二月貶豫刺<br>●楊再思—二月四日甲寅由內史換戶尙同三品 |
| | 楊溫玉—蓋武后末曾官地侍<br>尹思貞—長安末或神龍初蓋曾官地侍或戶侍 | 戶部侍郎 二月四日甲寅復舊名<br>樊忱—正月二十三甲辰見在地侍任<br>薛季昶—春蓋二月由洛州長史入遷時階銀青<br>蓋五月出爲荊大督長史 |
| | ●姚元之—八月八日辛酉由相王府長史兼知夏尙同三品換兼知春尙仍同三品長史如故<br>同月二十七庚辰轉司僕仍同三品<br>武攸寧—十月九日辛酉見在任 | 禮部尙書 二月四日甲寅復舊名<br>武重規—神龍初官至禮尙 |
| | 韋叔夏—是年由成均祭酒遷<br>張昌宗—是年由司僕遷 | 禮部侍郎 二月四日甲寅復舊名<br>張昌宗—正月二十二癸卯誅 |

| | |
|---|---|
| 〔吏尚〕 | 仍同三品 同月二十六乙亥遷中令<br>●韋安石—四月二十五甲戌由刑尚遷吏尚同三品 五月十六甲午兼檢校中令 六月十五癸亥正拜中令仍兼檢校吏尚<br>●唐休璟（璿）—十月一日丁未以右僕同三品充京師留守俄兼檢校吏尚<br>○李嶠—冬由吏侍遷 |
| 〔吏侍〕 | ○李嶠—夏秋由通刺入遷 冬遷吏尚<br>○韋嗣立—冬以少太僕兼掌吏部選事 |
| 〔吏侍〕 | 宋璟—是年由左御丞遷吏侍兼大諫內供奉進階朝散 |
| 〔戶尚〕 | 充西京留守 四月二十五甲戌兼檢校揚大督 六月十五癸亥檢校中令仍兼戶尚 十月二十五辛未遷侍中<br>蘇瓌—十月二十五辛未至十一月二十五辛丑間由左丞遷時階銀青 |
| 〔戶侍〕 | |
| 〔戶侍〕 | |
| 〔禮尚〕 | ○韋巨源—九月十六癸巳由賓客同三品罷爲禮尚 |
| 〔禮侍〕 | 孔若思—約神龍中由給事遷 出爲衞刺 |

| （七〇六）神龍二 | （七〇七）神龍三　景龍元〔九月改〕 |
| --- | --- |
| ●李嶠—正月二十三戊戌以本官同三品　七月二十五丙寅遷中令<br>●韋巨源—七月二十五丙寅由刑尚同三品遷吏尚仍同三品 | ●韋巨源—九月十六辛亥遷侍中<br>○蘇瓌—九月十六辛亥由侍中罷爲吏尚時階金紫 |
| ○韋嗣立—是年出爲相刺<br>魏知古—是年由少衞尉遷　尋進階銀青 | 魏知古—是年丁憂免<br>蕭至忠—是年由左御丞遷吏侍仍兼御丞　五月十八乙卯及七月皆見在任　九月二日丁酉遷黃郎同三品 |
| 宋璟—四月稍前遷黃郎<br>司馬鍠—蓋是年見在任 | 元希聲—由少太常遷是年卒<br>岑羲—五月十八乙卯見在任 |
| 蘇瓌—三月一日甲辰遷侍中京師留守階如故<br>○韋安石—三月一日甲辰由中令罷爲戶尚蓋即此年卸<br>李承嘉—是年四月以後或明年春夏曾官戶尚時階金紫 | 蘇珦—秋由右大御遷尋轉賓客 |
| 九月一日壬寅復增置戶侍一員通前共二員終唐世 | 樊忱—夏見在任 |
| 韋太眞（眞泰）—蓋中宗初或武后世曾官戶侍 | |
| ○韋巨源—二月二十一乙未遷刑尚同三品<br>●祝欽明—蓋是年二月下旬由刑尚同三品換禮尚仍同三品時階銀青　八月五日丙子貶申刺 | 韋溫—約是年由宗正遷 |
| 嚴善思—神龍中由給事遷 | 嚴善思—是年八月以前見在任時階中散 |

| | |
|---|---|
| | 景龍二（七〇八） |
| 〔吏尚〕 | ○蘇瓌——是年或稍前後曾爲東都留守尋還守本官 |
| 〔吏侍〕 | 崔湜——春由兵侍還四月二十五丁亥稍前還中郎<br>薛稷——五月五日丙甲以吏侍加修文館直學士 |
| 〔吏侍〕 | 岑羲——四月二十五丁亥加修學 |
| （吏侍，東都） | 是多西京東都各置兩吏部侍郎爲四銓<br>崔湜——多復以中郎兼檢校吏侍事<br>鄭愔——多以太常少兼檢校吏侍事<br>李元恭——多以少大理分掌東都選事<br>岑羲 |
| 〔戶尚〕 | |
| 〔戶侍〕 | 徐堅——是年或明年以禮侍兼判戶侍事時階銀靑 |
| 〔戶侍〕 | |
| 〔禮尚〕 | 韋溫 |
| 〔禮侍〕 | 嚴善思——是年尙見在任<br>崔挹——蓋春見在任<br>徐堅——是年或明年由刑侍換禮侍兼判戶侍事充昭學時階銀靑 |

| （七〇九）景龍三 | （七一〇）景龍四<br>唐隆元（六月四日甲申改）<br>温王（六月七日丁亥即位） |
| --- | --- |
| ○蘇瓌｜九月十五戊辰遷右僕同三品 | ●張嘉福｜六月三日癸未以吏尚同平章事 同月二十三癸卯誅 |
| ●崔湜｜三月一日戊午以本官同平章事 五月十一丙寅貶襄刺<br>●鄭愔｜三月二十一戊寅除吏侍同平章事 五月十一丙寅貶江州司馬<br>盧藏用｜五月中旬以中舍兼知吏侍事是年遷檢校吏侍時階朝請 | 盧藏用｜五月二十九己卯尚在任 是年遷黃郎 |
| ○崔湜｜冬由左丞復換吏侍<br>岑羲｜是年遷中郎 | ●崔湜｜六月三日癸未以本官同平章事 同月二十三癸卯貶華刺 |
| | ○鍾紹京｜六月二十五乙巳由中令罷爲戶尚時階光祿尋出爲蜀刺 |
| 徐堅 | 徐堅｜秋轉右庶 |
| 于經野｜中宗時官至戶侍是年九月蓋在任 | |
| 韋溫｜三月二十一戊寅遷少保同三品 | 竇希玠｜四月十四乙未見在任 |
| 徐堅 | 徐堅｜秋轉右庶 |

| | 〔吏尚〕 | 〔吏侍〕 | 〔吏侍〕 | 〔戶尚〕 | 〔戶侍〕 | 〔戶侍〕 | 〔禮尚〕 | 〔禮侍〕 |
|---|---|---|---|---|---|---|---|---|
| **睿宗** 〔六月二十四甲辰復位〕 景雲元 〔七月二十己巳改〕 | ●宋璟—七月八日丁巳由洛州長史遷檢校吏尚同三品時階中散同月十三壬戌兼右庶尋超階銀青 | 盧從愿—是年由中舍遷 | 同月二十八戊申復舊官七月十三壬戌復罷爲左丞<br>李乂—秋冬由中舍遷檢校吏侍 | 姚珽—是年始任十月十三庚寅在任時階銀青尋轉賓客 | | | | 李景伯—蓋景龍景雲中曾官禮侍 |
| （七一一）景雲二 | ●宋璟—二月九日甲申貶楚刺<br>○劉幽求—三月由戶尚遷 十月三日甲辰遷侍中 | 盧從愿 | 李乂—春或四五月稍前遷黃郎進階銀青<br>○趙彥昭—春或五月稍前由涼督入遷蓋五月充關內巡邊使秋冬遷左大御 | ○劉幽求—二月十一丙戌由右丞知政事罷爲戶尚 三月遷吏尚<br>畢構—蓋是年夏秋由益大督長史遷戶尚仍遙領長史時階銀青 | | | 竇希玠—八月二十七己巳徙少傅 | 韋抗—蓋是年以右御丞兼 |

| | |
|---|---|
| | （七一二）太極元 延和元（五月十三辛巳改） 玄宗（八月三日庚子即位） 先天元（八月七日甲辰改） |
| ○郭元振（震）—十月三日甲辰由兵尚同三品罷爲吏尚時階銀靑 | ○郭元振—六月二十三辛酉換刑尚充朔方大總管階如故<br>畢構—蓋是年六七月曾官吏尚並遙領益大督長史<br>○蕭至忠—是年始任 |
| | 盧從愿 |
| 馬懷素—約是年由中舍遷檢校吏侍 | 馬懷素—是年或上年末轉少大理<br>吳道師（師道？）—是年前後曾官吏侍 |
| ○李日知—十月三日甲辰由侍中罷爲戶尚 旋卸<br>○岑羲—十一二月或明年正月由刑尚遷 | ●岑羲—正月二十五乙未以本官同三品 六月十五癸丑遷侍中<br>●魏知古—六月二十四壬戌由右騎同三品遷戶尚仍同三品 八月十三庚戌遷侍中<br>○鍾紹京—八月稍後由蜀刺復入遷 |
| 和逢堯—十一月八日戊寅稍後或明年春由御丞遷 | 和逢堯 |
| | |
| | ○薛稷—是年或上年冬由工尚遷禮尚兼昭學時階金紫 六月見在任 |
| | 韋抗—是年遷兵侍<br>崔泰之—是年見在任分司東都 |

（七一三）
先天二
開元元
〔十二月改〕

|  | |
|---|---|
| 〔吏尚〕 | ○蕭至忠—正月十一乙亥遷中令 ●魏知古—十二月以黃門監攝吏尚知東都選 ○崔日用—七月稍後由吏侍檢校雍州長史遷 |
| 〔吏侍〕 | 盧從愿 |
| 〔吏侍〕 | ○崔日用—六月由荊大督長史入遷 七月三日甲子兼檢校雍州長史 不久遷吏尚 盧懷愼—十二月以黃郎與魏知古分知東都選事 李朝隱—蓋冬以絳刺兼知吏部選事 |
| 〔戶尚〕 | ○鍾紹京—三月見在任時階金紫不久轉詹事 李晉—夏始任 七月三日甲子誅 王琚—七月十一壬申由中郎遷戶尚進階銀青未拜同月十九庚辰復爲中郎 姚珽—冬由賓客復遷戶尚進階金紫 |
| 〔戶侍〕 | 和逢堯—秋貶朗州司馬 |
| 〔戶侍〕 | 劉知柔—是年由荊大督長史入遷 是年或明年遷右丞時階銀青 |
| 〔度支〕 | |
| 〔鹽運〕 | ○李傑—十月以陝刺充陝州水陸發運使 （按：陝運例以刺史兼充僅書其朔後不書） |
| 〔禮尚〕 | ○薛稷—六七月前徙少保 |
| 〔禮侍〕 | 張廷珪—正二月由洪督江西按察入遷 是年兼判左丞 |

| | | | | | | | | | |
|---|---|---|---|---|---|---|---|---|---|
| （七一四）開元二 | 〇崔日用—春夏見在任是年或明年左遷常刺 | 盧從愿 | 李朝隱—是年正除 | 姚珽—是年卒<br>尹思貞—是年由大御遷 | 馬懷素—是年由刑侍遷時階銀青 | 王志愔—是年或上年由汴刺河南按察入遷戶侍進階銀青旋出爲魏刺本道按察 | 李傑—閏二月遷河南尹充河南水陸運使（按河南水陸運使例以尹兼充僅書其朔後不書） | 鄭惟忠—開元初由大御遷時階銀青 | 張廷珪—夏或前後一個月遷黃郎時階正議<br>馬懷素—是年以少詹事判刑侍兼判禮侍蓋旋卸 |
| （七一五）開元三 | ●盧懷愼—正月二十癸卯以黃門監兼檢校吏尚 | 盧從愿 | 李朝隱 | 尹思貞—蓋是年換工尚 | 馬懷素—是年徙光祿階如故 | 源乾曜—是年或上年由少府少監遷時階正議旋兼御丞十二月或明年正月遷左丞階如故 | | 鄭惟忠—是年見在任十一月見在任 | |

| | 〔吏尚〕 | 〔吏侍〕 | 〔吏侍〕 | 〔戶尚〕 | 〔戶侍〕 | 〔戶侍〕 | 〔度支〕 | 〔鹽運〕 | 〔禮尚〕 | 〔禮侍〕 |
|---|---|---|---|---|---|---|---|---|---|---|
| 開元四（七一六） | ●盧懷愼—正月十九丙申正兼吏尚　十一月七日己卯罷<br>●宋璟—閏十二月二十七己亥由刑尚遷吏尚兼黃門監時階銀青 | 盧從愿—五月貶豫刺<br>姜晦—是年由兵侍遷 | 李朝隱—五月貶滑刺 | 畢構—是年或上年冬由河南尹入遷時階銀青　十月以病轉詹事階如故　同月十一癸丑卒 | | 崔皎—十二月見在任 | | | 鄭惟忠—是年轉賓客 | |
| 開元五（七一七） | ●宋璟 | 姜晦—七月三日庚子徙宗正 | 裴漼—是年由兵侍遷 | | 王怡—正月見在任 | 崔皎<br>倪若水—是年或明年由汴刺河南採訪入遷 | | | 裴茂宗—開元初或稍前後官至禮尚 | 崔沔—不知何時由秘書少監判大理遷　七年稍前轉左庶進階朝散 |
| 開元六（七一八） | ●宋璟 | | 裴漼 | | 楊滔—是年見在任 | 倪若水 | | | | |

| | | | | | | |
|---|---|---|---|---|---|---|
| 開元七（七一九） | ●宋璟 | 慕容珣—三月十九戊申見在任 | 裴漼—三月十九戊申見在任 | | 楊滔—三月十九戊申見在任 | 倪若水—是年遷右丞 |
| 開元八（七二〇） | ●宋璟—正月二十八辛巳罷為開府 | 魏奉古—約是年冬見在任 | 裴漼—夏秋以前或上年遷左丞<br>王丘—七月由禮侍遷時階蓋朝散 | | | |
| 開元九（七二一） | | | 王丘—是年見在任 | | | 源光裕—約是年由刑侍遷 |

| | | |
|---|---|---|
| 開元七 | | 王丘—三月以前由中舍遷時階朝散任<br>三月十九戊申見在任<br>七月見在任 |
| 開元八 | ○蘇頲—正月二十八日辛巳由中郎平章事罷為禮尚時階銀青 | 王丘—七月遷吏侍 |
| 開元九 | ○蘇頲 | 劉令植—是年或上年由中舍遷<br>崔璩—六月十一丁亥見在任由中舍遷 |

| | 開元一〇（七二二） | 開元一一（七二三） |
|---|---|---|
| 〔吏尚〕 | | 王晙—正月由倉事遷吏尚兼太原尹時階銀靑 四月二十九癸亥遷兵尚同三品階如故<br>裴漼—夏由大御遷 |
| 〔吏侍〕 | 楊滔—是年或上年始任蓋由戶侍遷 多見在任 | 楊滔—五月見在任<br>王易從—約是年由兵侍遷 |
| 〔吏侍〕 | 王丘—多稍前轉右丞<br>○陸象先—多以戶尚知吏部選事 | 崔琳—十二月見在任 |
| 〔戶尚〕 | ○陸象先—春夏或上年蓋由工尚遷 七月十八丁亥見在任 多兼知吏部選事 | ○陸象先—是年換刑尚 |
| 〔戶侍〕 | 强循—是年初見在任 | |
| 〔戶侍〕 | 源光裕—是年遷左丞 | 呂太一—蓋十年稍後曾官戶侍 |
| 〔度支〕 | | |
| 〔鹽運〕 | | |
| 〔禮尚〕 | ○蘇頲 | ○蘇頲—蓋是年或明年兼知益大督長史 旋卸長史 |
| 〔禮侍〕 | 韓休—蓋是年末由中舍遷任兼知制誥 | 韓休—二月見在任 |

| (七二四)開元一二 | (七二五)開元一三 |
|---|---|
| 裴漼—閏十二月六日辛酉見在任 | 裴漼—十二月至明年春見在任不與十銓事 |
| 王易從—六月二十五壬子出爲揚大督長史<br>李元紘—是年由兵侍遷 | 李元紘—春轉戶侍進階中大夫 |
| 韓思復—約是年始任時階銀靑旋出爲襄刺<br>許景先—蓋是年始任 | 許景光—二月二十一乙亥出爲虢刺<br>蘇頲—(禮尚)韋抗—(刑尚)盧從愿—(工尚)徐堅—(右騎)宇文融—(御丞)崔琳—(蒲刺)崔沔—(魏刺)韋虛心—(荊大督長史)賈曾—(鄭刺)王丘—(懷刺)以上十人十二月二十五甲戌各以本官分掌吏部十銓選事 |
| ○張嘉貞—是年春夏或上年由幽刺入遷戶尚兼益大督長史七月貶台刺 | |
| 徐知仁—是年見在任<br>楊瑒—是年由御丞遷 | 楊瑒—正月或上年冬末出爲華刺<br>宇文融—二月六日庚申以御丞兼 |
| 白知愼 | 白知愼—正月或上年冬末出爲刺史<br>李元紘—春由吏侍轉戶侍進階中大夫 |
| 宇文融—九年以後以御史勾當括戶勸農租庸地稅等使是年八月十二己亥遷御丞勾當諸使如故 | |
| ○蘇頲 | ○蘇頲—十二月二十五甲戌分掌吏部十銓事 |
| 韓休—六月二十五壬子出爲虢刺<br>鄭溫琦—是年始任 | 鄭溫琦—二月二十一乙亥出爲汾刺<br>賀知章—是年由少太常遷四月五日戊午見在任 |

| | (七二六)開元一四 | (七二七)開元一五 | (七二八)開元一六 |
|---|---|---|---|
| 〔吏尚〕 | 裴漼—是年轉賓客時階銀青<br>○宋璟—多以開府行吏尚 | ○宋璟 | ○宋璟 |
| 〔吏侍〕 | 蔣欽緒—是年或上年由御丞遷　蓋是年出爲汴刺<br>蘇晉—多由戶侍遷 | 蘇晉 | 蘇晉 |
| 〔吏侍〕 | 齊澣—多由右丞遷 | 齊澣 | 齊澣 |
| 〔戶尚〕 | 王晙—是年始任　七月領朔方節度　旋解節度 | ○王晙 | ○王晙 |
| 〔戶侍〕 | 宇文融 | 宇文融—二月左遷魏刺 | 宇文融—正月十七甲寅復遷戶侍仍兼魏刺　同月二十九丙寅兼檢校汴刺 |
| 〔戶侍〕 | 李元紘—四月九日丁巳遷中書侍郎同平章事<br>蘇晉—多由戶侍遷吏侍 | | |
| 〔度支〕 | | | |
| 〔鹽運〕 | | | |
| 〔禮尚〕 | ○蘇頲 | ○蘇頲—七月九日己卯卒 | 李禕—是年或上年由左金吾衛大將軍朔方節度遷禮尚仍領節度 |
| 〔禮侍〕 | 賀知章—四月十九丁卯稍後　蓋五月換工侍<br>賈曾—蓋是年由少光祿遷 | 賈曾—是年卒 | |

| | | |
|---|---|---|
| （七二九）開元一七 | （七三〇）開元一八 | （七三一）開元一九 |
| ○宋璟—八月二十七乙酉遷右丞相 | ●裴光庭—四月十一乙丑以侍中兼吏尚充宏學時階銀青 | ●裴光庭 |
| 蘇晉 | 蘇晉 | 蘇晉—春夏出爲汝刺 |
| 齊澣—七月二十九丁巳貶良德丞時階朝請 | 許景先—是年或稍後由工侍遷　旋卒 | 韓朝宗—是年或前後一年以給事知吏部選事 |
| ○王晙 | ○王晙 | ○王晙 |
| 宇文融—六月十五甲戌遷黃郎同平章事　裴耀卿—秋由冀刺入遷 | 裴耀卿—不知何時轉左庶旋復任 | 裴耀卿 |
| | 宋遙—是年或明年見在任 | |

| | | |
|---|---|---|
| 李禕 | 李禕 | 李禕 |
| | 張均—蓋是年由中舍遷　十二月丁憂免（或二十二年由前中舍起復爲禮侍二十二年遷兵侍） | |

| | 開元二〇（七三二） | 開元二一（七三三） |
| --- | --- | --- |
| 〔吏尚〕 | ●裴光庭—七月六日丁未見在任。十一月二十一庚申進階光祿。蓋十二月三日壬申卸。●蕭嵩—十二月三日壬申由兵尚兼中令遷吏尚，仍兼中令。原階銀青，此時或稍後進階金紫。 | ●蕭嵩—六月二十八癸亥見在任。 |
| 〔吏侍〕 | 李林甫—是年或上年由刑侍遷。七月六日丁未見在任。 | |
| 〔吏侍〕 | 劉彤—七月六日丁未見在任。 | |
| 〔戶尚〕 | ○王晙—八月九日己卯卒。○杜暹—十一月由太原尹遷。 | |
| 〔戶侍〕 | 裴耀卿—冬遷京尹。 | |
| 〔戶侍〕 | 張敬輿—約是年夏以戶侍充河南宣慰使。席豫—是年或稍前由戶侍出爲鄭刺河南東道巡撫使。 | |
| 〔度支〕 | | |
| 〔鹽運〕 | | ●裴耀卿—八月以京尹勾當轉運事。 |
| 〔禮尚〕 | 李褘—正月十一乙卯爲河北道副元帥伐奚契丹，以功進階開府，兼關內採訪使。 | |
| 〔禮侍〕 | | |

| | 開元二二（七三四） |
| --- | --- |
| 十二月二十四丁巳罷爲右丞相階如故<br>李暠—十二月二十四丁巳或後一兩日由兵尚遷 | 李暠—五月二十七丁亥見在任 |
| 李林甫—四月至十二月間遷黃郎 | 嚴挺之—春夏間由太府遷吏侍兼左丞五月二十七丁亥見在任時階朝議蓋是年遷中郎<br>裴寬—是年或明年由戶侍遷 |
| 劉彤—二月見在檢校任 | 席豫—春夏間或上年由右丞遷檢校吏侍五月二十七丁亥見在任時階朝請 |
| ○杜暹 | ○杜暹—正月兼京師留守 |
| 裴寬—十二月二十四丁巳至明年正月八日辛未間由兵侍換 | 裴寬—正月見在任是年或明年遷吏侍 |
| 源光譽—蓋開元二十年前後官至戶侍 | 裴思義—開元中或稍前曾官戶侍 |
| | 蕭炅—九月以少太府知度支事充江淮轉運使 |
| 十二月二十四丁巳遷黃郎同平章事充江淮河南轉運都使<br>蕭炅—十二月以河南少尹充江淮河南轉運副使 | ●裴耀卿—五月二十八戊子遷侍中仍充使蓋九月罷使職<br>蕭炅—九月以少太府充江淮轉運使 |
| 李禕 | 李禕—四月遷兵尚朔方節度<br>●李林甫—五月二十八戊子由檢校黃郎遷禮尚同三品進階銀青 |
| | 宋遙—二月十九辛亥以前已在禮侍兼魏刺任是日充河北採訪使 |

| | 開元二三（七三五） | 開元二四（七三六） |
| --- | --- | --- |
| 〔吏尚〕 | 李暠 | 李暠 |
| 〔吏侍〕 | 裴寬 | 裴寬—冬出爲蒲刺 |
| 〔吏侍〕 | 席豫 | 席豫 |
| 〔戶尚〕 | ○杜暹—閏十一月二十一壬寅換禮尚<br>●李林甫—閏十一月二十一壬寅由禮尚同三品遷戶尚仍同三品時階金紫 | ●李林甫—七月二十三庚子遷兵尚仍同三品階如故<br>李尙隱—秋由詹事遷戶尚兼充劍南節度使時階銀靑十月兼充東都留守 |
| 〔戶侍〕 | 蕭炅—是年或上年多由太府少卿江淮轉運使遷戶侍仍充使是年或明年出爲岐刺 | |
| 〔戶侍〕 | 宋溫瑾—開元中或末葉官至戶侍 | 韋濟—是年由少京尹遷時階朝散 |
| 〔度支〕 | 李元祐—八月以少太府知度支事 | |
| 〔鹽運〕 | 蕭炅—蓋是年遷戶侍仍充使是年或明年出爲岐刺 | |
| 〔禮尚〕 | ●李林甫—三月五日辛酉進階金紫閏十一月二十一壬寅遷戶尚仍同三品階如故<br>○杜暹—閏十一月二十一壬寅由戶尚換 | ○杜暹 |
| 〔禮侍〕 | | 姚奕—三月十二壬辰始移考功貢擧於禮部委侍郎專掌是年奕在禮侍任冬知明年春貢擧 |

| (七三七)開元二五 | (七三八)開元二六 | (七三九)開元二七 |
|---|---|---|
| 李暠 | 李暠 | 李暠—四月二十四乙酉徙少傅 ●李林甫—四月二十八己丑由兵尙兼中令遷吏尙仍兼中令時兼集賢大學士遙領河西隴右節度時階金紫 |
| | 裴思義—開元中曾官吏侍 | 苗晉卿—是年以中舍權知吏部選事 |
| 席豫 | 席豫 | 席豫 |
| 李尙隱 | 李尙隱 | 李尙隱 |
| | 蕭炅—六月四日辛丑由岐刺復遷戶侍判涼州事充河西節度留復 | |
| 韋濟 | 韋濟—是年前後出爲太原尹 | |

| | | |
|---|---|---|
| 羅文信—二月以監察御史充諸道鑄錢使 | | |
| ○杜暹 | ○杜暹 | ○杜暹 |
| 姚奕—春放榜 | 姚奕—春放榜是年遷右丞 崔翹—蓋是年始任 | 崔翹—春放榜 |

| | (七四〇)開元二八 | (七四一)開元二九 | (七四二)天寶元 |
|---|---|---|---|
| 〔吏尚〕 | ●李林甫 | ●李林甫 | ●李林甫—停知節度進階光祿 八月二十壬辰遷左僕仍兼右相吏尚學士散官並如故 |
| 〔吏侍〕 | 苗晉卿 | 苗晉卿—是年正除 | 苗晉卿 |
| 〔吏侍〕 | 席豫—是年或上年遷左丞 | 徐安貞—閏四月十八戊戌蓋在任？ | 宋遙—冬見在任 |
| 〔戶尚〕 | 李尚隱—春夏轉賓客 | | |
| 〔戶侍〕 | | | 張均—開元天寶之際由左庶遷 |
| 〔戶侍〕 | | | |
| 〔度支〕 | | | |
| 〔鹽運〕 | | | |
| 〔禮尚〕 | ○杜暹—十二月七日己未卒 | | 席豫—約是年由左丞遷檢校禮尚 |
| 〔禮侍〕 | 崔翹—春放榜 | 崔翹—春放榜 三四月徙大理<br>韋陟—是年由中舍遷 | 韋陟—春放榜 |

| | 天寶二（七四三） | 天寶三（七四四） |
|---|---|---|
| 1 | ●李林甫 | ●李林甫 |
| 2 | 苗晉卿—正月二十三癸亥貶安康太守<br>陸景融—是年由左丞換<br>李彭年—是年由兵侍遷 | 李彭年 |
| 3 | 宋遙—正月二十三癸亥貶武當太守<br>韋陟—蓋正月下旬以禮侍權知吏侍事是年正除時階正議 | 韋陟 |
| 4 | | 裴寬—三月五日己巳由范陽節度入遷戶尚兼大御時階通議十二月五日甲午貶睢陽太守 |
| 5 | 張均—是年或明年遷兵侍時階正議 | 宋遙—是年或上年由武當太守遷是年遷左丞 |
| 6 | | 郭虛己—是年或稍前由工侍遷時階朝議 |
| 7 | 韋堅—上年三月以陝郡太守充水陸轉運使是年四月進充緣河及江淮南租庸轉運處置使 | 韋堅 |
| 8 | 席豫 | 席豫 |
| 9 | 韋陟—蓋正月下旬以本官權知吏侍旋正除吏侍時階正議<br>達奚珣—正月以中舍權知貢舉放榜是年正除進階中散 | 達奚珣—春放榜 |

| | 天寶四（七四五） | 天寶五（七四六） |
| --- | --- | --- |
| 〔吏尚〕 | ●李林甫—秋見在任時階特進 | ●李林甫 |
| 〔吏侍〕 | 李彭年—八九月見在任時階太中 | 李彭年 |
| 〔吏侍〕 | 韋陟—九月見在任多或明年出爲襄陽太守兼本道採訪使 | 達奚珣—是年由禮侍遷時階中大夫 |
| 〔戶尚〕 | | 章仇兼瓊—五月二十四乙亥由劍南節度入遷戶尚兼大御又兼內外閑廐使見階銀靑 |
| 〔戶侍〕 | | 王翼—是年前後由廣陵長史入遷 |
| 〔戶侍〕 | 郭虛己—八九月見在任時階中散 | 郭虛己—八月出爲劍南節度<br>楊愼矜—是年由御丞諸道鑄錢使遷戶侍仍兼御丞充使 |
| 〔度支〕 | | |
| 〔鹽運〕 | 韋堅—九月二十九癸未遷刑尚罷使職<br>楊愼矜—九月以御丞充諸道鑄錢緣河江淮租庸轉運使 | 楊愼矜—是年遷戶侍仍兼御丞充使職 |
| 〔禮尚〕 | 席豫—八九月見在檢校禮尚任時階通議 | 席豫 |
| 〔禮侍〕 | 達奚珣—春放榜八九月見在任時階中大夫 | 達奚珣—春放榜三四月至八九月間遷吏侍階蓋如故 |

| | | | | | | | | | |
|---|---|---|---|---|---|---|---|---|---|
| 天寶六（七四七） | ●李林甫—是年進階開府 | 李彭年 | 達奚珣—春夏均在任　十二月十八己未仍在任 | | | 楊愼矜—十一月三日乙亥下獄　同月二十五丁酉賜死 | 楊愼矜—十一月三日乙亥罷　楊釗（國忠）—十一月以度支郎中充諸道鑄錢租庸轉運使 | 席豫 | 李巖—春見在任知貢舉放榜　其始事蓋上年冬 |
| 天寶七（七四八） | ●李林甫 | 李彭年 | 達奚珣—是年蓋猶在任 | | | 王鉷—是年由御丞遷戶侍仍兼御丞 | 楊釗—是年由度支郎中諸道鑄錢租庸轉運使遷給事兼御丞加判度支仍兼充諸使 | 席豫—正月八日己卯卒　崔翹—是年由左丞遷 | 李巖—春放榜 |
| 天寶八（七四九） | ●李林甫 | 李彭年—六月七日庚子見在任　多流嶺南 | 封希顏—約開元末天寶間官至吏侍 | | | 王鉷—是年兼充閑厩使及隴右羣牧都支度營田等使　閏六月五日丁卯進階銀青 | 楊釗—是年兼權太府事 | 崔翹—六月見在任 | 李巖—春放榜 |

| 年 | 吏尚 | 吏侍 | 吏侍 | 戶尚 | 戶侍 | 戶侍 | 度支 | 鹽運 | 禮尚 | 禮侍 |
|---|---|---|---|---|---|---|---|---|---|---|
| (七五〇)天寶九 | ●李林甫 | 韋見素—是年由右丞遷吏侍進階銀青 | 班景倩—約天寶間或開元末曾官吏侍 | | | 王鉷—五月遷大御兼京尹仍充諸使階如故<br>李暐—四月以後由禮侍遷 | 楊釗—是年遷兵侍仍兼御丞判度支充諸使 | | 崔翹—正月見在任 | 李暐—以中舍權知禮侍知是春貢舉放榜其始事蓋上年冬四月十七乙亥見在中舍權知禮侍任時階中大夫是年遷戶侍 |
| (七五一)天寶一〇 | ●李林甫—正月十三丁酉遙領單于安北副大都護充朔方節度 | 韋見素 | 韋鎰—約是年或稍前官吏侍轉戶侍<br>宋昱—是年以中舍知選事 | | | 李暐—正月十三丁酉知朔方節度留後事 | 楊釗—十一月二十七丙午遙領劍南節度 | | | 李麟—以兵侍權知是春貢舉放榜其始事蓋上年冬 |

| | 天寶一一（七五二） | 天寶一二（七五三） |
|---|---|---|
| 文部尙書 三月二十八乙巳更名 | ●李林甫—四月十日丙戌罷都護節度 十一月十二乙卯薨 ●楊國忠—十一月十七庚申由大御判度支勾當租庸鑄錢劍南節度等使遷右相兼文尙仍判度支充諸使時階銀靑 | ●楊國忠 |
| 文部侍郎 三月二十八乙巳更名 | 韋見素 | 韋見素 |
| 文部侍郎 三月二十八乙巳更名 | | 張倚—冬見在任以右丞兼知 |
| | 韋鎰—由吏侍轉戶侍蓋是年或明年卒 | |
| | | |
| | ●楊釗更名國忠—五月十一丙辰遷大御賜名仍判度支充諸使 十一月十七庚申遷右相兼文尙仍判度支充使職 | ●楊國忠 |
| | 李麟—春放榜 是年徙國子祭酒進階銀靑 蔣冽—蓋是年或稍前曾官禮侍 | 陽浚—以中舍權知是春貢擧放榜其始事蓋上年冬 是年正除 |

| | 天寶一三（七五四） | 天寶一四（七五五） |
|---|---|---|
| 〔吏尙〕 | ●楊國忠｜二月十一丁丑遷司空仍兼右相文尙及判使並如故 | ●楊國忠 |
| 〔吏侍〕 | 韋見素｜八月二十三丙戌遷武尙同平章事階如故 | 蔣冽｜三月二十五甲申見在任 |
| 〔吏侍〕 | 張倚｜春見在任如故 | 張倚｜春夏遷大御 |
| 〔戶尙〕 | | 安思順｜十一月二十一丙子由朔方節度入遷 |
| 〔戶侍〕 | | 楊暄｜天寶末曾以太常兼任 |
| 〔戶侍〕 | 蔣冽｜蓋十二三載曾官戶侍 | |
| 〔度支〕〔鹽運〕 | ●楊國忠｜二月十一丁丑遷司空仍兼右相文尙判使並如故 | ●楊國忠 |
| 〔禮尙〕 | | 裴寬｜天寶末由馮翊太守入遷時階銀靑是年卒<br>李憕｜十一月由東京留守遷禮尙仍充留守十二月十二丁酉爲祿山所殺 |
| 〔禮侍〕 | 陽浚｜春放榜 | 陽浚｜春放榜 |

| (七五六)天寶一五<br>肅宗 七月十二甲子即位 至德元（即位日改） | (七五七)至德二 |
| --- | --- |
| ●楊國忠—六月十四丙申誅<br>●房琯—七月十二甲子由憲侍遷文尚同平章事進階銀青 八月奉册書至靈武 十月爲元帥兵敗 | ●房琯—五月十日丁巳罷爲少師<br>韋陟—六七月由大御遷 |
| 崔漪—冬以中舍判 | 崔漪—秋轉左庶<br>李暐—至德中或天寶末曾官文侍 |
| 庾光先—約至德中曾官文侍<br>●崔渙—十一月八日戊午以門郎平章事充江淮宣諭選補使 | 蘇震—是年或上年冬由御丞遷<br>●崔渙—八月八日甲申罷爲左騎餘杭太守江東採訪 |
| 安思順—三月三日丙辰被殺<br>●李光弼—八月一日壬午由范陽節度遷戶尚同平章事兼充河東節度 | ●李光弼—四月一日戊寅遷檢校司徒仍兼戶尚平章事節度如故 十二月十五戊午換司空兼兵尚仍平章事領節度時階銀青 |
| 楊暄—六月十四丙申誅<br>李麟—八月由國子祭酒遷戶侍兼左丞時階銀青 冬遷憲尚 | 崔器—閏八月二十九甲戌以御丞兼 |
| 顏眞卿—正月十五己巳由平原太守遷戶侍仍兼太守同月加河北招討採訪使 七月遷工尚仍兼太守充使<br>李揖—十月見在任 | |
| ●楊國忠—六月十四丙申誅<br>第五琦—八月以監察御史充江淮租庸使 冬遷司虞員外仍充使職 尋加山南五道度支使 | 第五琦—是年遷司金郎中兼侍御史充使職 |
| | 李峴—是年由左丞遷時階銀青 十二月十五戊午遷大御兼京尹進階光祿 |
| 陽浚—春放榜 | 裴士淹—正二月或上年冬由給事遷禮侍知貢舉 春放榜<br>薛邕—春以禮部員外知鳳翔貢舉放榜 |

| | | 至德三 乾元元（二月改）（七五八） |
|---|---|---|
| （吏尚） | 吏部尚書十二月十五戊午復舊名<br>韋陟—官名復舊日進階金紫 | 韋陟—是年貶絳刺 |
| （吏侍） | 吏部侍郎十二月十五戊午復舊名 | |
| （吏侍） | 吏部侍郎十二月十五戊午復舊名<br>蘇震—復舊名日階由太中進銀青 | 蘇震—是年出爲河南尹 |
| （戶尚） | 李峘—十二月十五戊午由大御遷戶尚進階金紫 | 李峘—十二月十二庚戌充江淮都統 |
| （戶侍） | | 崔器 |
| （戶侍） | | 第五琦—十月由度支郎中兼御丞充諸道鹽鐵轉運使遷戶侍仍兼御丞判度支勾當轉運租庸鹽鐵鑄錢等使 |
| （度支）（鹽運） | | 第五琦—三月遷度支郎中兼御丞充諸道鹽鐵轉運使鹽鐵名使自此始 十月遷戶侍仍兼御丞判度支勾當轉運租庸鹽鐵鑄錢等使 |
| （禮尚） | 崔光遠—十二月十五戊午由大御兼京尹京畿採訪遷禮尚進階特進 | 崔光遠—是年兼大御 五月十七戊子出爲河南節度 |
| （禮侍） | ●崔渙—春以門郎平章事江淮選補使知江淮貢舉放榜<br>李希言—春知江東貢舉放榜 明年遷浙東節度 | 裴士淹—知是春京師貢舉放榜<br>李揆—六月十一辛亥見在中舍知禮侍時階朝散 |

（七五九）
乾元二

●李峴—三月二十九乙未由大御兼京尹遷吏尚同平章事時階光祿五月十六辛巳貶蜀刺

崔器—夏由戶侍遷八月二日乙未見在任冬或明年夏遷大御

李峘

崔器—夏遷吏侍

蘇震—十二月間見在戶侍判度支任

●第五琦—三月二十九乙未以本官同平章事落判使四月九日乙巳加判使如故十一月七日庚午貶忠刺時階正議

李嶧—蓋是年曾官戶侍時階銀青

●第五琦—三月二十九乙未以本官同平章事落判度支等使四月九日乙巳依舊判度支租庸鹽鐵等使十一月七日庚午貶忠刺

蘇震—十二月在戶侍判度支任

●呂諲—十二月二日甲午以兵侍平章事加判度支充鹽鐵轉運等使同月十四丙午遷黃郎仍平章事判度支充使職

韋陟—是年由太常遷七月一日乙丑以本官充東京留守東京畿觀察使

李揆—春放榜三月二十九乙未遷中郎同平章事

| | （七六〇）乾元三 上元元（閏四月改） | （七六一）上元二 |
|---|---|---|
| 〔吏尚〕 | 韋陟—四月十四甲辰由禮尚東都留守遷 八月十四辛未卒 | |
| 〔吏侍〕 | 裴遵慶—約是年由戶侍遷 | 裴遵慶—四月五日己未遷黃門同平章事時階銀靑 杜鴻漸—是年或明年正二月由右丞遷 |
| 〔吏侍〕 | | |
| 〔戶尚〕 | 李峘 | 李峘—春貶袁州司馬 李國禎—八月二十九辛巳由殿中監遷戶尚充朔方鎭西北庭陳鄭節度鎭絳州 |
| 〔戶侍〕 | 劉晏—五月二十四癸丑由京尹遷戶侍兼御丞充度支鹽鐵鑄錢等使 旋復兼京尹 | 劉晏—建子月（十一月）六日丁亥貶通刺 元載—建子月七日戊子由御丞遷戶侍充度支鑄錢鹽鐵江淮轉運等使仍兼御丞 |
| 〔戶侍〕 | 裴遵慶—由兵侍換戶侍又遷吏侍時蓋是年 | 杜鴻漸—春由浙東觀察入遷 旋遷右丞 |
| 〔度支〕 | ●呂諲—正月進同三品五月二十三壬子罷爲賓客 劉晏—五月二十四癸丑以戶侍兼御丞充度支鹽鐵鑄錢等使 | 劉晏—建子月（十一月）六日丁亥貶通刺 元載—建子月七日戊子以戶侍充度支鑄錢鹽鐵江淮轉運等使 |
| 〔鹽運〕 | 李輔國—五月二十五甲寅以殿中監充京畿鑄錢使 | 穆寧—是年以殿中侍御史充鹽鐵轉運副使 |
| 〔禮尚〕 | 韋陟—四月十四甲辰遷吏尚 ○房琯—四月十四甲辰由賓客遷 閏四月二日壬戌貶晉刺 韓擇木—閏四月二十二壬午由右騎遷 | 韓擇木—蓋中轉賓客 是年九月十一壬辰復遷禮尚 |
| 〔禮侍〕 | 姚子彥—以中舍權知是春貢舉放榜其始事蓋上年冬 是年正除 | 姚子彥—春放榜 是年或明年徙光祿 |

（七六二）元年 寶應元〔四月改〕（此年本年號元建寅月爲歲首，以建辰月爲四月，但稱年，月復名建寅，並以正月爲建子，今據寶應改元年爲正月。建寅後最定本自起正年）

**代宗**（四月十己巳即位）（四月二十己巳即位）

杜鴻漸｜四月以前徙太常

張伾｜十一月見在任

〇李峴｜是年以荊南節度知江淮選補使

李國禎｜建卯月（二月）十五乙丑軍亂被害

●元載｜建辰月（三月）二十九戊申以本官同平章事仍充度支等使時階朝議

五月十八丙申遷中郎進階銀青仍平章事充使職

劉晏｜六月二十七乙亥由通刺復遷戶侍兼京尹充度支轉運鹽鐵鑄錢等使

十二月徙國子祭酒仍充使職

顏眞卿｜十二月由利刺入遷

●元載｜建辰月二十九戊申以本官同平章事仍充度支等使

五月十八丙申遷中郎仍平章事充使職

六月二十七乙亥罷判使

劉晏｜六月二十七乙亥復以戶侍兼京尹充度支轉運鹽鐵鑄錢等使

十一月十四己丑兼充河南道水陸轉運都使

十二月徙國子祭酒仍充度支等使

穆寧｜（是年遷侍御史充河南轉運租庸鹽鐵等副使）

韓擇木｜建辰月二十九戊申徙太保

〇蕭華｜建辰月二十九戊申由中郎平章事罷爲禮尚

五月十四壬辰貶陝州司馬

蕭昕｜蓋冬由中舍遷

（是春貢舉停）

| 年 | 〔吏尚〕 | 〔吏侍〕 | 〔吏侍〕 | 〔戶尚〕 | 〔戶侍〕 | 〔戶侍〕 | 〔度支〕 | 〔鹽運〕 | 〔禮尚〕 | 〔禮侍〕 |
|---|---|---|---|---|---|---|---|---|---|---|
| （七六三）寶應二 廣德元〔七月改〕 | ●劉晏—正月九日癸未由國子祭酒兼大御京尹充度支轉運鹽鐵鑄錢等使遷吏尚同平章事進階金紫仍充度支等使 | 顏眞卿—三月由戶侍遷吏侍進階銀青八月出爲荊南節度進階金紫 | 嚴武—夏秋由京尹兼大御遷兼吏侍仍京尹十月二十三壬辰遷黃郎 | | 顏眞卿—三月遷吏侍進階銀青 | | ●劉晏—正月九日癸未遷吏尚同平章事仍充度支等使 | 穆寧—是年遷戶部員外兼御丞充河南江南轉運使又遷庫部郎中 | | 蕭昕—春放榜不久徙秘書監<br>楊綰—三月至六月二十壬辰間由少太常遷 |
| （七六四）廣德二 | ●劉晏—正月二十五癸亥罷爲賓客 | ○崔渙—約是年由吏侍遷檢校工尚知省事 | | | ○第五琦—正月二十五癸亥由京尹遷戶侍判度支兼充諸道鹽鐵轉運鑄錢等使 | | ●劉晏—正月二十五癸亥罷爲賓客<br>○第五琦—正月二十五癸亥以戶侍判度支及諸道鹽鐵轉運鑄錢等使 | ○裴冕—二月十日戊寅以左僕兼大御充東都河南淮南江南轉運使蓋旋卸 | 李之芳—五月稍後由前右庶兼大御遷尋轉賓客 | 楊綰—春放榜五月二十四庚申至九月二十五己未間遷左丞九月二十五己未又受詔以左丞知西京貢舉 |

| | |
|---|---|
| | 永泰元（七六五） |
| ○李峴｜九月二十七辛酉由詹事遷吏尚知江南東西福建諸道選事置銓洪州 | ○李峴｜六月三日癸亥貶衢刺<br>崔寓｜十一月二十丁丑見在任時階金紫 |
| 王翃｜冬或稍前後在任 | 李季卿｜正二月或上年冬由秘書少監遷三月一日壬辰以本官待制集賢院十一月二十丁丑見在任時階正議蓋是年充河南江淮宣慰使 |
| 暢璀｜十二月二日乙丑由吏侍出爲檢校左騎河中尹 | 王延昌｜正二月或上年冬始任三月一日壬辰以本官待制集賢院十一月二十丁丑見在任時階銀青 |

| | |
|---|---|
| | ○第五琦｜正月分充西路轉運鑄錢鹽鐵等使本官判度支如故 |
| | 路嗣恭｜閏十月二十戊申由戶侍出爲檢校工尚朔方節度 |
| | ○第五琦｜正月分充京畿關內河東劍南山南轉運鑄錢鹽鐵等使本官判度支如故 |
| ○劉晏｜三月十二己酉以賓客充河南江淮以來轉運使<br>穆寧｜是年或稍前後以鄂岳觀察兼充淮西鄂岳租庸鹽鐵沿江轉運使 | ○劉晏｜正月以本官兼大御分充東都河南淮南江南等道轉運鑄錢鹽鐵等使<br>王翃｜四月十六丁丑以大御充諸道稅錢使<br>穆寧｜四月見在任旋貶虔州司馬 |
| | |
| 賈至｜五月二十四庚申至九月二十五已未間由左丞轉禮侍奏請兩都試舉人九月二十五已未受詔以本官知東都貢舉是爲東都貢舉之始 | 楊綰｜春放西京榜<br>賈至｜春放東都榜 |

| | (七六六)永泰二 大曆元(十一月改) | (七六七)大曆二 |
|---|---|---|
| (吏尚) | 崔寓—八月二十癸卯由吏尚徙少傅<br>○裴遵慶—八月二十癸卯由少傅遷時階金紫 | ○裴遵慶 |
| (吏侍) | 李季卿—是年使回仍典選事 | 李季卿—春夏徙右騎階如故<br>楊綰—春夏間由左丞換時階朝議集學副知院並如故 |
| (吏侍) | 王延昌 | 王延昌—春夏間尚見在任 |
| (戶尚) | | |
| (戶侍) | ○第五琦—使職稍有變動詳度支格 | ○第五琦 |
| (戶侍) | | |
| (度支) | ○第五琦—正月三十丙戌充京畿關內河東劍南山南西道轉運常平鑄錢鹽鐵等使本官判度支如故 | ○第五琦 |
| (鹽運) | ○劉晏—正月三十丙戌遷檢校戶尚仍兼大御充東都河南淮南江南湖南荊南山南東道轉運常平鑄錢鹽鐵等使 | ○劉晏 |
| (禮尚) | | |
| (禮侍) | 賈至—春放榜(西)是年遷右丞<br>薛邕—是年由中舍遷 | 薛邕—春放榜(西) |

| | | | | | |
|---|---|---|---|---|---|
| 大曆三（七六八） | ○裴遵慶 | 楊綰 | 王延昌—是年卒<br>徐浩—冬由嶺南節度入遷吏侍充集學副知院時階銀青 | *張獻誠—四月四日戊寅由山南西道節度入遷檢校戶尚知省事八月辭官 | ○第五琦 |
| 大曆四（七六九） | ○裴遵慶—三月四日壬申遷右僕仍知選事階如故不知何時卸選事<br>○劉晏—三月四日壬申由大御兼東路轉運常平鑄錢鹽鐵等使遷吏尚仍領使如故時階金紫 | 楊綰 | 徐浩 | *李光進—是年以渭北節度加檢校戶尚知省事六月一日丁酉換檢校刑尚兼太保 | ○第五琦 |

于頎—大曆初曾官戶侍轉秘書少監

| | | | | |
|---|---|---|---|---|
| 大曆三（七六八） | ○第五琦 | ○劉晏<br>○崔渙—不知何時以大御充稅地青苗錢物使是年八月貶道刺 | | 薛邕—春放榜（西）<br>張延賞—秋冬以河南尹權知東都留守冬知東都貢舉 |
| 大曆四（七六九） | ○第五琦 | ○劉晏—三月四日壬申遷吏尚領使如故 | 裴士淹—大曆初由檢校禮尚禮儀使正除禮尚領使如故 | 薛邕—春放榜（西）<br>張延賞—春放東都榜 |

| | （七七〇）大曆五 | （七七一）大曆六 |
|---|---|---|
| 〔吏尚〕 | ○劉晏 | ○劉晏 |
| 〔吏侍〕 | 楊綰—三月二十八辛卯徙國子祭酒<br>薛邕—是年由禮侍兼集學判院事遷吏侍仍充集學判院時階中散 | 薛邕 |
| 〔吏侍〕 | 徐浩 | 徐浩 |
| 〔戶尚〕 | | |
| 〔戶侍〕 | ○第五琦—三月二十六己丑罷判度支及諸使五月十八庚辰貶括刺 | 韓滉—是年由右丞換戶侍判度支兼充西路轉運租庸靑苗鹽鐵等使時階正議 |
| 〔戶侍〕 | | |
| 〔度支〕 | ○第五琦—三月二十六己丑罷判度支及諸使<br>●元載—三月二十六己丑以中郎平章事權領度支蓋不久罷判 | 韓滉—是年以戶侍判度支分充京畿關內河東劍南山南西道轉運租庸靑苗鹽鐵等使 |
| 〔鹽運〕 | ○劉晏—三月二十六己丑廢鹽鐵鑄錢等使常平使似亦廢旋復置鹽鐵使仍晏領之 | ○劉晏 |
| 〔禮尚〕 | 裴士淹—五月十八庚辰貶饒刺 | |
| 〔禮侍〕 | 薛邕—春放榜（西）是年遷吏侍時階中散<br>張延賞—春放東都榜<br>劉單—是年始任 | 劉單—春放榜（西）是年卒<br>張延賞—春放東都榜<br>張謂—冬由左庶遷時階中散 |

| | | | | | |
|---|---|---|---|---|---|
| 大曆七(七七二) | ○劉晏 | 薛邕 | 徐浩 | *路嗣恭—正月十八庚子由檢校戶尚知省事出爲江西觀察仍檢校戶尚時階銀青 | 韓滉 |
| 大曆八(七七三) | ○劉晏—八月十一甲寅知三銓選事 | 薛邕—二月二十二丁卯停知選事五月十一乙酉貶歙刺 | 徐浩—二月二十二丁卯停知選事五月十一乙酉貶明州別駕 | | 韓滉 |
| 大曆九(七七四) | ○劉晏 | 楊炎—十二月二十五庚寅由中舍遷 | 韋肇—十二月二十五庚寅由秘書少監遷 | | 韓滉 |

閻伯璵—代宗世由撫刺徵除未至卒

| | | | |
|---|---|---|---|
| 韓滉 | ○劉晏 | 李承昭—十一月八日甲申由福建觀察入遷 | 張謂—春放榜(西) |
| 韓滉 | ○劉晏—八月十一甲寅兼知三銓選事 | 李承昭—是年或明年出爲華刺 | 張謂—春放榜(西)<br>蔣渙—九月二十二甲午以東都留守兼知東都貢舉 |
| 韓滉 | ○劉晏 | | 張謂—春放榜(西)蓋是年卸<br>蔣渙—春放東都榜<br>常袞—十二月二十五庚寅由中舍遷 |

| | 〔吏尚〕 | 〔吏侍〕 | 〔吏侍〕 | 〔戶尚〕 | 〔戶侍〕 | 〔戶侍〕 | 〔度支〕 | 〔鹽運〕 | 〔禮尚〕 | 〔禮侍〕 |
|---|---|---|---|---|---|---|---|---|---|---|
| 大曆一〇（七七五） | ○劉晏 | 楊炎 | 韋肇—不知何年卒 | *暢璀—是年或上年遷檢校戶尚知省事七月二十八己未卒 | 韓滉 | | 韓滉 | ○劉晏 | | 常袞—春放榜（西） 蔣渙—春放東都榜五月十九辛亥停東都貢舉 |
| 大曆一一（七七六） | ○劉晏 | 楊炎 | | | 韓滉 | | 韓滉 | ○劉晏 | | 常袞—春放榜 |
| 大曆一二（七七七） | ○劉晏—蓋是年十二月遷左僕仍知三銓領使職階如故 | 楊炎—四月二日癸未貶道州司馬 | 薛邕—蓋大曆中官至吏侍 裴淑—蓋大曆中或德宗初官至吏侍 | | 韓滉 | 趙縱—四月二日癸未由戶侍貶 | 韓滉 | ○劉晏—十二月遷左僕仍知三銓領使職 | | 常袞—春放榜四月一日壬午遷門郎同平章事時階朝議郎 潘炎—四月二日癸未由右庶遷 |

| | |
|---|---|
| （七七八）大曆一三 | （七七九）大曆一四 德宗 （五月二十三癸亥卽位） |
| ○劉晏—蓋春罷知三銓<br>顏眞卿—二三月由刑尚遷時階金紫 | 顏眞卿—五月二十二壬戌充禮儀使多進階光祿 |
| 崔祐甫—七月八日壬子以中舍知吏部選事 | 崔祐甫—閏五月三日壬申貶河南少尹逾二日拜相<br>邵說—九月十九丙戌由秘書少監遷 |
| | 房宗偃—七月四日辛未由吏侍出爲東都畿觀察 |
| 韓滉 | 韓滉—閏五月二十七丙申徙太常罷判使<br>蕭定—八月由潤刺入還時階正議 |
| | |
| 韓滉<br>○劉晏 | 韓滉—閏五月二十七丙申徙太常罷判使<br>○劉晏<br>劉晏—閏五月二十七丙申加判度支增領京畿關內河東劍南山南西道轉運租庸青苗鹽鐵等使始晏與琦滉分領天下財賦至是晏都領之 |
| 蔣渙—蓋大曆末官至禮尚 | |
| 潘炎—春放榜 | 潘炎—春放榜是年病免<br>令狐峘—九月十九丙戌由中舍遷 |

| | |
|---|---|
| | 建中元（七八〇） |
| 〔吏尚〕 | 顏眞卿｜八月二十八己未徙少師階使並如故 |
| 〔吏侍〕 | 邵說｜八月二十二癸丑見在任時階朝議郎 |
| 〔吏侍〕 | 張鎰｜四月稍前由江西觀察入遷八月二十二癸丑見在任時階朝議 |
| 〔戶尚〕 | |
| 〔戶侍〕 | 蕭定｜建中初徙太常 |
| 〔戶侍〕 | 韓洄｜三月二十八癸巳由大諫遷戶侍判度支與杜佑分掌財賦如韓滉劉晏之則 |
| 〔度支〕 | 韓洄｜三月二十八癸巳以戶侍判度支蓋領西路財賦如琦滉<br>杜佑｜三月二十八癸巳以金部郎中權勾當江淮水陸運使旋遷度支郎中十一月兼御丞正充江淮水陸運使<br>包佶｜蓋是年三月充鹽鐵使 |
| 〔鹽運〕 | ○劉晏｜正月二十八甲午罷判度支鹽鐵轉運使 |
| 〔禮尚〕 | |
| 〔禮侍〕 | 令狐峘｜春放榜二月十九甲寅放榜日貶衡州司馬<br>于邵｜是年始任 |

| 建中二（七八一） |
| --- |
| |
| |
| 邵説 |
| 張鎰—春或上年冬出爲河中觀察 |

| |
| --- |
| |
| 韓洄—十一月二十一乙亥貶蜀刺<br>杜佑—十一月二十一乙亥由度支郎中江淮轉運使遷權知戶侍判度支 |
| 韓洄—十一月二十一乙亥貶蜀刺<br>杜佑—十一月二十一乙亥以權知戶侍判度支 |
| 杜佑—十一月二十一乙亥遷權知戶侍判度支<br>包佶—八月見在職時官戶部郎中<br>包佶—十一月二十三丁丑兼充江淮水陸運使旋停轉運使還度支處置佶領鹽鐵盖如故 |

| |
| --- |
| 于邵—春放榜四月二十九丁巳貶桂州長史<br>趙贊—十月以中舍權知 |

| | |
|---|---|
| 建中三（七八二） | |
| 〔吏尙〕 | |
| 〔吏侍〕 | 邵說—五月以前徙詹事<br>關播—秋由刑侍遷十月七日丙辰遷中郎同平章事進階銀靑<br>趙涓—冬以左丞知吏部選事 |
| 〔吏侍〕 | 盧翰—六月十五丙寅見在權判吏侍任時階朝請 |
| 〔戶尙〕 | |
| 〔戶侍〕 | |
| 〔戶侍〕 | 杜佑—五月二十三乙巳貶蘇刺<br>趙贊—五月二十三乙巳由中舍遷戶侍判度支冬見在任時階銀靑 |
| 〔度支〕 | 杜佑—五月二十三乙巳貶蘇刺<br>趙贊—五月二十三乙巳以戶侍判度支 |
| 〔鹽運〕 | 包佶<br>包佶—八月十八戊辰以少太常充汴東水陸運兩稅鹽鐵使仍隸度支後遷左庶仍充使職<br>崔縱—八月二十四甲戌以少大理充汴西水陸運兩稅鹽鐵使仍隸度支後遷右庶仍充使職 |
| 〔禮尙〕 | |
| 〔禮侍〕 | 趙贊—春放榜五月二十三乙巳遷戶侍<br>李紓—是年由虢刺入遷 |

| | 建中四（七八三） | 興元元（七八四） |
|---|---|---|
| | ○喬琳—十月初旬由工尚遷不數日徙少師<br>●蕭復—十月十三丁巳由戶尚遷吏尚同平章事時階朝議 | ●蕭復—正月十四丙戌遷門郎仍平章事 |
| | 班宏—春夏間由刑侍遷<br>七月十九甲午爲吐蕃會盟副使 | 班宏—六月六日乙巳見在任 |
| | 盧翰 | 盧翰—正月十四丙戌遷兵侍同平章事<br>李紓—冬以兵侍兼知吏部選事<br>劉滋—是年由少太常遷權知吏侍知洪州選事 |
| | 蕭復—九月二十六庚子由兵侍遷戶尚充荊襄元帥府長史未行<br>十月十三丁巳遷吏尚同平章事時階朝議 | |
| | 趙贊—十二月十九壬戌貶播州司馬 | 裴腆—正月十七己丑由京尹判度支換戶侍仍判度支<br>元琇—九月十六甲申由前嶺南節度遷戶侍判度支 |
| | 趙贊—十二月十九壬戌貶播州司馬<br>裴腆—十二月二十癸亥以京尹判度支<br>包佶<br>崔縱—十二月二十七庚午遷京尹蓋罷使職 | 裴腆—正月十七己丑遷戶侍仍判度支蓋九月罷判<br>元琇—九月十六甲申以戶侍判度支<br>包佶 |
| | ○李揆—七月九日甲申由國子祭酒遷同月十九甲午遷左僕充入蕃使 | |
| | 李紓—春放榜冬出爲同州刺<br>鮑防—冬末由右騎遷時階銀青 | 鮑防—春放榜 |

| | 貞元元（七八五） | 貞元二（七八六） |
|---|---|---|
| 〔吏尚〕 | | ●劉滋—正月二十二癸丑詔宰相判六部滋判吏部禮部 |
| 〔吏侍〕 | 班宏—九月以本官充校考使 | |
| 〔吏侍〕 | 劉滋 | 劉滋—正月十一壬寅遷左騎同平章事 |
| 〔戶尚〕 | ○劉從一—九月十九辛亥由中郎平章事罷爲戶尚　同月二十八庚申卒 | ●崔造—正月二十二癸丑詔宰相判六部造判戶部工部 |
| 〔戶侍〕 | 陸渭—蓋德宗世或大曆中官至戶侍 | 吉中孚—正月二十二癸丑由大諫翰學遷戶侍判度支兩稅事 |
| 〔戶侍〕 | 元琇—三月六日辛丑兼領諸道鹽鐵水陸運使　是年加兼大御 | 元琇—正月二十二癸丑停度支及諸道水陸運使琇以戶侍兼判諸道鹽鐵榷酒事 |
| 〔度支〕 | 元琇<br>元琇—三月六日辛丑兼領諸道鹽鐵水陸運使（跨度支、鹽運） | 元琇—正月二十二癸丑度支及諸道水陸運使額並停琇仍以戶侍判諸道鹽鐵榷酒事（跨度支、鹽運）<br>吉中孚—正月二十二癸丑以戶侍判度支兩稅事 |
| 〔鹽運〕 | 包佶—三月一日丙申遷刑侍罷使職<br>韓滉—七月十三丙午以鎮海節度兼江淮轉運使<br>齊抗—是年爲水陸運副使 | 元琇—二月十四甲戌遷右丞罷判事 |
| 〔禮尚〕 | | ●劉滋—正月二十二癸丑詔宰相判六部滋判吏部禮部 |
| 〔禮侍〕 | 鮑防—春放榜 | 鮑防—正月十六丁未貢舉事未畢遷京尹 |

| | 貞元三（七八七） |
|---|---|
| （十二月二日丁巳罷判） | |
| 班宏—十二月五日庚申轉戶侍充度支副使 | |
| 崔縱—正月二十二癸丑由大御換吏侍九月十二戊戌檢校禮尚出爲東都留守東都畿觀察使時階銀靑 | 裴諝—貞元初由千牛上將軍遷吏侍徙賓客<br>崔倕—蓋德宗初官至吏侍 |
| （十二月二日丁巳罷判） | |
| 班宏—十二月五日庚申由吏侍轉戶侍充度支鹽鐵轉運副使 | 班宏 |
| 二月十四甲戌遷右丞罷判<br>李竦—二月十四甲戌由少京尹遷戶侍判鹽鐵榷酒事蓋十二月罷判 | 李竦—正月二十六辛亥出爲鄂岳觀察 |
| 韓滉—十二月二日丁巳加判度支兼充諸道轉運鹽鐵等使<br>（班宏—十二月五日庚申以戶侍充度支鹽鐵轉運副使）<br>李竦—二月十四甲戌以戶侍判鹽鐵榷酒事 | 韓滉—二月二十三戊寅卒<br>〔班宏<br>（元友直—七月以度支員外充河南江淮南勾勘兩稅錢帛使） |
| （十二月二日丁巳罷判） | 蕭昕—貞元初以少傅兼禮尚知是年春貢舉 |
| 包佶—正月十六丁未以國子祭酒權知貢舉放榜<br>薛播—是年由左丞轉 | 薛播—正月二十乙巳貢舉事未畢卒<br>蕭昕—正月以禮尚權知貢舉放榜<br>劉太眞—多由秘書監遷 |

| | 貞元四（七八八） | 貞元五（七八九） |
|---|---|---|
| 〔吏尚〕 | | |
| 〔吏侍〕 | 吉中孚—八月由權判吏侍轉中舍<br>李紓—冬由兵侍遷 | 李紓 |
| 〔吏侍〕 | ○劉滋—是年由左騎復遷 | ○劉滋 |
| 〔戶尚〕 | | 班宏—二月二十七庚子由戶侍度支鹽鐵轉運副使遷戶尚仍充副使其時或稍後階銀靑 |
| 〔戶侍〕 | 班宏 | 班宏—二月二十七庚子遷戶尚仍充副使<br>竇覦—八月二日辛未由同刺入遷十月二十五癸巳出爲淮南節度 |
| 〔戶侍〕 | 竇參—二月二日辛巳以御丞兼 | 竇參—二月二十七庚子遷中郎同平章事判度支兼充諸道轉運鹽鐵使 |
| 〔度支〕 | 〔班宏 | ●竇參—二月二十七庚子以中郎平章事判度支兼充諸道轉運鹽鐵使<br>〔班宏—二月二十七庚子遷戶尚仍充副使 |
| 〔鹽運〕 | | |
| 〔禮尚〕 | 蕭昕 | 蕭昕—四月二十三乙未徙少師致仕 |
| 〔禮侍〕 | 劉太眞—春放榜 | 劉太眞—春放榜三月二十四丙寅貶信刺<br>張濛—冬以中舍權知 |

| | | |
|---|---|---|
| 年 | 貞元六（七九〇） | 貞元七（七九一） |
| | ○劉滋—二月二十七甲午由吏侍遷 | ○劉滋 |
| | 李紓 | 李紓 |
| | ○劉滋—二月二十七甲午遷吏尚 | 杜黃裳—是年由刑侍遷 |
| | 班宏 | 班宏 |
| | | 盧徵—正月由給事遷 |
| | | |
| | ●竇參〔班宏 | ●竇參〔班宏 |
| | | |
| | 張濛—春放榜旋正除時階中大夫 | 張濛—蓋正月卸知貢舉未畢事<br>杜黃裳—春蓋以刑侍權知貢舉放榜<br>陸贄—冬以兵侍權知 |

| 年 | 〔吏尚〕 | 〔吏侍〕 | 〔吏侍〕 | 〔戶尚〕 | 〔戶侍〕 | 〔戶侍〕 | 〔度支〕 | 〔鹽運〕 | 〔禮尚〕 | 〔禮侍〕 |
| --- | --- | --- | --- | --- | --- | --- | --- | --- | --- | --- |
| 貞元八（七九二） | ○劉滋—正月二十二丁丑換刑尚時階金紫<br>●竇參—正月二十二丁丑以中郎平章事度支鹽鐵轉運使兼吏尚知選事三月罷判使四月十一乙未貶郴州別駕 | 李紓—二月二十四己酉卒 | 杜黃裳 | 班宏—三月二十二丙子進判度支與張滂共掌諸道鹽運事四月二十二丙午分掌西路兩稅鹽運事七月一日甲寅卒 | 盧徵—二三月出爲同刺<br>張滂—三月二十二丙子由少司農遷戶侍充鹽鐵轉運使四月二十二丙午分掌東路兩稅鹽鐵轉運事 | 顧少連—四月由中舍翰學遷戶侍出院冬權知禮部貢學 | ●竇參—三月罷判使<br>班宏—三月二十二丙子以本官進判度支與張滂共掌諸道鹽鐵轉運事四月二十二丙午分掌關內河東劍南山南西道兩稅鹽鐵轉運事七月一日甲寅卒<br>裴延齡—七月六日己未以少司農權判度支蓋領西路財賦如班宏 | 張滂—三月二十二丙子以戶侍充諸道鹽鐵轉運使仍隸於度支使班宏四月二十二丙午分掌東都河南淮南江南嶺南山南東道兩稅鹽鐵轉運事 | | 陸贄—春放榜<br>顧少連—冬以戶侍權知 |

貞元九（七九三）

杜黃裳

張滂—蓋是年卸戶侍仍充使職

李衡—六月十三庚申由給事遷戶侍充鹽鐵轉運使

顧少連—是年正除禮侍

裴延齡—六月七日甲寅由少司農權判度支遷戶侍判度支

裴延齡—六月七日甲寅遷戶侍正判度支蓋罷領西路財賦自後度支益與鹽鐵殊途而理

張滂—正月奏徵茶稅蓋是年卸戶侍仍充使職

李衡—六月十三庚申以戶侍充鹽鐵轉運使蓋代延齡領西路財賦

○董晉—五月二十九丙午由門郎平章事罷爲禮尚

顧少連—二月二十七丙子放榜是年正除

| 官 | 貞元一〇（七九四） |
|---|---|
| 吏尚 | |
| 吏侍 | 鄭珣瑜—約是年或上年始任 |
| 吏侍 | 杜黃裳 |
| 戶尚 | |
| 戶侍 | 李衡 |
| 戶侍 | 裴延齡 |
| 度支 | 裴延齡 |
| 鹽運 | 李衡；張滂—十一月十六乙酉徙衛尉罷使職 王緯—十一月十六乙酉以浙西觀察兼充鹽鐵轉運使領河南淮南江南山南東道鹽鐵轉運事理於京口俄兼領西路諸道鹽鐵轉運 |
| 禮尚 | ○董晉 |
| 禮侍 | 顧少連—春放榜是年轉散騎 呂渭—蓋是年由右庶遷 |

| (七九五) 貞元一一 | (七九六) 貞元一二 |
| --- | --- |
| 鄭珣瑜—三月二十一己丑出爲河南尹河南淮南水陸轉運使 奚陟—是年以刑侍兼領選事 | 奚陟—是年遷權知吏侍 |
| 杜黃裳—閏八月至年冬貶官 顧少連—蓋是年由散騎遷 | 顧少連—是年遷左丞 袁滋—蓋是年以右丞知吏部選事 |
| | 裴延齡—三月十三乙巳由戶侍判度支遷戶尙仍判度支 四月階由朝請進銀靑 九月十八丙午卒 |
| | |
| 裴延齡 | 裴延齡—三月十三乙巳遷戶尙仍判度支時階朝請 |
| 裴延齡 | 裴延齡—三月十三乙巳遷戶尙仍判度支 九月十八丙午卒 蘇弁—九月以度支郎中兼御丞副知度支事 |
| 王緯 | 王緯 |
| ○董晉—五月見在任 是年遷兵尙 | 李齊運—三月十三乙巳由檢校禮尙兼殿中監閑廄宮苑使正除禮尙仍兼殿中監充使職 |
| 呂渭—春放榜 | 呂渭—春放榜 |

| | （七九七）貞元一三 | （七九八）貞元一四 |
|---|---|---|
| 〔吏尚〕 | 李彤—蓋貞元中官至吏尚 | |
| 〔吏侍〕 | 奚陟—是年正除 | 奚陟 |
| 〔吏侍〕 | 鄭餘慶—五月二十八癸丑遷工侍知吏部選事 | 顧少連—四月以後由左丞換 |
| 〔戶尚〕 | | |
| 〔戶侍〕 | 蘇弁—二月十九乙亥由度支郎中兼御丞副知度支遷戶侍判度支 | 蘇弁—五月二十七丙午徙詹事 |
| 〔戶侍〕 | △王純（紹）—二月十九乙亥以兵部郎中判戶部七月二十一甲辰遷戶侍 | △王純 |
| 〔度支〕 | 蘇弁—二月十九乙亥遷戶侍判度支 | 蘇弁—五月二十七丙午徙詹事罷判<br>于頎—五月二十七丙午以度支郎中兼御丞判度支 |
| 〔鹽運〕 | 王緯 | 王緯—八月十七甲午卒<br>李若初—九月九日乙卯以浙西觀察兼充諸道鹽鐵轉運使（此後簡稱鹽運使） |
| 〔禮尚〕 | 李齊運 | 李齊運 |
| 〔禮侍〕 | 呂渭—春放榜九月二十二甲辰出爲湖南觀察<br>顧少連—冬以左丞權知 | 顧少連—春放榜<br>高郢—冬以中舍權知 |

| 貞元一五（七九九） | 貞元一六（八〇〇） |
| --- | --- |
| | |
| 奚陟—十月十九己丑卒時階朝議郎 | 鄭珣瑜—九月由河南尹復入遷 |
| 顧少連 | 顧少連—五月三十丁卯遷京尹<br>韋夏卿—六月或稍後由徐泗節度司馬入遷 |

| | |
| --- | --- |
| 于頔—三月十三丁巳由度支郎中兼御丞判度支遷戶侍仍判度支 | 于頔—九月十五庚戌貶泉州司戶<br>崔從質—九月十五庚戌由戶部郎中擢遷 |
| △王純 | △王純—九月十五庚戌判度支時階朝散 |
| 于頔—三月十三丁巳遷戶侍仍判度支 | 于頔—九月十五庚戌貶泉州司戶<br>王純（紹）—九月十五庚戌以戶侍判度支 |
| 李若初—正月二十九甲戌卒<br>李錡—二月十一乙酉以浙西觀察兼充鹽運使 | 李錡 |
| 李齊運 | 李齊運 |
| 高郢—春放榜 | 高郢—春放榜蓋是年正除 |

| | （八〇一）貞元一七 | （八〇二）貞元一八 | （八〇三）貞元一九 | （八〇四）貞元二〇 |
|---|---|---|---|---|
| 〔吏尚〕 | 顧少連｜十月二十一庚戌由京尹遷 | 顧少連｜六月八日癸巳換兵尚充東都留守 | ●賈耽｜貞元末由左僕平章事遷門郎守吏尚仍平章事 | |
| 〔吏侍〕 | 鄭珣瑜 | 鄭珣瑜 | 鄭珣瑜｜十二月十三庚申遷門郎同平章事 | |
| 〔吏侍〕 | 韋夏卿｜十月二十一庚戌遷京尹 | 楊於陵｜九月以中舍權知吏部選事時階朝議郎 | 楊於陵｜是年或明年轉秘書少監 | ○趙宗儒｜是年由右庶遷 |
| 〔戶尚〕 | | 王純（紹）｜八月二十三丁未由戶侍判度支遷戶尚仍判度支 | 王純 | 王純 |
| 〔戶侍〕 | 崔從質 | 崔從質 | 崔從質｜蓋十月或稍前卒 | |
| 〔戶侍〕 | 王純 | 王純——八月二十三丁未遷戶尚仍判度支 | | 潘孟陽｜貞元末至遲是年由兵部郎中擢權知戶侍 |
| 〔度支〕 | 王純 | 王純——八月二十三丁未遷戶尚仍判度支 | 王純 | 王純 |
| 〔鹽運〕 | 李錡 | 李錡 | 李錡 | 李錡 |
| 〔禮尚〕 | 李齊運｜九月十八丁丑卒 | | | |
| 〔禮侍〕 | 高郢——春放榜冬徙太常<br>權德輿｜冬以中舍權知時階朝議郎 | 權德輿｜春放榜是年正除 | 權德輿｜｜春放榜 | （是春貢擧停）<br>權德輿 |

（八〇五）
貞元二一
順宗
（正月二十六丙申即位）
永貞元
（八月五日辛丑改）
憲宗
（八月四日庚子受內禪九日乙巳即位）

●賈躭—三月二十一庚寅遷檢校司空兼左僕仍平章事
●鄭珣瑜—三月二十一庚寅由門郎平章事遷吏尚仍平章事
七月二十八乙未罷守本官時階銀靑以疾不視事
十一月十七壬午卒
○高郢—秋以刑尚判吏尚事
十月十九甲寅出爲華刺

崔邠—多以中舍權知吏部選事

○趙宗儒

王純—三月中旬遷兵尚罷判度支

王叔文—五月二十三辛卯由起居舍人翰林學士度支鹽運副使遷戶侍仍充翰學副使時階將仕郎
六七月丁憂免
權德輿—七月二十一戊子由禮侍遷時階朝議郎
十月二十三戊午見在任時階朝散

潘孟陽—六月二十一戊午或七月十一戊寅以本官充度支鹽運副使
八月二十五辛酉以本官充河汴江淮宣慰使

王純—三月中旬遷兵尚罷判
李錡—三月十七丙戌加鎭海節度罷鹽運使
●杜佑—三月十七丙戌以檢校司徒平章事判度支鹽運使理於揚州
（王叔文—三月十九戊子以起居舍人翰林學士充度支鹽運副使
五月二十三辛卯遷戶侍仍充翰學度支鹽運副使
六七月丁憂罷）
（潘孟陽—六月二十一戊午或七月十一戊寅以戶侍充度支鹽運副使
八月二十五辛酉充河汴江淮宣慰使）
（李巽—是年冬或明年春以兵侍充度支鹽運副使）

權德輿—春放榜
七月二十一戊子遷戶侍階如故

| | （八〇六）元和元 | （八〇七）元和二 |
|---|---|---|
| 〔吏尚〕 | | |
| 〔吏侍〕 | 許孟容—是年冬見在刑侍權知吏部選事任時階朝請<br>（張弘靖—是年以中舍知東都選 | 崔邠—是年由禮侍遷<br>（○趙宗儒—九月以東都留守知東都選 |
| 〔吏侍〕 | ○趙宗儒—十一月二十一庚戌檢校禮尚出爲東都留守<br>權德輿—冬蓋十一月末或十二月由兵侍遷時階朝散 | 權德輿—是年徙賓客時階朝議 |
| 〔戶尚〕 | | 李欒—是年卒於戶尚 |
| 〔戶侍〕 | 權德輿—正月十九甲申見在任約五六月遷兵侍階如故 | 鄭元—是年由左丞轉戶侍兼大御判度支 |
| 〔戶侍〕 | 潘孟陽—四月十一甲辰徙大理罷判使<br>武元衡—三月以後由御丞遷時階朝議郎 | ●△武元衡—正月二十一己酉遷門郎同平章事進階朝議八月六日辛酉判戶部事十月十三丁卯檢校吏尚平章事出爲劍 |
| 〔度支〕 | （潘孟陽—四月十一甲辰徙大理罷判使<br>●杜佑—四月十四丁未正拜司徒罷判使<br>李巽—四月十四丁未進充度支鹽運使 | 李巽—三月十五癸卯遷兵尚專充鹽運使落判度支<br>鄭元—是年以戶侍兼大御判度支 |
| 〔鹽運〕 | | 李巽 |
| 〔禮尚〕 | | |
| 〔禮侍〕 | 崔邠—以中舍權知是春貢舉放榜其始事蓋上年冬七月以前正除時階太中 | 崔邠—春放榜是年遷吏侍 |

| | |
|---|---|
| | 元和三（八〇八） |
| | 李巽—是年由兵尚鹽運使遷吏尚仍充使職 |
| | 崔邠 |
| | 裴佶—是年由右丞遷不久徙國子祭酒 |
| | ○趙宗儒—是年末或明年初由禮尚遷 |
| | 鄭元—春遷刑尚兼京尹 |
| 南西川節度階由太中進銀青<br>楊於陵—四月由浙東觀察入遷未到改京尹不久復爲戶侍 | 楊於陵—四月二十三乙亥出爲嶺南節度<br>裴垍—四月二十五丁丑由中書舍翰學承旨遷戶侍出院九月十七丙申遷中書郎同平章事時階正議 |
| | 鄭元—春遷刑尚罷判<br>裴均—四月二十五丁丑以右僕判度支九月十一庚寅出爲山南東道節度<br>鄭元—九月以刑尚復兼大御判度支 |
| | 李巽—是年遷吏尚仍充使<br>（王播—元和初約三四年以兵部郎中充鹽運副使） |
| | ○趙宗儒—六月二十三甲戌由檢校禮尚東都留守正除禮尚是年末或明年初遷戶尚 |
| 韋次公—冬以權知中舍權知 | 韋次公—春放榜是年正除中舍 |

| | (八〇九)元和四 | (八一〇)元和五 |
|---|---|---|
| 〔吏尚〕 | 李巽—五月二十二丁卯卒時階銀青 | |
| 〔吏侍〕 | 崔邠—五月見在任時階正議 | 崔邠—十二月十六壬午徙太常 |
| 〔吏侍〕 | | 楊於陵—七月十九丁巳由嶺南節度入遷 |
| 〔戶尚〕 | ○趙宗儒—是年檢校吏尚出爲荊南節度<br>李元素—四月二十五庚子由太常遷戶尚判度支冬末或明年春初罷判 | 李元素—三月免<br>韓皐—八九月由浙西觀察入遷 |
| 〔戶侍〕 | 張弘靖—是年由工侍遷十二月一日壬申出爲陝虢觀察 | 李夷簡—三月五日乙巳由御丞遷戶侍判度支 |
| 〔戶侍〕 | | △衞次公—是年或上年秋冬以右丞兼判戶部事 |
| 〔度支〕 | 鄭元—四月罷判<br>李元素—四月二十五庚子以戶尚判度支冬末或明年春初罷判 | 李夷簡—三月五日乙巳以戶侍判度支 |
| 〔鹽運〕 | 李巽—五月二十二丁卯卒<br>李鄘—六月三日丁丑以刑尚兼大御充鹽運使 | 李鄘—十二月七日癸酉出爲淮南節度罷使職<br>盧坦—十二月七日癸酉以刑侍充鹽運使 |
| 〔禮尚〕 | | ●權德輿—九月二十九丙寅由太常遷禮尚同平章事時階正議 |
| 〔禮侍〕 | 張弘靖—以中舍權知是春貢舉放榜其始事蓋上年冬是年遷工侍 | 崔樞—以刑侍權知是春貢舉放榜其始事蓋上年冬 |

| | | | | | | | | | | |
|---|---|---|---|---|---|---|---|---|---|---|
| （八一一）元和六 | ○鄭餘慶—十月七日戊辰由兵尙東都留守遷 | | 楊於陵 | 韓皐—十月七日戊辰出爲東都留守 | 李夷簡—四月六日庚午檢校禮尙出爲山南東道節度<br>盧坦—四月六日庚午由刑侍鹽運使遷戶侍判度支<br>十二月二十三甲申見在任時階朝議 | △衞次公—二月二十八癸巳出爲陝虢觀察<br>△李絳—二月二十八癸巳由中舍翰學承旨遷戶侍判本司事出院時階蓋朝議郎<br>十二月十八己丑遷中郎同平章事進階朝議 | 李夷簡—四月六日庚午出爲山南東道節度<br>盧坦—四月六日庚午以戶侍判度支 | 盧坦—四月六日庚午遷戶侍判度支<br>王播—四月六日庚午以刑侍充鹽運使 | ●權德輿 | 于允躬—以中舍權知是春貢舉放榜其始事蓋上年冬 |
| （八一二）元和七 | ○鄭餘慶—十二月一日丙戌徙少傅<br>崔邠—蓋冬以太常知吏尙銓事 | 許孟容—冬以河南尹知吏部選事蓋東選 | 楊於陵 | ○袁滋—十月十九甲辰由鄭滑節度入遷 | 盧坦 | △王紹—正月十日庚午以兵尙判戶部事 | 盧坦 | 王播 | ●權德輿 | 許孟容—以兵侍權知是春貢舉放榜其始事蓋上年冬<br>二月十三壬寅出爲河南尹<br>韋貫之—冬以中舍權知 |

| | （八一三）元和八 | （八一四）元和九 |
|---|---|---|
| 〔吏尚〕 | | 韓皋｜十月十九壬戌由檢校吏尚忠武節度入遷十一月十一甲申轉賓客 |
| 〔吏侍〕 | 許孟容｜十一月由河南尹入遷 | 許孟容 |
| 〔吏侍〕 | 楊於陵｜四月九日辛卯見在任時階銀青 | 楊於陵｜三月稍後轉兵侍兼大御判度支 |
| 〔戶尚〕 | ○袁滋｜正月二十九癸未檢校兵尚出爲山南東道節度 | |
| 〔戶侍〕 | 盧坦｜八月二十一辛丑出爲劍南東川節度時階蓋中大夫<br>潘孟陽｜八月二十一辛丑由劍南東川節度入遷戶侍判度支 | 潘孟陽｜二月一日己卯徙左騎 |
| 〔戶侍〕 | △王紹｜四月九日辛卯見階銀青 | △王紹｜十一月三十癸卯卒時階如故<br>李遜｜年末或明年初由給事遷 |
| 〔度支〕 | 盧坦｜八月二十一辛丑出爲劍南東川節度<br>潘孟陽｜八月二十一辛丑以戶侍判度支 | 潘孟陽｜二月一日己卯徙左騎罷判<br>楊於陵｜三月或稍後以兵侍兼大御判度支 |
| 〔鹽運〕 | 王播 | 王播 |
| 〔禮尚〕 | ●權德輿｜正月十七辛未罷守本官階如故七月三日癸丑檢校吏尚出爲東都留守時階銀青 | ○李絳｜二月二十五癸卯由中郎平章事罷爲禮尚時階朝議 |
| 〔禮侍〕 | 韋貫之｜春放榜四月以後正除時階朝議 | 韋貫之｜春放榜六月二十一丙申至二十六辛丑間遷右丞<br>崔羣｜六月二十六辛丑由中舍翰學遷禮侍出院 |

| （八一五）元和一〇 | （八一六）元和一一 |
| --- | --- |
| 韓皋—九月二十九丁酉復還任 | 韓皋—三月四日庚午以本官充大明宮留守 |
| 許孟容—六月見在任冬或明年徙太常 | ○韋貫之—八月九日壬寅由中郎平章事罷爲吏侍時階中大夫九月十四丙子出爲湖南觀察 |
| 劉伯芻—冬蓋以刑侍權知是年冬遷 | 韋顗—九月十九辛巳由吏侍貶陝刺 |
| ○于頔—十月十五壬子由賓客遷戸尙時階金紫 | ○于頔 |
| 潘孟陽—是年由左騎還八月稍前以疾復徙左騎<br>△崔羣—是年由禮侍遷戸侍判本司事 | △崔羣 |
| 李遜—十月三日庚子出爲襄陽節度 | 皇甫鎛—四月稍後由司農兼御丞判度支遷戸侍仍判度支 |
| 楊於陵 | 楊於陵—四月十五庚戌貶郴刺<br>皇甫鎛—四月十六辛亥以司農兼御丞判度支旋遷戸侍仍判度支 |
| 王播—四月還禮尙兼大御仍充使 | 王播<br>程异—是年末以衞尉兼御丞充鹽運副使 |
| ○李絳—二月九日辛亥檢校戸尙出爲華刺<br>王播—四月由刑侍鹽運使還禮尙兼大御仍充使 | 王播—二月代李逢吉放榜 |
| 崔羣—春放榜是年遷戸侍<br>李逢吉—蓋是年冬以中舍權知時階朝議郎 | 李逢吉—二月九日乙巳貢擧事未畢遷門郎同平章事進階朝議<br>王播—春以禮尙代放榜 |

| | （八一七）元和一二 | （八一八）元和一三 |
|---|---|---|
| 〔吏尚〕 | ○趙宗儒—冬以少傅權知吏尚銓事。 | |
| 〔吏侍〕 | | 楊於陵—冬以戶侍權知吏部選事。 |
| 〔吏侍〕 | | |
| 〔戶尚〕 | ○于頔—七月十七甲辰稍後致仕。 | ○李鄘—三月十五戊戌由門郎平章事罷爲戶尚時階銀青。 |
| 〔戶侍〕 | △崔羣—七月二十九丙辰遷中郎同平章事時階朝散。△孟簡—八月三日庚申由工侍遷戶侍判本司事。 | △孟簡—是年兼御丞。五月二十三丙午檢校工尚出爲山南東道節度。楊於陵—八月葢二十四乙亥稍前由原王傅復遷戶侍權知吏部選事。 |
| 〔戶侍〕 | 皇甫鎛—葢是年進兼大御。 | ●皇甫鎛—九月二十三甲辰以本官同平章事仍兼大御判度支時階朝請。 |
| 〔度支〕 | 皇甫鎛—葢是年進兼大御。 | ●皇甫鎛—九月二十三甲辰以本官同平章事仍兼大御判度支。 |
| 〔鹽運〕 | 王播—六月一日己未罷使職。程异—六月一日己未兼大御進充鹽運使。 | ●程异—九月二十三甲辰遷工侍同平章事仍充使。 |
| 〔禮尚〕 | 王播—六月一日己未罷使職守本官。 | 王播—正月二十七辛亥檢校戶尚出爲劍南西川節度。 |
| 〔禮侍〕 | 李程—以中舍權知是春貢舉放榜其始事葢上年冬。 | 庾承宣—以中舍權知是春貢舉放榜其始事葢上年冬。李程—四月由中舍遷。六月出爲鄂岳觀察。庾承宣—十月在權知禮侍任。 |

| (八一九)元和一四 | (八二〇)元和一五 穆宗 (閏正月三日丙午即位) |
| --- | --- |
| ○張弘靖—五月九日丙戌由檢校吏尚平章事河東節度入遷 八月七日癸丑檢校左僕平章事出爲宣武節度 ○趙宗儒—九月由少傅遷 | ○趙宗儒—三月十六戊午見在任 是年仍從少傅兼判太常時階銀青 韓皐—是年以檢校右僕兼吏尚時階金紫 |
| 呂元膺—蓋六月由河中節度入遷 不久徙賓客 | 李建—冬以刑侍權知吏部選事 |
| ○王涯—是年或上年冬由兵侍遷 | ○王涯—閏正月十四丁巳檢校禮尚出爲劍南東川節度 ○崔羣—六月由湖南觀察入遷 九月九日戊申遷大御 孔戣—九月二十九戊辰由前嶺南節度遷 |
| ○李鄘—十一月一日乙亥徙檢校左僕兼賓客分司 | 楊於陵—二月二十九辛丑由戶侍遷 |
| 楊於陵—二月十七乙丑以本官兼大御充淄青宣慰使 | 楊於陵—二月二十九辛丑遷戶尚 杜元穎—十一月十七乙卯由中舍翰學承旨遷戶侍仍充承旨時階朝散 |
| ●皇甫鎛—七月二十一丁酉遷門郎仍平章事判度支階如故 | 崔倰—正月九日壬午由前湖南觀察遷權知戶侍判度支 冬或明年春正除仍判度支時階朝議 |
| ●皇甫鎛—七月二十一丁酉遷門郎仍平章事判度支 | ●皇甫鎛—正月九日壬午罷判 崔倰—正月九日壬午以權知戶侍判度支 |
| ●程异—四月二十四辛未薨 柳公綽—五月一日戊寅以刑侍充鹽運使 是年或明年遷兵侍兼大御仍充使 | 柳公綽 |
| | |
| 庾承宣—春放榜 李建—蓋是年冬以少太常權知 | 李建—閏正月十五戊午放榜 二月二十九辛丑正除 四月見在任 是年遷刑侍 錢徽—是年蓋由虢刺入遷 |

| | （八二一）長慶元 |
| --- | --- |
| 〔吏尙〕 | 韓皐—二月七日甲戌正拜右僕階如故<br>○蕭俛—二月六日癸酉由右僕轉時階朝議蓋七月換兵尙進階正議<br>○李絳—蓋七月由檢校右僕兼兵尙遷兼吏尙仍檢校右僕十月九日壬申檢校右僕出爲東都留守時階太中<br>○鄭絪—十月九日壬申由檢校刑尙東都留守入遷 |
| 〔吏侍〕 | 李建—二月二十三庚寅卒<br>丁公著—三月十四庚戌以工侍知吏部選事十月九日壬申檢校左騎出爲浙東觀察<br>柳公綽—十月二十一甲申由京尹兼大御換吏侍時階正議後進階銀靑 |
| 〔吏侍〕 | 孔戣—是年徙右騎時階太中 |
| 〔戶尙〕 | 楊於陵—十月十日癸酉見在任時階銀靑 |
| 〔戶侍〕 | ●杜元穎—二月十五壬午以本官同平章事階如故 |
| 〔戶侍〕 | 崔倰—十月二十六己丑遷工尙仍判度支 |
| 〔度支〕 | 崔倰—十月二十六己丑遷工尙仍判度支 |
| 〔鹽運〕 | 柳公綽—二月五日壬申罷使職<br>●王播—二月五日壬申以刑尙充鹽運使十月三日丙寅遷中郎同平章事仍充使 |
| 〔禮尙〕 | 韋綬—三月十四庚戌由左丞遷十月見在任時階通議 |
| 〔禮侍〕 | 錢徽—二月十七甲申放榜四月十一丁丑貶江刺<br>武儒衡—是年由中舍遷數月丁憂免<br>王起—是年以中舍權知貢擧十月八日辛未正除 |

（八二二）
長慶二

○鄭絪—閏十月三日庚寅徙少傅
○趙宗儒—閏十月三日庚寅由太常遷

柳公綽—九月二十四辛亥遷大御
竇易直—九月十六癸卯由浙西觀察入遷
十二月二十四庚戌轉戶侍兼大御判度支

韓愈—九月由兵侍遷

楊於陵—閏十月五日壬辰轉太常
馬總—十二月二十三己酉由前天平節度遷檢校右僕兼戶尚

●杜元穎—二月十九辛巳遷中郎仍平章事
△牛僧孺—二月十九辛巳由御丞遷戶侍判本司事時階朝議郎

張平叔—三月十一壬寅由鴻臚兼大御判度支遷戶侍仍判度支時階朝議
十二月二十一丁未貶通刺
竇易直—十二月二十四庚戌由吏侍轉戶侍兼大御判度支

崔倰—正月二十二甲寅出爲鳳翔隴右節度
張平叔—正月二十二甲寅以鴻臚兼大御判度支
三月十一壬寅遷戶侍仍判
十二月二十一丁未貶通刺
竇易直—十二月二十四庚戌以戶侍兼大御判度支

●王播—三月二十七戊午罷相出爲淮南節度仍兼充鹽運使

韋綬—閏十月三日庚寅檢校戶尚出爲山南西道節度

王起—春放榜

| | 長慶三（八二三） | 長慶四（八二四）<br>敬宗<br>（正月二十六丙子即位） |
|---|---|---|
| 〔吏尚〕 | ○趙宗儒 | ○趙宗儒—六月二十九丁未復轉太常 |
| 〔吏侍〕 | 李程—是年蓋春由鄂岳觀察入遷 | ●李程—五月七日乙卯以本官同平章事時階正議 |
| 〔吏侍〕 | 韓愈—六月六日己丑遷京尹兼大御十月十一壬辰復由兵侍遷 | 韓愈—八月病免（十二月二日丙子卒）時階正議<br>崔從—六 |
| 〔戶尚〕 | 馬總—八月卒時階銀青 | ○王涯—四月五日甲申由大御遷戶尚仍兼大御充鹽運使 |
| 〔戶侍〕 | ●△牛僧孺—三月七日壬戌以本官同平章事進階朝散<br>同月十二丁卯復判戶部事<br>十月九日庚寅遷中郎進階銀青仍平章事<br>李紳—十月十一壬辰由新除江西觀察遷 | 李紳—二月三日癸未貶端州司馬<br>△韋顗—三月七日 |
| 〔戶侍〕 | 竇易直 | ●竇易直—五月七日乙卯以本官同平章事仍判度支時階由 |
| 〔度支〕 | 竇易直 | ●竇易直 五月七日乙卯以本官同平章事仍判度支 |
| 〔鹽運〕 | ○王播 | ○王播—四月五日甲申罷使職<br>○王涯—四月五日 |
| 〔禮尚〕 | 薛放—是年不能早過上年十一月由兵侍集學遷禮尚判院事<br>十一月或稍後出爲江西觀察 | ○王涯—秋冬由戶尚鹽運使換禮尚仍充使 |
| 〔禮侍〕 | 王起—春放榜<br>是年遷兵侍<br>李宗閔—冬以中舍權知 | 李宗閔—春放榜<br>是年正除時階朝請<br>十月二十七壬寅遷 |

| | |
|---|---|
| | （八二五）寶曆元 |
| ○鄭絪—六月二十九丁未由兵尚遷 | ○鄭絪 |
| | ●李程—正月十七辛酉遷中郎仍平章事<br>韋顗—七月二十五丁卯由戶侍兼御丞遷　十一月二十八丁酉卒 |
| 月稍後蓋八九月由鄜坊節度入遷　十月六日辛巳徙太常<br>韋弘景—十月二十七壬寅由刑侍遷 | 韋弘景 |
| 是年換禮尚仍充使 | 薛平—五月一日甲辰由前平盧節度遷檢校左僕兼戶尚　六月二十三乙未檢校司空出爲河中節度<br>胡証—七月二十九辛未由左騎遷　十一月兼判度支 |
| 丙辰由右丞換戶侍　十月二十七壬寅兼御丞此時或稍前蓋判本司事 | △韋顗—七月二十五丁卯遷吏侍<br>△崔元略—七月二十五丁卯由京尹換戶侍判本司 |
| 朝議郎進朝散 | ●竇易直—正月十七辛酉遷門郎仍平章事判度支<br>于敖—春由刑侍遷 |
| | ●竇易直—正月十七辛酉遷門郎仍平章事判度支　十一月一日庚午罷判<br>胡証—十一月以戶尚判度支 |
| 甲申以戶尚兼大御充鹽運使　是年換禮尚仍充使 | ○王涯—正月罷使職<br>○王播—正月十一乙卯以淮南節度復兼充鹽運使 |
| | ○王涯—正月罷使職仍守本官 |
| 權知兵侍<br>楊嗣復—十月二十七壬寅以中舍權知 | 楊嗣復—春放榜 |

| | (八二六)寶曆二 文宗 〔十二月十二乙巳即位〕 | (八二七)寶曆三 大和元 〔二月改〕 |
|---|---|---|
| 〔吏尚〕 | ○鄭絪 | ○鄭絪 |
| 〔吏侍〕 | 庾承宣—蓋是年始任 | 庾承宣—正月二十一癸未遷京尹兼大御 楊嗣復—是年始任在丁公著前知東銓 |
| 〔吏侍〕 | 韋弘景—三月二十九丙申出爲陝虢觀察 王起—八月一日丙申由河南尹入遷 | 王起—六月或稍後一兩月轉兵侍 丁公著—多以工侍知吏部西銓選事 |
| 〔戶尚〕 | 胡証—八月罷判使仍守本官十一月九日壬申檢校兵尚出爲嶺南節度 | ○崔植—二月九日辛丑由前嶺南節度遷 |
| 〔戶侍〕 | △崔元略 | △崔元略 |
| 〔戶侍〕 | 于敖 | 于敖—正月十六戊寅稍前卸此日出爲宣歙觀察 韋表微—正月蓋八日庚午由中舍翰學遷戶侍仍充翰學 |
| 〔度支〕 | 胡証—八月一日丙申罷判 ●裴度—八月一日丙申以司空平章事判度支十二月二十七庚申兼門郎餘如故 | ●裴度 |
| 〔鹽運〕 | ○王播 | ●王播—六月三日癸巳遷左僕同平章事仍充使 |
| 〔禮尚〕 | ○王涯—二月二十九丁卯檢校左僕出爲山南西道節度 | ○蕭俛—二月二十七己未由少保分司遷檢校右僕兼禮尚四月二十四乙卯徙檢校左僕兼少師分司 |
| 〔禮侍〕 | 楊嗣復—春放榜 崔郾—十月二十八壬戌由中舍遷時階銀靑 | 崔郾—春放榜 七月二十一辛巳權移貢學於東都考試 |

(八二八)
大和二

〇鄭絪｜六月七日辛酉徙少保

楊嗣復｜二月及閏三月十四己亥見在任十月見在任

丁公著｜閏三月十四己亥見在工侍知選事任旋蓋正拜吏侍五月十一乙未遷禮尚

李宗閔｜是年由前兵侍遷十月見在任

王璠｜九月以河南尹知東都選事十月遷右丞

〇崔植｜十月五日丁巳出爲華刺

〇令狐楚｜十月五日丁巳由宣武節度入遷

△崔元略

韋表微｜十二月二十八己卯進承旨

●裴度

●王播

丁公著｜五月十一乙未由吏侍遷

崔郾｜春放榜四五月卸稍後遷兵侍階如故

鄭澣(涵)｜六月一日乙卯由中舍翰林侍講遷禮侍出院

| | 〔吏尚〕 | 〔吏侍〕 | 〔吏侍〕 | 〔戶尚〕 | 〔戶侍〕 | 〔戶侍〕 | 〔度支〕 | 〔鹽運〕 | 〔禮尚〕 | 〔禮侍〕 |
|---|---|---|---|---|---|---|---|---|---|---|
| （八二九）<br>大和三 | | 楊嗣復｜冬轉戶侍<br>王璠｜多由右丞遷 | ●李宗閔｜八月二十七甲戌以本官同平章事時階正議 | ○令狐楚｜三月一日辛巳檢校兵尚出爲東都留守<br>崔從｜三月十二壬辰由前東都留守遷 九十月間徙檢校右僕兼賓客<br>崔元略｜十月十六癸亥由戶侍遷戶尚判度支 | △崔元略｜十月十六癸亥遷戶尚判度支<br>楊嗣復｜冬蓋由吏侍轉 | 韋表微｜八月二十丁卯以疾守本官出院蓋不久卒<br>王源中｜十一月五日辛巳由中舍翰學遷戶侍仍充翰學時階中散 十二月進承旨 | ●裴度｜十月九日丙辰罷判<br>崔元略｜十月十六癸亥以戶尚判度支 | ●王播 | 丁公著｜四月二十六乙亥以本官充翰林侍講 七月二十七乙巳檢校戶尚出爲浙西觀察<br>韋弘景｜九月二十一戊戌由左丞遷 | 鄭澣｜春放榜 |
| 八三〇<br>大和四 | ○王涯｜正月二十一丙申由太常遷檢校司空兼吏尚充鹽運使 九月九日庚辰遷右僕仍充使 | 王璠｜七月十三乙酉遷京尹兼大御 | ●李宗閔｜六月七日己酉遷中郎仍平章事 | 崔元略｜四月十六庚申檢校吏尚出爲東都留守 | 楊嗣復｜十二月二十四甲子丁憂免 | 王源中 | 崔元略｜四月十六庚申出爲東都留守 | ●王播｜正月十九甲午薨<br>●王涯｜正月二十一丙申以吏尚充鹽運使 | 韋弘景｜是年出爲河南尹 | 鄭澣｜春放榜 是年遷兵侍 |

| | 大和五（八三一） | 大和六（八三二） |
|---|---|---|
| ○崔羣—十月十三甲寅由檢校右僕兼太常遷檢校左僕兼吏尙 | ○崔羣 | ○崔羣—八月一日辛酉卒 |
| 庾敬休—秋由工侍遷 | 庾敬休—是年轉戶侍 | 庾承宣—夏秋由兗海節度入遷 |
| 高釴—冬由刑侍遷 | 高釴 | 高釴 |
| 王起—四月十六庚申由左丞遷戶尙判度支 | 王起 | 王起—七月二十九己未檢校吏尙出爲河中節度 |
| | △庾敬休—是年由吏侍轉戶侍判本司事十月七日辛未見在任 | △庾敬休 |
| | 王源中 | 王源中—秋以前遷兵侍仍充承旨<br>宇文鼎—七月二十九己未由御丞兼刑侍遷戶侍判度支 |
| 王起—四月十六庚申以戶尙判度支 | 王起 | 王起—七月二十九己未出爲河中節度<br>宇文鼎—七月二十九己未以戶侍判度支 |
| 九月九日庚辰遷右僕仍充使 | ○王涯 | ○王涯 |
| | 李佸—蓋大和前後官至禮尙 | |
| 賈餗—九月以中舍權知 | 賈餗—春放榜是年正除 | 賈餗—春放榜 |

| | 大和七（八三三） | 大和八（八三四） |
|---|---|---|
| 〔吏尚〕 | ○令狐楚—六月二十九乙酉由河東節度入遷檢校右僕兼吏尚　七月二十七壬子見在任 | ○令狐楚 |
| 〔吏侍〕 | 庾承宣—二月十一己巳徙太常<br>鄭澣（涵）—是年由兵侍遷　十一月二日甲寅見在任 | 鄭澣—九月十五癸亥出爲河南尹<br>李固言—十月稍後由華刺入遷 |
| 〔吏侍〕 | 高釴—四月十六癸酉出爲同刺<br>沈傳師—四月二十七甲申由宣歙觀察入遷 | 沈傳師 |
| 〔戶尚〕 | | 鄭覃—十月二十三庚子由大御遷 |
| 〔戶侍〕 | △庾敬休—七月二十乙巳遷左丞 | 李漢—是年由禮侍遷 |
| 〔戶侍〕 | 許康佐—七月二十五庚戌由中舍翰學遷戶侍仍充翰學 | 許康佐—五月八日戊午進承旨 |
| 〔度支〕 | 宇文鼎<br>●王涯—七月十七壬寅以本官同平章事時合度支鹽運爲一使涯以宰相兼領之 | ●王涯—三月七日戊午遷檢校司空兼門郎仍平章事充度支鹽運使 |
| 〔鹽運〕 | ○王涯 | |
| 〔禮尚〕 | | 王源中—四月二十四乙巳由兵侍翰學承旨遷禮尚出院　十一月七日癸丑檢校戶尚出爲山南西道節度 |
| 〔禮侍〕 | 賈餗—春放榜　五月遷兵侍<br>李漢—六月十六壬申由御丞遷 | 李漢—春放榜　是年遷戶侍<br>崔鄲—冬以工侍權知貢擧　十二月上旬正除 |

大和九（八三五）

〇令狐楚—六月十九癸巳轉兼太常

李固言—五月十四戊午遷大御

李虞仲—五月由兵侍遷

沈傳師—四月二十七壬寅卒

李漢—四月由戶侍遷 七月十日癸丑貶汾刺

鄭肅—多以右丞判吏部東銓事

鄭覃—五月二十五己巳轉秘書監

王璠—五月二十四戊辰由右丞遷戶尚判度支 十一月十六丁巳出爲河東節度

李漢—四月遷吏侍

△李翺—是年由刑侍遷戶侍蓋判本司事 八月一日甲戌檢校禮尚出爲山南東道節度

△王起—八月一日甲戌由山南東道節度入遷兵尚判戶部事時階銀青

●李石—十一月十七戊午由京尹換戶侍判度支時階朝議郎 二十四乙丑以本官同平章事進階朝議仍判度支

許康佐—五月五日己酉遷兵侍出院

李珏—五月十九癸亥由中舍翰學承旨遷戶侍仍充承旨 八月五日戊寅貶江刺

楊汝士—九月九日辛亥由同刺入遷

●王涯—五月二十七辛未正拜司空罷判度支仍平章事充鹽運使

王璠—五月二十四戊辰以戶尚判度支 十一月十六丁巳出爲河東節度

●李石—十一月十七戊午以戶侍判度支 同月二十四乙丑以本官同平章事仍判度支

●王涯—十月三日乙亥兼充榷茶使 十一月二十四乙丑爲宦官所殺

〇令狐楚—十一月二十四乙丑以左僕充鹽運榷茶使 十二月一月壬申停榷茶法

溫造—五月十四戊午由大御遷 六月二十三丁酉卒

許康佐—是年由兵侍遷

崔鄲—春放榜 是年遷兵侍

●李訓—九月二十七己巳由兵部郎中翰林侍講遷禮侍同平章事 十一月二十一壬戌誅宦官不克 二十三甲子或二十四乙丑被殺

高鍇—十月以中舍權知

開成元（八三六）

**〔吏尚〕**

○李程—十一月十九甲申由左僕兼太常遷兼吏尚左僕如故

**〔吏侍〕**

李虞仲—四月十四癸未卒

崔鄲—春以兵侍判吏部東銓事　四月三日壬申見在任　是年正除

**〔吏侍〕**

鄭肅—蓋春改判西銓　四月三日壬申見在任　五月十九丁巳出爲陝虢觀察

崔琯—是年由兵侍遷

**〔戶尚〕**

**〔戶侍〕**

△王起—四月三日壬申見在任　同月二十七丙申或稍前罷判

●李石—正月二十四甲子遷中郎仍平章事判度支

歸融—春由工侍翰學承旨遷戶侍仍充承旨　五月五日癸卯守本官兼御丞出院　十二月一日丙申遷京尹

**〔戶侍〕**

楊汝士—七月遷兵侍

●△李固言—四月二十七丙申以門郎平章事判戶部事

王彥威—七月二十七甲午由平盧節度入遷戶侍判度支

**〔度支〕**

●李石—正月二十四甲子遷中郎仍平章事判度支

●李石—四月二十五甲午加充鹽運使仍判度支　八月十二己酉罷判度支仍充使

王彥威—八月以戶侍判度支

**〔鹽運〕**

○令狐楚—四月二十五甲午出爲山南西道節度

●李石

**〔禮尚〕**

許康佐

**〔禮侍〕**

高鍇—春放榜　是年正除　四月三日壬申見在任

| (八三七)開成二 | (八三八)開成三 |
|---|---|
| ○李程—三月十一甲戌檢校司徒出爲山南東道節度 | |
| 崔鄲—正月十一乙亥出爲宣歙觀察<br>鄭肅—九月由陝虢觀察入遷 | 鄭肅 |
| 崔琯—是年權判左丞事正除左丞權判吏部東銓事 | 高鍇—約三月由禮侍遷五月二十七癸未出爲鄂岳觀察<br>歸融—是年由權知兵侍遷 |
| 楊嗣復—十月二十九己未由檢校戶尚劍南西川節度入遷戶尚充鹽運使 | ●楊嗣復—正月九日戊辰以本官同平章事仍充使時階正議蓋稍後進階金紫七月十三戊辰罷使職九月十四己巳遷中郎仍平章事 |
| △李珏—三月二十五戊子由河南尹入遷五月四日丙寅判本司事 | ●△李珏—正月九日戊辰以本官同平章事仍判戶部時階朝議郎四月九日丙申罷判九月十四己巳遷中郎仍平章事 |
| ●△李固言—五月七日己巳進階金紫罷判戶部事<br>王彥威—九月二十七戊子徙衞尉分司 | △崔龜從—三月由華刺入遷四月四日辛卯判本司事是日詔戶侍兩員今後先授上者判本司錢穀惟帶平章事判鹽鐵度支兼中丞學士者不在此限 |
| 王彥威—九月二十七戊子徙衞尉分司<br>杜悰—十二月十三壬寅以工尚判度支 | 杜悰 |
| ●李石—十一月二日壬戌罷使職<br>楊嗣復—十月二十九己未以戶尚充鹽運使 | ●楊嗣復—正月九日戊辰以本官同平章事仍充使七月十三戊辰罷使職 |
| 許康佐 | 許康佐—二月二十一己酉卒 |
| 高鍇—春放榜 | 高鍇—春放榜約三四月遷吏侍<br>崔蠡—冬以中舍權知 |

| | （八三九）開成四 | （八四〇）開成五　武宗（正月十四辛卯即位） |
|---|---|---|
| 〔吏尚〕 | 崔龜從—春以戶侍權判吏尚銓事 | ●楊嗣復—二月六日癸丑以門郎平章事兼時階金紫　五月四日己卯罷守本官 |
| 〔吏侍〕 | 鄭肅—閏正月一日甲申檢校禮尚出爲河中節度　○陳夷行—五月十六丙申由門郎平章事罷爲吏侍　九月二十三辛丑檢校禮尚出爲華刺 | 孫簡—是年由刑侍遷 |
| 〔吏侍〕 | 歸融—二月九日辛酉檢校禮尚出爲山南西道節度　楊汝士—九月十三辛卯由劍南東川節度入遷　不知何時卸 | |
| 〔戶尚〕 | 鄭澣（涵）—閏正月由山南西道節度徵除未至　同月二十四丁未卒　杜悰—四月十七戊辰或稍後旬日由工尚判度支遷戶尚兼判戶部度支事　蓋冬或明年正月卸 | ●李珏—二月六日癸丑以中郎平章事兼　五月四日己卯遷門郎仍兼戶尚平章事 |
| 〔戶侍〕 | 崔蠡—十月稍前由禮侍遷 | △崔蠡—三月見在任且判本司事　其後出爲華刺 |
| 〔戶侍〕 | △崔龜從—春權判吏尚銓事　四月二十二癸酉出爲宣歙觀察時階蓋朝散　△杜悰—四月以戶尚判戶部度支事　冬或明年正月卸 | 丁居晦—三月十三己丑由中舍翰學遷戶侍仍充翰學　同月二十三己亥卒 |
| 〔度支〕 | 杜悰—四月十七戊辰稍後旬日遷戶尚兼判戶部度支事 | |
| 〔鹽運〕 | 崔珙—夏在刑尚充鹽運使任 | ●崔珙—五月四日己卯以本官同平章事仍充使　九月七日庚辰遷中郎仍平章事充使職 |
| 〔禮尚〕 | | ●崔鄲—二月六日癸丑以中郎平章事兼 |
| 〔禮侍〕 | 崔蠡—春放榜　是年正除　十月以前遷戶侍　李景讓—是年由華刺入遷 | 李景讓—春放榜 |

| | 會昌元(八四一) | 會昌二(八四二) |
|---|---|---|
| 八月檢校本官出爲湖南觀察 ●李德裕—九月四日丁丑由檢校右僕淮南節度入遷吏尚同平章事尋兼門郎 | ●李德裕—是年遷左僕仍兼門郎平章事 王起—是年由東都留守入遷吏尚兼判太常事 | 王起—冬權知明年春貢舉 |
| | 孫簡—春夏出爲河中節度 | |
| | | |
| 八月二十七庚午罷爲太常 | | 鄭肅—是年或明年由禮尚遷 |
| △盧鈞—十一月末或十二月初旬由嶺南節度入遷戶侍判本司事 | △盧鈞—七八月出爲山南東道節度 李讓夷—是年最遲明年春由工侍遷 | 李讓夷—夏以前或上年末遷右丞 |
| | | |
| | | ●李紳—三月一日丙申以中郎平章事權判度支 |
| | ●崔珙 | ●崔珙—正月四日己亥遷右僕仍平章事充使職 |
| | ●崔鄲—十一月二十七癸亥檢校吏尚平章事出爲劍南西川節度 | 鄭肅—是年或稍前後由太常遷禮尚又遷戶尚 |
| 柳璟—十月由中舍翰學遷禮侍出院 | 柳璟—春放榜 | 柳璟—春放榜不久貶信州司馬 王起—冬以吏尚權知 |

| | 〔吏尚〕 | 〔吏侍〕 | 〔吏侍〕 | 〔戶尚〕 | 〔戶侍〕 | 〔戶侍〕 | 〔度支〕 | 〔鹽運〕 | 〔禮尚〕 | 〔禮侍〕 |
|---|---|---|---|---|---|---|---|---|---|---|
| 會昌三（八四三） | 王起—春遷左僕仍判太常 | 韋溫—秋冬由陝虢觀察入遷 | 崔蠡—會昌中會官吏侍 | 鄭肅—是年或明年初遷兵尚 | 盧商—夏由京尹換戶侍判度支旋兼御丞 | | ●李紳—蓋是年夏罷判<br>盧商—夏以戶侍判度支旋兼御丞 | ●崔珙—二月十二辛未罷守本官同時罷使職<br>●崔鉉—五月二十戊申遷中郎同平章事同時充鹽運使 | | 王起—春放榜<br>陳商—十一月十九癸卯以大諫權知十二月十七辛未停知貢舉事<br>王起—十二月十七辛未以復受左僕特敕權知 |
| 會昌四（八四四） | 高元裕—冬或上年冬以左丞知吏尚銓事 | 韋溫—夏出爲宣歙觀察 | 高銖—八月見在任 | ○李固言—是年初或上年由兵尚換八月以前卸<br>●崔鉉—八月三十庚戌以中郎平章事兼 | 盧商—六七月檢校禮尚出爲劍南東川節度時階正議<br>白敏中—九月四日甲寅由中舍翰學承旨遷戶侍仍充承旨 | △李回—秋蓋八月由刑侍遷戶侍判本司事 | 盧商—六七月出爲劍南東川節度<br>●杜悰—七月二十三甲辰入爲檢校右僕同平章事兼判度支仍充鹽運使閏七月十一壬戌正拜右僕餘如故八月三十庚戌遷左僕餘如故 | 杜悰—是年或上年以淮南節度兼充鹽運使 | | 王起—春放榜四月二十五戊寅出爲山南西道節度<br>陳商—冬復以大諫權知 |

| | |
|---|---|
| （八四五）<br>會昌五 | （八四六）<br>會昌六<br>宣宗<br>（三月二十六丁卯即位） |
| 孫簡—五<br>六年之際由太常遷 | 孫簡—九月見在任蓋冬復轉太常<br>盧鈞—約是年蓋由戶尚遷 |
| 柳仲郢—冬或明年正二月以右騎權知吏部銓事時階蓋中散 | |
| ●崔鉉—正月一日己酉見在任時階朝議五月十六壬戌罷守本官時階通議旋出爲陝虢觀察 | 盧鈞—是年由戶侍判度支遷又遷吏尚<br>●李回—蓋九月由中郎兼禮尚平章事遷門郎兼戶尚仍平章事 |
| 白敏中—三月見在任後遷兵侍仍充承旨<br>盧鈞—冬由昭義節度入遷戶侍判度支 | 盧鈞—是年遷戶尚<br>韋琮—蓋是年由中舍翰學遷戶侍仍充翰學是年加承旨不知在戶侍前抑後 |
| ●△李回—五月十九乙丑遷中郎同平章事仍判戶部蓋即是年兼禮尚罷判<br>△鄭朗—年末或明年初由御丞遷戶侍判本司事 | △鄭朗—是年出爲鄂岳觀察<br>盧簡辭—會昌末由刑侍遷 |
| ●杜悰—五月十六壬戌罷守本官同時或稍前罷判使<br>盧鈞—冬以戶侍判度支 | 盧鈞—是年遷戶尚罷判<br>盧商—蓋五月以兵侍判度支九月遷中郎兼工尚同平章事<br>崔元式—是年以刑尚判度支 |
| 薛元賞—是年以工尚充鹽運使 | 薛元賞—四月四日甲戌貶忠刺<br>李執方—四月充鹽運使 |
| ●李回—秋冬以中郎平章事兼 | ●李回—蓋九月遷門郎兼戶尚仍平章事 |
| 陳商—二月放榜是年正除 | 陳商—春放榜九十月出爲陝虢觀察 |

| | 大中元（八四七） | 大中二（八四八） |
|---|---|---|
| （吏尚） | 盧鈞—約是年檢校右僕出爲宣武節度<br>●李回—是年由門郎兼戶尚平章事遷兼吏尚仍門郎平章事八月三日丙申檢校本官平章事出爲劍南西川節度 | 高元裕—春夏或上年冬由宣歙觀察入遷 |
| （吏侍） | 崔璪—是年或會昌末由御丞遷 | 崔璪—是年轉兵侍充鹽運使 |
| （吏侍） | | 封敖—是年由禮侍遷 |
| （戶尚） | ●李回—是年初遷兼吏尚仍門郎平章事 | ●崔元式—正月五日丙寅由門郎兼刑尚平章事遷兼戶尚仍門郎平章事 |
| （戶侍） | 韋琮—三月遷中郎同平章事時階正議<br>盧弘正—三月由工侍遷戶侍判度支閏三月見在任六月出爲義成節度<br>△周墀—六月以兵侍判度支戶部事 | △周墀—五月一日已未以本官同平章事罷判 |
| （戶侍） | 盧簡辭—大中初遷兵侍 | ●馬植—四月以前或上年由刑侍鹽運使遷戶侍仍充使時階金紫 |
| （度支） | 崔元式—三月遷門郎同平章事<br>盧弘正—蓋三月以戶侍判度支閏三月見在任蓋六月出爲義成節度<br>周墀—六月以兵侍判度支戶部事 | 周墀—五月一日已未以本官同平章事罷判 |
| （鹽運） | 馬植—二月以刑侍充鹽運使 | ●馬植—四月以前或上年遷戶侍仍充使 |
| （禮尚） | | ●韋琮—正月五日丙寅以中郎平章事兼 |
| （禮侍） | 魏扶—以禮侍本官知是春貢舉放榜其始事蓋上年冬其官禮侍蓋由中舍翰學遷<br>封敖—是年由工侍遷 | 封敖—春放榜是年遷吏侍 |

蓋七月一日戊午進階銀青檢校本官出爲山南東道節度

五月一日己未罷守本官　蓋旋卸

○李珏—是年始任　十月以前出爲河陽節度

△魏扶—是年以兵侍判戶部事　十一月見在任

崔龜從—蓋五月始任戶侍判度支　六月見在任

五月一日己未以本官同平章事　六月二十二庚戌遷中郎仍平章事

孫瑴—七月六日癸亥由中舍翰學承旨遷戶侍仍充承旨　十二月二十四庚戌出爲河南尹

柳仲郢—秋以後由河南尹入遷蓋卽十二月末與孫瑴換官

崔龜從—蓋五月以戶侍兼大御判度支　六月見在任

五月一日己未以本官同平章事蓋同時罷使職

崔璪—是年以兵侍充鹽運使

六月二十二庚戌遷門郎仍兼禮尚平章事　十一月二十六壬午罷爲賓客分司

●馬植—十一月以中郎平章事兼時階金紫

| | 〔吏尚〕 | 〔吏侍〕 | 〔吏侍〕 | 〔戶尚〕 | 〔戶侍〕 | 〔戶侍〕 | 〔度支〕 | 〔鹽運〕 | 〔禮尚〕 | 〔禮侍〕 |
|---|---|---|---|---|---|---|---|---|---|---|
| （八四九）大中三 | ○李玨—是年或明年春夏由河陽節度入遷 | 孔溫業—六七月見在任 | 封敖 | ○盧商—是年由鄂岳觀察徵除　八月卒於道 | △魏扶—四月一日乙酉以兵侍本官同平章事蓋罷判　崔龜從 | 柳仲郢—四五月徙秘書監 | 崔龜從 | 崔璪—四月或稍後出爲河中節度 | ●馬植—三月檢校本官出爲天平節度 | 李褒—以禮侍本官知是春貢舉放榜其始事蓋上年冬　裴休—冬蓋十月五日乙酉見在任知明春貢舉 |
| （八五〇）大中四 | ○李玨—是年或上年末檢校右僕出爲淮南節度　時階金紫　盧鈞—是年由宣武節度復遷　不久徙少師 | 孔溫業—十二月外遷 | 封敖—八月以前出爲山南西道節度 | ●崔龜從—五月以前由戶侍判度支遷戶尚仍判度支　六月二日戊申以本官同平章事仍判度支　八月五日庚戌罷判 | 崔龜從—五月以前遷戶尚仍判度支 | △令狐綯—是年由御丞遷戶侍判本司事　同年遷兵侍充翰學承旨　△高銖—大中初蓋四年或稍前後以禮尚判戶部事 | ●崔龜從—五月以前遷戶尚仍判度支　六月二日戊申以本官同平章事仍判度支　八月五日庚戌罷判 | 敬晦—是年或上年末以刑侍充鹽運使　是年卸刑侍同時或明年正二月出爲浙西觀察 | 高銖—大中初蓋四年或稍前後在禮尚判戶部任 | 裴休—春放榜　蓋遷刑侍　韋慤—是年由中舍遷 |

| （八五一）大中五 | （八五二）大中六 |
| --- | --- |
| ●崔龜從—四月十三乙卯由戶尚平章事遷中郎兼吏尚仍平章事 十一月二十二庚寅檢校本官平章事出爲宣武節度 | 高元裕—夏由山南東道節度復徵除 六月二十乙卯卒於道時階銀青 |
| | 蔣係—蓋五六七年間由給事集學判院事遷 |
| | |
| ●崔龜從—四月十三乙卯遷中郎兼吏尚仍平章事 | ●令孤綯—正月二十六癸巳由中郎兼禮尚平章事遷兼戶尚仍中郎平章事 |
| 裴休—二月由刑侍遷戶侍充鹽運使 同年遷兵侍仍充使<br>●△魏謩—是年以御丞兼戶侍判本司 旋卸御丞 十月三十戊辰以本官同平章事仍判戶部事 | ●△魏謩—十二月二十一壬午遷中郎仍平章事判戶部事 |
| △徐商—是年或上年始任戶侍判本司 約是年遷左丞<br>韋慤—是年由禮侍遷 十月出爲義成節度 | 楊漢公—是年或前後數月由戶侍出爲荊南節度<br>崔璵—冬由禮侍遷權知戶侍 |
| 鄭朗—五六年以工尚判度支 | |
| 裴休—二月以戶侍充鹽運使 是年遷兵侍仍充使 | ●裴休—正月二十六癸巳或稍後月日遷禮尚仍充使 八月一日甲子以本官同平章事仍充使 |
| ●令孤綯—四月十三乙卯由兵侍平章事遷中郎兼禮尚仍平章事 | ●令孤綯—正月二十六癸巳遷兼戶尚仍中郎平章事<br>●裴休—正月二十六癸巳或稍後月日由兵侍鹽運使遷禮尚仍充使 時階正議 八月一日甲子以本官同平章事仍充使 |
| 韋慤—春放榜 是年遷戶侍<br>崔璵—是年由中舍遷 | 崔璵—春放榜 冬遷權知戶侍<br>崔瑤—冬以中舍權知 |

| | 大中七（八五三） | 大中八（八五四） |
|---|---|---|
| 〔吏尚〕 | | 崔璀—蓋會昌大中中官至吏尚 |
| 〔吏侍〕 | | 蔣係—是年或上年遷左丞 |
| 〔吏侍〕 | | |
| 〔戶尚〕 | ●令孤綯 | ●令孤綯 |
| 〔戶侍〕 | ●△魏謩<br>蕭鄴—六月十二辛未由中舍翰學承旨遷戶侍仍充承旨時階朝散 | ●△魏謩—十二月十八己巳罷判戶部<br>△蕭鄴—十二月十八己巳守本官判本司事出院 |
| 〔戶侍〕 | 崔璵—七月稍前卸時階正議 | 蘇滌—五月由戶侍出爲檢校兵尚荊南節度<br>蕭寘—五月十九癸卯由中舍翰學遷戶侍仍充翰學 |
| 〔度支〕 | | |
| 〔鹽運〕 | ●裴休 | ●裴休—十一月四日乙酉罷使職<br>韋有翼—十一二月或明年以兵侍兼大御充鹽運使 |
| 〔禮尚〕 | ●裴休 | ●裴休—十一月四日乙酉罷使職餘如故 |
| 〔禮侍〕 | 崔瑤—春放榜<br>是年正除<br>是年出爲浙西觀察<br>鄭薰—是年由工侍遷時階中散 | 鄭薰—春放榜 |

（八五五）
大中九

裴諗—春
以吏侍兼
判尚書銓
事
三月左遷
國子祭酒

---

裴諗—春
以吏侍兼
判尚書銓
事
三月徙國
子祭酒

盧懿—三
月以右丞
權判吏部
東銓
旋正除

---

鄭涯—三
月由吏侍
出爲檢校
禮尚義武
節度

周敬復—
三月與懿
同時見在
任
蓋秋卸

柳仲郢—
秋或十月
由劍南東
川節度徵
除
十一月入
朝未謝轉
兵侍充鹽
運使

---

●令狐綯
—二月二
十五甲戌
遷門郎兼
兵尚仍平
章事時階
金紫

●裴休—
二月二十
五甲戌由
禮尚平章
事遷中郎
兼戶尚仍
平章事其
時或稍後
進階金紫

---

△蕭鄴

---

蕭寘—二
月十七丙
寅進承旨

---

韋有翼—
十一月出
爲劍南東
川節度

柳仲郢—
十一月以
兵侍兼大
御充鹽運
使

---

●裴休—
二月二十
五甲戌遷
中郎兼戶
尚仍平章
事其時或
稍後進階
金紫

●魏謩—
二月二十
五甲戌以
中郎平章
事兼時階
銀青

---

沈詢—以
中舍權知
是春貢擧
放榜其始
事蓋上年
冬
是年正除
九月二十
九乙亥出
爲浙東觀
察

鄭顥—十
一月由中
舍遷

| | 大中一〇（八五六） |
| --- | --- |
| 〔吏尚〕 | 李景讓—蓋春三月由檢校戶尚山南東道節度入遷 |
| 〔吏侍〕 | 盧懿 |
| 〔吏侍〕 | |
| 〔戶尚〕 | ●裴休—十月十八戊子檢校本官平章事出爲宣武節度階如故<br>●魏謩—十月十八戊子由中郎兼禮尚平章事遷門郎兼戶尚仍平章事時階銀靑 |
| 〔戶侍〕 | △蕭鄴—秋遷兵侍判度支階如故<br>△鄭顥—秋由禮侍遷戶侍判本司事十月十五乙酉徙祕書監<br>△崔愼由—十月由浙西觀察入遷戶侍判本司事十二月二十三壬辰遷工尚同平章事時階太中 |
| 〔戶侍〕 | 蕭寘—八月四日甲戌檢校工尚出爲浙西觀察<br>蔣伸—八月二十六丙申以權知戶侍充翰學九月二日壬寅正除十月二日壬申進承旨時階通議 |
| 〔度支〕 | 蕭鄴—秋以兵侍判度支 |
| 〔鹽運〕 | 柳仲郢 |
| 〔禮尚〕 | ●魏謩—十月十八戊子遷門郎兼戶尚仍平章事<br>●鄭朗—十月十八戊子由工尚平章事遷中郎兼禮尚仍平章事時階通議 |
| 〔禮侍〕 | 鄭顥—春放榜四月見在任是年遷戶侍<br>杜審權—九月以中舍權知 |

大中一一
（八五七）

李景讓—正月轉大御時階銀青

○魏謩—是年由劍南西川節度入遷以疾徙檢校右僕守少保

蘇滌—八月以兵尚權知吏尚銓事

盧懿—四月檢校工尚出爲鳳翔節度

●魏謩—二月十三辛巳檢校本官出爲劍南西川節度

△夏侯孜—正月七日丙午由右丞兼大御換戶侍判本司事進階朝議

蔣伸—十二月二十九壬辰遷兵侍仍充承旨階如故

劉瑑—十二月由檢校禮尚河東節度入遷戶侍判度支時階朝議

●蕭鄴—七月五日庚子以本官同平章事仍判度支十一月二十五己未遷工尚仍平章事判度支十二月罷判

劉瑑—十二月以戶侍判度支

柳仲郢

●鄭朗—十月八日壬申罷爲少師階如故

●崔慎由—十一月二十五己未由工尚平章事遷中郎兼禮尚仍平章事時階太中

杜審權—春放榜是年正除九月出爲陝虢觀察時階中散

李潘—十月以中舍權知

| | （八五八）大中一二 |
|---|---|
| 〔吏尚〕 | |
| 〔吏侍〕 | 韋有翼—二月由劍南東川節度入遷 |
| 〔吏侍〕 | 鄭顥—是年或上年由刑侍遷　十月稍後轉兵侍 |
| 〔戶尚〕 | 封敖—大中末曾官戶尚 |
| 〔戶侍〕 | △夏侯孜—二月遷兵侍充鹽運使階如故　△杜勝—二月由權知刑侍遷戶侍判本司事時階朝議　蓋五月罷判　旋檢校禮尚出爲天平節度　沈詢—六月四日甲午由浙東觀察入遷戶侍判度支 |
| 〔戶侍〕 | ●劉瑑—正月二十五戊午以本官同平章事仍判度支階如故　四月十八己酉遷工尚仍平章事　李潘—四月十八己酉稍後由中舍權知禮侍遷戶侍時階朝議郎　●△蔣伸—五月十三癸酉守本官判戶部事出院階如故　十二月二十七甲寅以本官同平章事仍判戶部階如故 |
| 〔度支〕 | ●劉瑑—正月二十五戊午以本官同平章事仍判度支　四月十八己酉遷工尚仍平章事蓋此時罷判　沈詢—六月四日甲午以戶侍判度支 |
| 〔鹽運〕 | 柳仲郢—二月遷刑尚罷使職　●夏侯孜—二月以兵侍充鹽運使　四月十七戊申以本官同平章事仍充使　不知何時罷使職 |
| 〔禮尚〕 | ●崔愼由—二月九日壬申檢校本官出爲劍南東川節度階如故　●蕭鄴—四月十八己酉由工尚平章事遷中郎兼禮尚仍平章事 |
| 〔禮侍〕 | 李潘—春放榜　三月見在任　蓋四月十八己酉稍後遷戶侍時階朝議郎 |

| | |
|---|---|
| | 大中一三（八五九）<br>懿宗（八月十三丙申即位） |
| | 李景讓—大中末蓋是年由劍南西川節度入遷不久徙少保分司 |
| | |
| | |
| | 柳仲郢—是年由刑尚遷戶尚進階金紫旋出爲山南西道節度 |
| | 馮圖—大中世官至戶侍判度支 |
| 杜審權—五月二十八戊子或六月二十八戊午由刑侍翰學遷戶侍進充承旨 | △●蔣伸—三月十八甲戌罷判<br>杜審權—八月二十九壬子遷兵侍進階通議仍充承旨<br>苗恪—八月二十九壬子由中舍翰學遷戶侍進階朝請仍充翰學　十二月十三甲午進充承旨 |
| | 馮圖—大中時官至戶侍判度支 |
| | 李訥—是年或明年在鹽運使任 |
| | ●蕭鄴—八月二十癸卯遷門郎兼兵尚仍平章事 |
| | 鄭顥—以兵侍權知是春貢舉放榜其始事蓋上年冬<br>裴坦—十月以中舍權知 |

| | (八六〇)大中一四 咸通元〔十一月改〕 | (八六一)咸通二 |
|---|---|---|
| 〔吏尙〕 | | |
| 〔吏侍〕 | 鄭薰—十二月見在任 | 韋澳—咸通初蓋是年由戶侍遷 是年或明年初出爲邠寧節度 |
| 〔吏侍〕 | | 蕭倣—冬以左騎知吏侍銓事 |
| 〔戶尙〕 | 畢諴—是年由宣武節度入遷戶尙判度支 十月二十三己亥遷禮尙同平章事 | ○裴休—正二月由鳳翔隴右節度入遷 |
| 〔戶侍〕 | | 韋澳—蓋元二年由檢校戶尙平盧節度入遷戶侍又遷吏侍 |
| 〔戶侍〕 | 苗恪—十一月八日癸未檢校工尙出爲山南西道節度 | |
| 〔度支〕 | 畢諴—是年以戶尙判度支 十月二十三己亥遷禮尙同平章事 ○杜悰—是年蓋多由右僕充鹽運使改判度支右僕如故 | ●杜悰—二月遷左僕同平章事仍判度支 |
| 〔鹽運〕 | ○杜悰—蓋十月以右僕充鹽運使旋改判度支 | |
| 〔禮尙〕 | ●畢諴—十月二十三己亥由戶尙判度支遷禮尙同平章事 | ●畢諴 |
| 〔禮侍〕 | 裴坦—春放榜 是年出爲江西觀察 薛眈—十一月以中舍權知 | 薛眈—春放榜 |

| | | | | | | | | | | |
|---|---|---|---|---|---|---|---|---|---|---|
| （八六二）咸通三 | ●杜審權—二月一日庚子由中郎兼工尚平章事遷門郎兼吏尚仍平章事 | 鄭處誨—是年由浙西觀察入遷　十一月見在任 | 蕭倣—十一月仍知銓事　十二月改權知禮部貢舉 | ○裴休—約是年卸 | 孔溫裕—咸通初蓋是年或明年由戶侍出為檢校禮尚忠武節度時階朝散 | 張毅夫—蓋咸通中官至戶侍 | ●杜悰—二月一日庚子遷司空仍平章事蓋同時罷判　李福—是年以兵侍判度支　年末出為宣武節度　曹確—蓋年末以兵侍判度支 | 徐商—咸通初蓋是年在刑尚充鹽運使任 | ●畢諴—二月一日庚子遷中郎兼兵尚仍平章事 | 鄭從讜—以中舍權知是春貢舉放榜其始事蓋上年冬　是年正除又遷刑侍　蕭倣—十二月由左騎權知吏侍改權知禮部貢舉 |
| （八六三）咸通四 | ●杜審權—五月二十六戊子檢校本官平章事出為鎮海節度時階特進　○裴休—約是年始任　是年或明年徙少師 | 鄭處誨—是年檢校刑尚出為宣武節度 | 鄭從讜—是年或明年由刑侍遷 | 李福—九十月或稍前由宣武節度入遷　蓋年末換刑尚充鹽運使 | 李蠙—三月由戶侍出為檢校禮尚昭義節度　路巖—九月十八丁未由中舍翰學承旨遷戶侍仍充承旨 | 楊知溫—約是年或前後一年由戶侍遷左丞　△裴寅—十一月以戶侍判本司事 | 曹確—閏六月以本官同平章事蓋罷判 | 李福—是年末以刑尚充鹽運使 | | 蕭倣—春放榜　二月十三丙午貶蘄刺時階中散　王鐸—十一月以中舍權知 |

| | 吏尚 | 吏侍 | 吏侍 | 戶尚 | 戶侍 | 戶侍 | 度支 | 鹽運 | 禮尚 | 禮侍 |
|---|---|---|---|---|---|---|---|---|---|---|
| 咸通五（八六四） | ○崔慎由—十一月由河中節度入遷 | 王鐸—是年蓋由禮侍遷 | 鄭從讜 | | 路巖—九月二十六庚戌遷兵侍仍充承旨<br>李當—咸通初由戶侍出爲河南尹不能遲過五六年 | △蕭寘—四月由兵侍判戶部事本官同平章事<br>劉鄴—九月五日己丑由中舍翰學遷戶侍仍充翰學十一月二十二乙巳進承旨十二月二十三丙子守本官出院充鹽運使 | | 李福—二月十二己巳出爲劍南西川節度<br>劉鄴—十二月二十三丙子以戶侍充鹽運使 | | 王鐸—春放榜四月正除是年蓋遷吏侍<br>李蔚—十月三日丙辰以中舍權知 |
| 咸通六（八六五） | ○崔慎由—二月見在任蓋是年徙少保分司 | 王鐸—二月見在任 | 鄭從讜—二月見在任 | ●曹確—六月由中郎兼工尚平章事遷兼戶尚仍中郎平章事 | 侯備—五月二十□由中舍翰學承旨遷戶侍仍充承旨 | 劉鄴—是年卸戶侍<br>△于琮—蓋四月以兵侍判戶部事十月改充鹽運使 | | 劉鄴—是年罷使<br>于琮—十月以兵侍充鹽運使 | | 李蔚—春放榜是年正除禮侍又遷右丞 |

| | | |
|---|---|---|
| | (八六六)咸通七 | (八六七)咸通八 |
| | | ●曹確—十月由門郞兼戶尚平章事遷兼吏尚仍門郞平章事 |
| | 王鐸—是年轉戶侍判度支 | 盧匡—十月見在任 |
| | 鄭從讜—三月檢校禮尚出爲河東節度 | 李蔚—是年或上年由山南東道節度入遷十月見在任 |
| | ●曹確—十一月二十七戊辰遷門郞仍兼戶尚平章事 | ●曹確—十月遷兼吏尚仍門郞平章事<br>●路巖—十月由中郞兼刑尚平章事遷門郞兼戶尚仍平章事 |
| 九月十七乙未遷兵侍進階朝散仍充承旨 | 王鐸—是年由吏侍轉戶侍判度支 | 獨孤霖—正月二十七戊辰由工侍翰學承旨遷戶侍仍充承旨時階朝散十一月四日己亥遷兵侍仍充承旨 |
| 蕭倣—是年蓋由陝虢觀察入遷九月出爲義成節度 | 王諷—冬見在任 | 崔彥昭—十月見在戶侍判度支任 |
| | 王鐸—是年以戶侍判度支 | 崔彥昭—十月一日丙寅見在戶侍判度支任 |
| | 于琮 | ●于琮—七月二十七甲子以本官同平章事蓋此時或十月罷使職 |
| | 崔璵—春見在任 | |
| 趙隲—九月三十戊申以中舍權知時階朝散 | 趙隲—春放榜是年正除禮侍換御丞 | 鄭愚—以中舍權知是春貢舉放榜其始事蓋上年冬是年正除又出爲嶺南東道節度<br>劉允章—冬由工侍翰學遷禮侍出院 |

| | 〔吏尚〕 | 〔吏侍〕 | 〔吏侍〕 | 〔戶尚〕 | 〔戶侍〕 | 〔戶侍〕 | 〔度支〕 | 〔鹽運〕 | 〔禮尚〕 | 〔禮侍〕 |
|---|---|---|---|---|---|---|---|---|---|---|
| （八六八）咸通九 | ●曹確 | 韋荷—咸通中曾官吏侍 | 李蔚—正月一日丙申檢校刑尚出爲宣武節度 | ●路巖 | △獨孤霖—九月八日戊戌以兵侍判戶部事<br>鄭言—六月十八庚辰由工侍翰學遷戶侍出院<br>劉瞻—九月十二壬寅由中舍翰學遷戶侍進充承旨時階將仕郎 | 崔彥昭 | 崔彥昭 | | | 劉允章—春放榜是年出爲鄂岳觀察<br>王凝—是年由前同刺遷 |
| （八六九）咸通一〇 | ●曹確 | 楊知溫—十二月見在任 | 于德孫—十二月見在任 | ●路巖 | ●劉瞻—六月十七癸卯以本官同平章事九月遷中郎仍平章事 | 崔彥昭—是年檢校禮尚出爲河陽節度 | 崔彥昭—是年出爲河陽節度 | | | 王凝—春放榜是年出爲商刺 |

| | |
|---|---|
| | 咸通一一（八七〇） |
| | ●曹確—正月五日戊午遷左僕仍兼門郎平章事<br>蕭倣—蓋是年三月見在任 |
| | 楊知溫—三月見在任<br>鄭從讜—是年由前河東節度復遷十一月檢校戶尚出為宣武節度 |
| | 于德孫—三月見在任<br>李當—秋冬由山南西道節度入遷 |
| | ●路巖—正月五日戊午遷右僕仍兼門郎平章事<br>●于琮—正月五日戊午以中郎平章事兼　年末或明年遷右僕兼門郎仍平章事 |
| 鄭畋—十一月十一甲子由中舍翰學遷戶侍仍充翰學 | 鄭畋—四月二十六戊申進充承旨　九月二十七丙子貶梧刺 |
| 盧深—十一月十一甲子由中舍翰學遷戶侍仍充翰學　十二月卒 | 牛蔚—咸通末由給事遷戶侍　旋免官　歲中復為戶侍 |
| 蕭倣—蓋是年以兵尚判度支 | |
| | 王鐸—十一月三日辛亥由兵尚鹽運使遷禮尚同平章事蓋罷使職 |
| | ●王鐸—十一月三日辛亥由兵尚鹽運使遷禮尚同平章事 |
| | 鄭頎—蓋咸通中官至禮侍<br>高湜—十月以中舍權知<br>（是春貢舉停） |

| | （八七一）咸通一二 | （八七二）咸通一三 |
|---|---|---|
| 〔吏尙〕 | 蕭倣—三月仍在任<br>○徐商—蓋是年在任<br>●王鐸—十月由中郎兼刑尙平章事遷門郎兼吏尙仍平章事 | ●王鐸—二月十七丁巳遷左僕仍兼門郎平章事<br>○蕭鄴—蓋二三月蓋由戶尙遷　冬或明年遷右僕 |
| 〔吏侍〕 | 歸仁晦—三月見在任 | 獨孤雲—三月見在任 |
| 〔吏侍〕 | 李當—三月見在任是年秋冬或明年春遷左丞 | 王諷—五月十二辛巳由吏侍貶漳刺 |
| 〔戶尙〕 | ○蕭鄴—蓋是年始任 | ○蕭鄴—蓋二三月遷吏尙<br>●劉鄴—十一月十四庚辰以中郎平章事兼尋遷門郎仍兼戶尙平章事 |
| 〔戶侍〕 | 張裼—正月二十六癸酉由工侍翰學承旨遷戶侍仍充承旨十一月十八庚寅遷兵侍仍充承旨 | △●趙隱—二月十七丁巳由刑侍判戶部事遷戶侍同平章事十一月十四庚辰遷中郎仍平章事 |
| 〔戶侍〕 | 崔充—正月二十六癸酉由中舍翰學遷戶侍仍充翰學 | 崔充—六月十日己酉進充承旨九月二十八乙未檢校工尙出爲劍南東川節度<br>韋保乂—冬或明年春始官任時在翰院 |
| 〔度支〕 | ●劉鄴—十月由兵侍鹽運使遷禮尙同平章事蓋改判度支 | 高湜—約是年以兵侍判度支旋出爲昭義節度<br>蕭倣—是年或明年以兵尙判度支 |
| 〔鹽運〕 | 劉鄴—是年以兵侍充鹽運使十月遷禮尙同平章事蓋改判度支 | |
| 〔禮尙〕 | ●王鐸—四月二十七癸卯遷中郎兼刑尙仍平章事<br>●劉鄴—十月由兵侍鹽運使遷禮尙同平章事蓋改判度支 | ●劉鄴—二月十七丁巳遷中郎平章事蓋仍兼禮尙十一月十四庚辰遷兼戶尙仍中郎平章事 |
| 〔禮侍〕 | 高湜—春放榜是年正除<br>崔瑾—冬蓋以中舍權知 | 崔瑾—春放榜是年正除九月稍前尙見在任 |

| (八七三)咸通一四　信宗　七月十九辛巳即位 | (八七四)咸通一五　乾符元(十一月改) |
| --- | --- |
| ●劉鄴—八月二十三乙卯由門郎兼戶尚平章事還兼吏尚仍門郎平章事　十月四日乙未遷左僕仍兼門郎平章事 | 李蔚—四月由淮南節度入遷 |
| | 韋荷—四月由右騎遷　五月檢校禮尙出爲嶺南東道節度 |
| | 鄭畋—是年由右騎遷　十月一日丙辰遷兵侍同平章事 |
| ●劉鄴—八月二十三乙卯遷兼吏尚仍門郎平章事　●趙隱—十月四日乙未由中郎兼禮尙平章事遷兼戶尙仍中郎平章事時階特進 | ●趙隱—二月二十四癸丑檢校兵尙出爲鎭海節度 |
| 劉承雍—十月四日乙未由戶侍翰學貶涪州司馬 | ●盧攜—是年由中舍翰學遷戶侍進承旨　十月一日丙辰以本官同平章事　十一月遷中郎仍平章事 |
| 韋保乂—十月以前遷兵侍仍充翰學　曹汾—約是年由忠武節度入遷戶侍判度支 | 曹汾—是年卒 |
| 蕭倣—是年遷左僕　曹汾—約是年以戶侍判度支 | 曹汾—是年卒　●崔彥昭—四月由兵侍鹽運使本官同平章事改判度支　十月遷中郎仍平章事判度支 |
| | 崔彥昭—二三月以兵侍充鹽運使　四月以本官同平章事改判度支　王凝—蓋夏以兵侍充鹽運使 |
| ●趙隱—八月二十三乙卯以中郎平章事兼　十月四日乙未遷兼戶尙仍中郎平章事時階特進 | ●鄭畋—十一月五日庚寅由兵侍平章事遷中郎兼禮尙仍平章事 |
| 鄭薰—蓋知是春貢舉放榜　裴瓚—多蓋由中舍或給事遷 | 裴瓚—春放榜　七月檢校左騎出爲湖南觀察　崔沆—十月以中舍權知 |

| | 〔吏尙〕 | 〔吏侍〕 | 〔吏侍〕 | 〔戶尙〕 | 〔戶侍〕 | 〔戶侍〕 | 〔度支〕 | 〔鹽運〕 | 〔禮尙〕 | 〔禮侍〕 |
|---|---|---|---|---|---|---|---|---|---|---|
| (八七五)乾符二 | 李蔚—六月遷中郎同平章事 | 裴坦—二月由吏侍轉兵侍充鹽運使<br>張裼—四月由賓客遷 同月遷京尹 | | | 崔蕘—約乾符初由中舍遷戶侍不能遲過二年 | 孔緯—乾符初由中舍翰學遷戶侍仍充翰學旋出院爲御丞 | ●崔彥昭—是年遷門郎兼刑尙仍平章事判度支 | 王凝—二月從秘書監罷使職<br>裴坦—二月以兵侍充鹽運使 | ●鄭畋—六月遷門郎仍兼禮尙平章事 | 崔沆—春放榜 五月正除 |
| (八七六)乾符三 | 歸仁晦—三月見在任<br>鄭從讜—是年始任 | 孔晦—三月見在任 | 崔蕘—三月見在任夏秋間轉右丞九月復權知吏侍 | | | | ●崔彥昭—六月遷右僕仍兼門郎平章事判度支 | | ●鄭畋—九月進階特進 | 崔沆—春放榜九月遷右丞<br>高湘—九月以中舍權知 |
| (八七七)乾符四 | 鄭從讜—正月見在任 | 孔晦—正月見在任 | 崔蕘—正月見在任春出爲陝虢觀察<br>崔沆—是年葢由右丞遷 | ●盧攜—九月由中郎兼刑尙平章事遷兼戶尙仍中郎平章事 | | | ●崔彥昭—正月五日丁丑遷司空仍平章事罷判度支 | 高駢—是年以荊南節度兼領鹽運使六月遷鎭海節度仍領使職 | ●鄭畋—正月還兼兵尙進階開府仍門郎平章事 | 高湘—春放榜<br>崔澹—八月以中舍權知 |

| （八七八）乾符五 | （八七九）乾符六 |
| --- | --- |
| 鄭從讜—三月見在任九月遷中郎同平章事 | |
| | 崔澹—三月見在任<br>孔緯—約是年由兵侍遷後徙太常 |
| 崔沆—三月見在任 | 崔沆—三月見在任五月八日丁酉遷戶侍同平章事 |
| ●盧攜—是年遷他官仍平章事<br>李都—九月由戶尚判戶部事出爲河中節度 | ●豆盧瑑—十二月由兵侍平章事遷中郎兼戶尚仍平章事 |
| △李都—九月由戶尚判戶部事出爲河中節度 | 豆盧瑑—五月八日丁酉由戶侍翰學承旨遷兵侍同平章事<br>●崔沆—五月八日丁酉由吏侍遷戶侍同平章事十二月遷中郎兼工尚仍平章事 |
| 孔緯—約是年前後復爲戶侍遷兵侍<br>王徽—約是年前後由中舍翰學遷戶侍仍充翰學 | 王徽—約是年五六月進承旨是年或明年遷兵侍仍充承旨 |
| 楊嚴—是年以兵侍判度支四月見在任是年卒 | |
| 高駢 | 高駢—十月遷淮南節度諸道兵馬都統仍充使 |
| | ●鄭從讜—四月以中郎平章事兼十二月遷門郎兼兵尚仍平章事 |
| 崔澹—春放榜是年正除四月見在任<br>張讀—十二月以中舍權知 | 張讀—春放榜是年正除十月遷權知左丞事 |

| | （八八〇）廣明元 | （八八一）廣明二 中和元〔七月改〕 |
|---|---|---|
| 〔吏尚〕 | ○趙隱—是年由太常遷 | ○趙隱—春遷右僕 |
| 〔吏侍〕 | 裴瓚—冬詔於東都知銓選未及到任東都陷 | |
| 〔吏侍〕 | 孫緯—蓋僖宗世官至吏侍 | |
| 〔户尚〕 | ●豆盧瑑—十二月二十一庚子爲黃巢所殺 | 李都—是年由少傅遷檢校僕射復兼户尚充鹽運使 |
| 〔户侍〕 | 裴徹—十二月五日甲申由户侍翰學遷工侍同平章事<br>●王徽—十二月五日甲申由左丞翰學承旨遷户侍同平章事不及從駕 | ●王徽—三月罷爲兵尚進階光祿 |
| 〔户侍〕 | 蕭遘—是年或上年由中舍翰學遷户侍仍充翰學後進承旨 | 蕭遘—正月一日庚戌遷兵侍判度支 |
| 〔度支〕 | | 蕭遘—正月一日庚戌以兵侍判度支同月二十三壬申遷工侍同平章事罷判度支 |
| 〔鹽運〕 | 高駢 | 高駢—蓋是年曾罷使職旋復充 |
| 〔禮尚〕 | | ●裴徹—正月二十三壬申由工侍平章事遷中郎兼禮尚仍平章事時階金紫 |
| 〔禮侍〕 | 崔厚—以禮侍本官知是春貢舉放榜其始事蓋上年冬<br>盧渥—十月由陝虢觀察入遷禮侍知貢舉十二月黃巢犯闕未畢事 | 韋昭度—春以户侍翰學承旨代渥權知貢舉放榜 |

●蕭遘｜十一月由中郎兼禮尙平章事遷兼戶尙仍中郎平章事階由光祿進特進

△孔緯｜是年以刑尙判戶部事即是年或明年正月徙少保

韋昭度｜正二月由中舍翰學遷戶侍進充承旨並權知此年春貢舉旋遷兵侍仍充承旨

李都｜是年曾以戶尙代高駢充使旋罷使仍屬駢

四月十三庚寅遷門郎兼兵尙仍平章事進階特進

●蕭遘｜四月十三庚寅由工侍平章事遷中郎兼禮尙仍平章事進階光祿十一月遷兼戶尙仍中郎平章事進階特進

●韋昭度｜十一月由兵侍平章事遷中郎兼禮尙仍平章事階由銀青進光祿

| | 中和二（八八二） |
| --- | --- |
| 〔吏尚〕 | ●蕭遘—四月由中郎兼戶尚平章事判度支遷門郎兼吏尚仍平章事落判度支時階特進五月遷左僕仍兼門郎平章事<br>●韋昭度—五月由中郎兼禮尚平章事遷兼吏尚仍中郎平章事 |
| 〔吏侍〕 | |
| 〔吏侍〕 | |
| 〔戶尚〕 | ●蕭遘—二月兼判度支 四月遷門郎兼吏尚仍平章事罷判度支階如故 |
| 〔戶侍〕 | ●△王鐸—二月六日己卯以司徒中令諸道行營都統判戶部事時階開府 |
| 〔戶侍〕 | 楊授—中和初由前工侍徵除不久徙秘書監 |
| 〔度支〕 | ●蕭遘—二月以中郎兼戶尚平章事兼判度支 四月遷門郎兼吏尚仍平章事罷判度支<br>鄭紹業—是年以兵侍判度支 八月出爲荆南節度 |
| 〔鹽運〕 | 高駢—正月罷都統餘如故 十一月十一己卯復落使職<br>●韋昭度—十一月以中郎兼吏尚平章事兼充鹽運使<br>●王鐸—正月八日辛亥以司徒中令諸道行營都統兼充租庸諸道使 二月六日己卯兼判戶部事<br>周寶—是年以鎮海節度兼充租庸諸道副使 |
| 〔禮尚〕 | ●韋昭度—五月遷兼吏尚仍中郎平章事 |
| 〔禮侍〕 | 歸仁紹—以禮侍本官知是春貢舉放榜其始事蓋上年冬<br>夏侯潭—冬由御丞遷 |

中和三（八八三）

●韋昭度—七月遷門郎仍兼吏尚平章事

裴瓚—中和中約是年始任旋蓋遷禮尚

盧告—蓋僖宗世官至吏侍

●△王鐸—正月八日乙亥檢校本官出爲義成節度階如故

△張禕—是年以右丞判戶部事

●裴徹—是年以檢校兵尚判度支七月遷中郎兼兵尚同平章事仍判度支

●韋昭度—七月遷門郎仍兼吏尚平章事充使職

●王鐸—正月八日乙亥出爲義成節度

西門思恭—正月以右神策中尉充諸道租庸使

○王徽—是年以兵尚充諸道租庸使五月遷右僕仍充使不知何時罷使職

裴瓚—中和中約三四年蓋官禮尚

夏侯潭—春放榜

薛□—蓋冬以中舍權知

| | （八八四）中和四 | （八八五）中和五 光啓元〔三月改〕 | （八八六）光啓二 |
|---|---|---|---|
| 〔吏尚〕 | ●韋昭度—十月遷左僕仍兼門郎平章事 | 牛蕘—是年由太常遷 | 牛蕘—春卸<br>○王徽—三四月除任未拜 |
| 〔吏侍〕 | 張讀—九十月間見在任 | | |
| 〔吏侍〕 | | | |
| 〔戶尚〕 | | | 盧渥—三月十九戊戌由御丞兼左丞遷 |
| 〔戶侍〕 | △張禕—三月八日己巳見在任 九十月間仍在任<br>崔凝—九十月間見在戶侍翰學任<br>韋庾—年末以刑侍判戶部事 | 韋庾—二月卒 | 張濬—元二年始任戶侍判度支 |
| 〔戶侍〕 | 杜讓能—中和末由中舍翰學累遷戶侍仍充翰學 是年九十月稍前遷禮尚進階銀青仍充翰學 | 楊知至—僖宗世官至戶侍 | △鄭昌圖—春在兵侍判戶部任 |
| 〔度支〕 | 鄭昌圖—四月見在兵侍判度支任<br>秦韜玉—秋冬在工侍判度支任 | 張濬—元二年以戶侍判度支 | |
| 〔鹽運〕 | ●韋昭度—十月遷左僕仍兼門郎平章事充使職 | ●韋昭度—二月遷司空仍兼門郎平章事充使職 | ●韋昭度—九月在使職蓋明年罷使職 |
| 〔禮尚〕 | 杜讓能—九十月稍前由戶侍翰學遷禮尚進階銀青仍充翰學 | 杜讓能—是年遷兵尚進充承旨 | |
| 〔禮侍〕 | 薛□—春蓋放榜<br>歸仁澤—九十月見在禮侍知貢舉任 | 歸仁澤—春放榜 | 鄭損—夏以中舍權知貢舉六月放榜 |

| （八八七）光啓三 | （八八八）光啓四　文德元（二月改）　**昭宗**（三月八日乙巳即位） |
| --- | --- |
| ●孔緯—六月以門郎平章事兼吏尚充鹽運使時階特進 | ●孔緯—二月二十戊子遷左僕進階開府仍兼門郎平章事充使職<br>○王徽—三四月由少師遷 |
| | |
| | |
| 盧渥 | 盧渥—春轉檢校司空兼太常<br>●張濬—四月以中郎平章事兼 |
| 張濬—九月遷兵侍同平章事仍判度支 | |
| 劉崇望—約是年由大諫翰學累遷戶侍進充承旨 | 劉崇望—約是年遷兵侍仍充承旨 |
| ●張濬—九月遷兵侍同平章事仍判度支 | ●杜讓能—四月以左僕平章事判度支 |
| ●孔緯—六月以門郎兼吏尚平章事兼充鹽運使 | ●孔緯—二月二十戊子遷左僕仍兼門郎平章事充使職四月遷司空餘如故 |

| | |
| --- | --- |
| 鄭延昌—以中舍權知是春貢舉放榜其始事蓋上年冬<br>柳玭—冬以右丞權知 | 柳玭—春放榜三月至冬間尚見在任 |

| | 龍紀元（八八九） | 大順元（八九〇） |
|---|---|---|
| 〔吏尚〕 | ○王徽—蓋二三月遷右僕<br>●張濬—三月由中郎兼戶尚平章事遷兼吏尚仍中郎平章事蓋十一月換兼兵尚仍中郎平章事<br>●劉崇望—十一月二十一己酉由中郎兼兵尚平章事遷兼吏尚仍中郎平章事 | ●劉崇望 |
| 〔吏侍〕 | 柳玭—昭宗初蓋是年在任 | 柳玭 |
| 〔吏侍〕 | 徐彥若—是年或上年由御丞遷是年或明年復爲御丞 | |
| 〔戶尚〕 | ●張濬—三月一日壬辰兼判戶部事餘如故同月遷兼吏尚仍中郎平章事 | |
| 〔戶侍〕 | ●△張濬—三月一日壬辰以中郎兼戶尚平章事兼判戶部事蓋旋罷判 | |
| 〔戶侍〕 | 盧知猷—約是年由工侍遷是年或明年遷右丞 | 劉崇龜—大順中由左騎遷後檢校戶尚出爲清海節度<br>司空圖—大順中曾官戶侍 |
| 〔度支〕 | ●杜讓能—三月遷司空仍平章事判度支十二月遷司徒仍平章事判度支 | ●杜讓能 |
| 〔鹽運〕 | ●孔緯—三月遷司徒餘如故十二月遷太保餘如故 | ●孔緯 |
| 〔禮尚〕 | | |
| 〔禮侍〕 | 趙崇—以禮侍本官知是春貢舉放榜其始事蓋上年冬 | 裴贄—以某官權知是春貢舉放榜其始事蓋上年冬多見在禮侍任 |

| （八九一）大順二 | （八九二）景福元 |
| --- | --- |
| ●劉崇望丨正月九日庚申加判度支二月遷門郎仍兼吏尚平章事判度支十月遷左僕仍兼門郎平章事判度支<br>●崔昭緯丨十二月以中郎平章事兼 | ●崔昭緯丨八月遷門郎仍兼吏尚平章事 |
| 柳玭丨二月見在任後遷大御 | 崔胤丨大順景福初蓋曾官吏侍 |
| 張禕丨昭宗初蓋大順景福中由左騎遷 | |
| 鄭延昌丨大順中由兵侍兼京尹遷 | 鄭延昌丨三月遷中郎同平章事兼判度支 |
| ●徐彥若丨正月九日庚申由御丞遷戶侍同平章事二月遷中郎仍平章事 | 李磎丨大順末或景福初由中舍翰學遷戶侍仍充翰學 |
| ●△崔昭緯丨正月以兵侍平章事判戶部事<br>崔汪丨大順末或景福初由戶侍翰學承旨遷右丞仍充承旨 | 崔涓丨大順末或景福初由中舍翰學遷戶侍仍充翰學<br>鄭凝績丨景福中由刑侍遷 |
| ●杜讓能丨正月九日庚申改充鹽運使<br>●劉崇望丨正月九日庚申以中郎兼吏尚平章事兼判度支二月遷門郎仍兼吏尚平章事判度支十月遷左僕仍兼門郎平章事判度支 | ●劉崇望丨二月出爲武寧節度<br>●鄭延昌丨三月以中郎平章事兼判度支 |
| ●孔緯丨正月九日庚申出爲荆南節度<br>●杜讓能丨正月九日庚申由司徒平章事判度支改充鹽運使 | ●杜讓能丨四月遷太尉餘並如故 |
| | |
| 裴贄丨正月十日辛酉或八日己未放榜 | 蔣詠丨以某官權知是春貢舉放榜其始事蓋上年冬 |

| | （八九三）景福二 | （八九四）乾寧元 |
|---|---|---|
| 〔吏尚〕 | ●崔昭緯—六月遷右僕仍兼門郎平章事 | ●徐彥若—六月二十九庚申由大御遷中郎兼吏尚同平章事 |
| 〔吏侍〕 | | |
| 〔吏侍〕 | | 趙崇—昭宗世曾官吏侍 |
| 〔戶尚〕 | | 盧知猷—約乾寧初曾官戶尚 |
| 〔戶侍〕 | 李磎—秋或稍前遷禮尚此時前後進承旨<br>△●王摶—十一月由戶侍判本司事本官同平章事 | ●王摶—是年遷中郎仍平章事<br>陸扆—五月由中舍翰學遷戶侍仍充翰學 |
| 〔戶侍〕 | 杜弘徽—是年或上年由中舍遷　九月免<br>●崔胤—九月二十七壬辰由御丞遷戶侍同平章事 | ●崔胤—六月遷中郎仍平章事<br>趙光逢—是年由中舍翰學遷戶侍進充承旨　同年遷兵侍仍充承旨 |
| 〔度支〕 | ●鄭延昌—六月兼刑尚仍中郎平章事兼判度支 | ●鄭延昌—二月遷左僕兼門郎仍平章事判度支　五月三十辛卯罷守本官 |
| 〔鹽運〕 | ●杜讓能—九月貶梧刺<br>●崔昭緯—十月以右僕平章事充鹽運使 | ●崔昭緯 |
| 〔禮尚〕 | 李磎—秋或稍前由戶侍翰學遷禮尚進充承旨 | ●李磎—六月二十七戊午以本官同平章事　同月二十九庚申罷爲少傅 |
| 〔禮侍〕 | 楊涉—以禮侍本官知是春貢舉放榜其始事蓋上年冬 | 李擇—蓋以禮侍本官知是春貢舉放榜其始事蓋上年冬<br>●鄭綮—二月由右騎遷禮侍同平章事　七月罷爲少保 |

（八九五）
乾寧二

●徐彥若—六月七日癸巳遷左僕仍兼門郎平章事

○孔緯—六月六日壬辰由賓客遷吏尚復階開府未拜明日癸巳遷司空兼門郎同平章事

楊堪—五月由戶尚貶雅刺

●李知柔—六月一日丁亥以京尹兼戶尚判度支充鹽運使七月五日庚申權知中書事餘如故同月十六辛未出爲清海節度未赴任

●王摶—九月三日丙辰由中郎平章事遷門郎兼戶尚判度支進階金紫仍平章事

陸扆—二月九日丁酉見在任時爲承旨五月遷兵侍進階銀青仍充承旨

●△崔胤—九月三日丙辰以中郎兼禮尚平章事兼判戶部事

●陸希聲—正月十一己巳由給事遷戶侍同平章事四月罷爲少師

●李磎—蓋四月由少傅遷戶侍同平章事判度支五月罷爲少師

●李磎—蓋四月以戶侍平章事判度支五月罷爲少師

●李知柔—六月一日丁亥以京尹兼戶尚判度支權充鹽運使七月五日庚申權知中書事餘如故同月十六辛未出爲清海節度未赴任仍權知京尹判度支充使並如故蓋八月罷判使

●王摶—九月三日丙辰以戶尚平章事判度支

●崔昭緯

○張濬—六月七日癸巳以兵尚充諸道租庸使

●崔昭緯—八月二十八壬子罷守本官

●徐彥若—九月三日丙辰以司空平章事充鹽運使

●崔胤—七月九日甲子由新除護國節度復爲中郎兼禮尚同平章事九月三日丙辰判戶部事進階金紫

崔凝—以刑尚權知是春貢舉放榜其始事蓋上年冬二月十九丁未貶合刺

| | 乾寧三（八九六） |
|---|---|
| 〔吏尚〕 | ○劉崇望—秋由昭州司馬徵除，未至。十月十一戊午換兵尚。<br>●王摶—十月十一戊午由新授威勝節度留還吏尚同平章事，階由金紫進光祿。 |
| 〔吏侍〕 | |
| 〔吏侍〕 | |
| 〔戶尚〕 | ●王摶—是年蓋兼充鹽運使。八月六日甲寅檢校本官出爲威勝節度。<br>●崔胤—九月十七乙未由武安節度還中郎兼戶尚同平章事判度支，時階金紫。 |
| 〔戶侍〕 | ●△崔胤—七月二十六乙巳罷爲武安節度。<br>●△孫偓—七月二十六乙巳後數日以中郎平章事兼判戶部事，進階銀青。八月十日戊午遷門郎判度支兼充鹽運使，仍平章事，階如故。<br>●△崔遠—是年由中舍翰學遷戶侍，仍充翰學。是年遷兵侍進承旨。九月十七乙未守本官同平章事判戶部，時階銀青。不三四日罷判戶部。 |
| 〔戶侍〕 | ●△陸扆—七月二十七丙午由左丞翰學承旨遷戶侍同平章事，時階銀青。八月十日戊午遷中郎判戶部，仍平章事，階如故。九月十九丁酉貶硤刺。 |
| 〔度支〕 | ●王摶<br>●王摶—是年蓋兼充鹽運使。八月六日甲寅罷爲威勝節度。<br>●孫偓—八月十日戊午以門郎平章事判度支兼充鹽運使。九月罷判度支，蓋仍充鹽運使。<br>●崔胤—九月十七乙未以中郎兼戶尚平章事兼判度支。 |
| 〔鹽運〕 | ●徐彥若—是年蓋罷使職。<br>●孫偓—十月五日壬子加兼禮尚鳳翔四面諸軍都統。 |
| 〔禮尚〕 | ●崔胤—七月二十六乙巳檢校本官平章事出爲武安節度，階如故。<br>●孫偓—十月五日壬子以門郎平章事鹽運使加兼禮尚鳳翔四面都統。 |
| 〔禮侍〕 | 獨孤損—以禮侍本官知是春貢舉放榜，其始事蓋上年冬。<br>薛昭緯—蓋九月以中舍權知。十月一日戊申正除。 |

| | |
|---|---|
| | 乾寧四（八九七） |
| | ●王摶—四月遷門郎充鹽運使仍兼吏尚平章事 |
| | 楊涉—九月一日癸酉由刑侍遷 |

| | |
|---|---|
| | ●崔胤 |
| △●朱朴—九月二十一己亥以左大諫平章事判戶部事十一月二十七癸卯遷中郎仍平章事判戶部事 | △●朱朴—二月三十乙亥罷爲秘書監　△●崔遠—三月以兵侍平章事兼判戶部事　四月遷兵尚仍平章事判戶部　六月遷中郎仍平章事判戶部 |

| | |
|---|---|
| | ●崔胤 |
| | ●孫偓—二月三十乙亥罷守禮尚　●王摶—四月以門郎兼吏尚平章事充鹽運使　○張濬—三月三日戊寅遷右僕仍領使是年罷使職 |
| | ●孫偓—二月三十乙亥罷守本官　八月貶南州司馬時階金紫　裴贄—十月由前御丞遷禮尚知貢學時階太中 |
| | 薛昭緯—春放榜　裴贄—十月以禮尚權知 |

| | 乾寧五 光化元〔八月改〕（八九八） | 光化二（八九九） |
|---|---|---|
| 〔吏尚〕 | ●王摶—正月遷右僕仍兼門郎平章事<br>●崔胤—正月由中郎兼戶尚平章事判度支遷兼吏尚仍中郎平章事判度支 | ●崔胤—正月十三丁未罷守本官時階光祿 |
| 〔吏侍〕 | ● | 裴樞—六月二十五丁亥由兵侍遷 |
| 〔吏侍〕 | | |
| 〔戶尚〕 | ●崔胤—正月遷兼吏尚仍中郎平章事判度支 | |
| 〔戶侍〕 | ●△崔遠—正月兼工尚餘如故 | ●△崔遠 |
| 〔戶侍〕 | | 薛昭緯—六月二十五丁亥由戶侍遷兵侍 |
| 〔度支〕 | ●崔胤—正月遷兼吏尚仍中郎平章事判度支 | ●崔胤—正月十三丁未罷守本官<br>●王摶—約是年兼判度支　十一月遷司空仍平章事判度支充使職 |
| 〔鹽運〕 | ●王摶—正月遷右僕仍兼門郎平章事充使職 | ●王摶 |
| 〔禮尚〕 | 裴贄 | 裴贄 |
| 〔禮侍〕 | 裴贄—春放榜<br>趙光逢—冬由御丞遷 | 趙光逢—春放榜<br>李渥—蓋冬由中舍遷 |

（九〇〇）
光化三

○崔胤—二月二十四壬午出爲清海節度
●崔遠—四月由中郎兼工尚平章事遷兼吏尚仍中郎平章事
九月二十一丙午罷守本官時階光祿

裴樞

獨孤損—是年見在吏部西銓任

●陸扆—四月以中郎平章事兼
九月二十三戊申遷門郎仍兼戶尚平章事時階光祿

●△崔遠—四月遷兼吏尚仍中郎平章事判戶部
九月二十一丙午罷守吏尚

楊鉅—約光化中由中舍翰學遷戶侍仍充翰學

●王摶—六月十一丁卯罷爲工侍
●崔胤—六月十一丁卯以左僕平章事判度支兼充鹽運使
王溥—十月七日辛酉以左騎充鹽運副使

裴贄—正月一日庚寅或十一庚子遷刑尚

李渥—春放榜

| | （九〇一）光化四 天復元（四月改） | （九〇二）天復二 |
|---|---|---|
| 〔吏尚〕 | | |
| 〔吏侍〕 | 裴樞—二月遷戶侍同平章事 | ○盧光啓—是年由少保遷 |
| 〔吏侍〕 | | 楊鉅—約天復中曾官吏侍 |
| 〔戶尚〕 | ●陸扆—五月十九庚子遷兼兵尚進階特進仍門郎平章事<br>●裴贄—五月由中郎兼刑尚平章事遷兼戶尚仍中郎平章事 | ●裴贄 |
| 〔戶侍〕 | ●△王溥—正月由左騎遷戶侍充翰學二月遷中郎同平章事判戶部<br>吳融—春蓋二月由中舍翰學遷戶侍仍充翰學十一月卸 | ●△王溥<br>韓偓—是年由兵侍翰學承旨換戶侍仍充承旨 |
| 〔戶侍〕 | ●裴樞—二月由吏侍遷戶侍同平章事十一月二十六甲戌罷守本官<br>●△盧光啓—十一月十三辛酉以兵侍權勾當中書事兼判三司時昭宗幸鳳翔同月十九丁卯遷右大諫參知機務 | 薛貽矩—約光化天復中由戶侍翰學遷兵侍進承旨 |
| 〔度支〕 | ●崔胤—正月三日丙戌遷司空仍平章事判度支充鹽運使十一月二十六甲戌罷爲工尚 | ●韋貽範—正月二十丁卯以工侍平章事判度支蓋同時兼充鹽運使五月二十五庚午丁憂罷 |
| 〔鹽運〕 | | |
| 〔禮尚〕 | 張禕—光化天復中曾官禮尚<br>崔昭符—蓋昭宗世官至禮尚 | |
| 〔禮侍〕 | 杜德祥—以禮侍本官知是春貢舉放榜其始事蓋上年冬 | （是春貢舉停） |

天復三（九〇三）

●裴樞—二月二十四乙未或稍後以門郎平章事兼

●盧光啓—二月五日丙子賜死

●裴贄—十二月十五辛巳罷爲左僕

●△王溥—二月五日丙子罷守本官明日丁丑徙賓客分司

韓偓—二月十二癸未貶濮州司馬時階銀青

●韋貽範—八月二十六己亥由喪制起復爲戶侍同平章事判度支充鹽運使　十一月十四丙辰薨

張文蔚—天復末由中舍翰學遷戶侍仍充翰學　是年遷兵侍此遷前後進充承旨

八月二十六己亥起復爲戶侍平章事仍判度支兼充使職　十一月十四丙辰薨

●崔胤—正月二十五丁卯復以司空門郎平章事判度支充鹽運使　同月二十九辛未兼判六軍十二衞事　二月九日庚辰遷司徒餘如故

蘇循—正月十一癸丑見在任

獨孤損—十二月十五辛巳由禮尙遷兵侍同平章事

（是春貢舉停）

| | |
|---|---|
| | （九〇四）天復四 天祐元（閏四月改） **哀帝**（八月十五丙午即位） |
| 〔吏尚〕 | ●裴樞—閏四月十四戊申遷右僕仍兼門郎平章事 ○陸扆—閏四月由沂王傅遷吏尚復階特進 十月見在任 |
| 〔吏侍〕 | 趙光逢—閏四月或稍後始任 十月見在任 |
| 〔吏侍〕 | 薛貽矩—天祐初除任未至 |
| 〔戶尚〕 | ●獨孤損—閏四月十四戊申由兵侍平章事判度支遷門郎兼戶尚仍平章事判度支 |
| 〔戶侍〕 | ●△柳璨—閏四月十四戊申以中郎平章事兼判戶部事 |
| 〔戶侍〕 | 韋郊—昭宗末或哀帝初由中舍翰學遷戶侍進充承旨 楊注—年末或明年正二月由中舍翰學遷戶侍仍充翰學 |
| 〔度支〕 | ●崔胤—正月九日乙巳罷爲少傅分司 ●獨孤損—正月十日丙午以兵侍平章事判度支兼判右三軍事 閏四月十四戊申遷門郎兼戶尚仍平章事判度支蓋如故 |
| 〔鹽運〕 | ●裴樞—正月十日丙午以門郎兼吏尚平章事充鹽運使兼判左三軍事 閏四月十四戊申遷右僕仍兼門郎平章事判如故 |
| 〔禮尚〕 | ●裴樞—九月八日己巳在右僕門郎平章事兼禮尚任 |
| 〔禮侍〕 | 楊涉—以左丞權知是春貢擧在陝州放榜 |

(九〇五)
天祐二

○陸扆—五月十七乙亥貶濮州司戶

趙光逢—正二月或上年末遷左丞
●楊涉—正二月或上年末由左丞換三月二十五甲申以本官同平章事判戶部時階金紫不久遷中郎仍平章事

薛廷珪—冬以吏侍權知明年春貢舉

●獨孤損—三月十九戊寅檢校左僕平章事出爲靜海節度時階光祿
●柳璨—三月二十五甲申由中郎平章事判戶部遷門郎兼戶尚充鹽運使仍平章事時階正議十二月十九癸卯遷司空進階光祿仍兼門郎平章事充使職

●△柳璨—三月二十五甲申遷門郎兼戶尚充鹽運使仍平章事
●△楊涉—三月二十五甲申以吏侍平章事兼判戶部事

楊注—三月二十八丁亥守本官出院
姚洎—八月二日戊子由中舍遷戶侍充元帥府判官

●獨孤損—三月十九戊寅出爲靜海節度
●張文蔚—三月二十五甲申以中郎平章事判度支

●裴樞—三月五日甲子罷爲左僕
●柳璨—三月二十五甲申以門郎兼戶尚平章事充鹽運使十二月十九癸卯遷司空仍兼門郎平章事充使職同月二十九癸丑貶登刺

蘇循—七月二十五壬午見在任

●張文蔚—以禮侍本官知是春貢舉放榜其始事蓋上年冬三月十九戊寅以本官同平章事同月二十五甲申遷中郎判度支仍平章事

| | 天祐三（九〇六） | 天祐四（九〇七）（四月十八甲子朱梁簒位唐亡） |
|---|---|---|
| 〔吏尚〕 | 薛貽矩—約是年始任　是年末或明年春換大御 | |
| 〔吏侍〕 | | |
| 〔吏侍〕 | 薛廷珪—蓋三月正轉禮侍 | |
| 〔戶尚〕 | 朱啓光—唐末蓋不能早過僖宗世官至戶尚 | |
| 〔戶侍〕 | 崔就—唐末不能早過昭宗世官至戶侍 | |
| 〔戶侍〕 | | |
| 〔度支〕 | △朱全忠—三月二十五戊寅以元帥領鹽運使判度支戶部事充三司都制置使 | △朱全忠—四月十八甲子簒位爲帝 |
| 〔鹽運〕 | ●張文蔚—正月兼充鹽運使　蓋三月罷判度支及鹽運使 | |
| 〔禮尚〕 | 蘇循 | 蘇循—三月見在任　終唐世 |
| 〔禮侍〕 | 薛廷珪—以吏侍權知是春貢舉放榜其始事蓋上年冬　榜後正除　是年遷左丞<br>于兢—冬見在任時階銀青 | 于兢—春放榜 |

# 唐僕尚丞郎表 卷四

## 通表下 兵刑工三部尚書及侍郎年表

| （西曆紀年）君主紀年 | 兵部尚書 | 兵部侍郎 | 刑部尚書 | 刑部侍郎 | 工部尚書 | 工部侍郎 |
|---|---|---|---|---|---|---|
| 高祖 | | | | | | |
| （六一八）武德元（五月二十甲子即位改元） | 屈突通—六月一日甲戌以隋兵尚留任 | 趙慈景—六月一日甲戌由高祖相國府屬遷 秋冬出爲華刺 | 蕭造—五月二十甲子以隋刑尚留任時階光祿 七月三日丙午徙太保<br>皇甫無逸—七月二十六己巳由隋右武衛將軍遷 | 李瑗—六月一日甲戌始任 七月二十五戊辰安撫江南<br>李叔良—是年始任 | 獨孤懷恩—六月一日甲戌由長安令擢遷 | |
| （六一九）武德二 | 屈突通 | | 皇甫無逸—是年或上年多出爲陝東道大行臺民尚 | 李叔良 | 獨孤懷恩—十月二十七壬戌將兵討擊 十二月一日丙申爲宋金剛所俘 | |
| （六二〇）武德三 | 屈突通—二月十日甲辰見在任 | | 竇誕—武德初約二三年由元帥府司馬遷刑尚轉太常 | 李叔良 | 獨孤懷恩—逃歸二月二十甲寅誅<br>武士彠—是年始任 | |

| | 〔兵尚〕 | 〔兵侍〕 | 〔刑尚〕 | 〔刑侍〕 | 〔工尚〕 | 〔工侍〕 |
|---|---|---|---|---|---|---|
| （六二一）武德四 | 屈突通—七月出爲陝東道大行臺右僕 | | 劉政會—武德中官刑尚轉光祿<br>沈叔安—武德七年以前官刑尚 | 李叔良—是年卒 | 武士彠 | |
| （六二二）武德五 | | | | 劉德威—武德中約四年稍後由檢校少大理遷 | 武士彠 | |
| （六二三）武德六 | | | | | 武士彠 | |
| （六二四）武德七 | | | | | 武士彠—是年或上年兼檢校揚大督長史 | |
| （六二五）武德八 | 任瓌—武德末蓋是年或明年曾官兵尚 | | 屈突通—約武德七八年由陝東道大行臺右僕入遷刑尚固辭換工尚 | | | 溫大雅—武德中末葉由黃郎換工侍出爲陝東大行臺工尚 |
| （六二六）武德九 **太宗**（八月九日甲子即位） | 杜如晦—七月六日壬辰由右庶遷 | | 鄭善果—武德末由禮尚換 | | 屈突通—武德末由刑尚換是年六七月出爲陝東大行臺僕射 | 元務眞—約武德貞觀中官至工侍 |

| 貞觀元（六二七） | 貞觀二（六二八） | 貞觀三（六二九） |
| --- | --- | --- |
| 杜如晦 | ●杜如晦—正月三日辛亥兼檢校侍中攝吏尚仍總監東宮兵馬事 | ●杜如晦—二月六日戊寅遷右僕<br>●李靖—二月六日戊寅由刑尚檢校中令遷兵尚中令如故 十一月爲大總管伐突厥 |
| | | |
| 鄭善果—是年出爲岐刺<br>李靖—是年始任 | ●李靖—正月二十二庚午兼檢校中令 三月十五壬戌爲關內道行軍大總管 | ●李靖—二月六日戊寅遷兵尚仍兼中令<br>韓仲良（良）—春夏由民尚換 六月見在任 後進階右光祿出爲秦督長史 |
| 張允濟—貞觀初始任 出爲幽刺 | | 韋義節—蓋貞觀初官至刑侍 |
| | | 段綸—六月見在任 |
| 薛獻—蓋貞觀初葉官至工侍 | | |

| | 兵尚 | 兵侍 | 刑尚 | 刑侍 | 工尚 | 工侍 |
|---|---|---|---|---|---|---|
| (六三〇) 貞觀四 | ●李靖—蓋四月進階左光祿 八月二十二甲寅遷右僕階如故 ●侯君集—十一月一日壬戌由右衛大將軍遷兵尚參預朝政兼檢校吏尚事 | | 李道宗—是年或稍後由靈督入遷 | | 段綸 | |
| (六三一) 貞觀五 | ●侯君集 | | 李道宗 | | 段綸 | |
| (六三二) 貞觀六 | ●侯君集—三月丁憂罷 十一月起復 | | 李道宗 | | 段綸 | |
| (六三三) 貞觀七 | ●侯君集 | | 李道宗 | | 段綸—冬見在任 | |
| (六三四) 貞觀八 | ●侯君集—十二月三日辛丑從李靖伐吐谷渾 | 郭福善—蓋貞觀中官至兵侍 | 李道宗—十二月三日辛丑從李靖伐吐谷渾 | | 段綸 | |

| | | | | | | |
|---|---|---|---|---|---|---|
| (六三五)貞觀九 | ●侯君集 | | 李道宗 | | 段綸 | |
| (六三六)貞觀一〇 | ●侯君集 | | 李道宗 | | 段綸 | |
| (六三七)貞觀一一 | ●侯君集 | | 李道宗 | | 段綸 | 盧義恭—六月見在任 |
| (六三八)貞觀一二 | ●侯君集—八月三日戊寅遷吏尚進階光祿仍參朝政 | | 李道宗 | | 段綸 | |
| (六三九)貞觀一三 | | | 李道宗—蓋春遷禮尚 | | 段綸 | |
| (六四〇)貞觀一四 | 長孫無憲—貞觀中蓋世勣前後官至兵尚 | | 劉德威—是年或上年由大理遷刑尚兼檢校雍州別駕時階蓋金紫 | | 段綸 | |
| (六四一)貞觀一五 | 李世勣—十一月三日庚申由幷大督長史入遷時階光祿 同月十六癸酉爲總管伐薛延陀 | | 劉德威 | | 段綸—是年尚見在任卽是年致仕 杜楚客—是年由魏王長史遷工尚仍攝府事 八月見在任 | |

| | 〔兵尚〕 | 〔兵侍〕 | 〔刑尚〕 | 〔刑侍〕 | 〔工尚〕 | 〔工侍〕 |
|---|---|---|---|---|---|---|
| 貞觀一六（六四二） | 李世勣 | 崔敦禮—十月見在任 | 劉德威 | | 杜楚客 | 李弘節—貞觀中官至工侍 |
| 貞觀一七（六四三） | 李世勣—二月二十八戊申圖形凌煙閣時階如故 四月十日己丑遷詹事同三品進階特進 | 崔敦禮—是年遷右屯衞將軍 | 劉德威—三月以後丁憂免 ●張亮—八月三日庚戌由工尚遷刑尚參預朝政時階金紫 | 張行成—不知何時由給事遷 是年四月十日己丑轉少詹事 | 杜楚客—四月十四癸巳免 張亮—夏由洛督入遷時階金紫 八月三日庚戌遷刑尚參預朝政 李大亮—八月三日庚戌以左衞大將軍太子右衞率兼任 | |
| 貞觀一八（六四四） | | 楊弘禮—是年由中舍擢遷 | 〔韋挺—九月以太常暫攝〕 ●張亮—十一月二十四甲午爲平壤道大總管 | | 李大亮—十月十四甲寅爲京師副留守 十二月一日辛丑卒 | |
| 貞觀一九（六四五） | | 楊弘禮 | ●張亮 | | ○楊師道—十一月二十三丁亥由吏尚攝中令罷爲工尚 十二月或明年正月轉太常 | |

| | | | | | | |
|---|---|---|---|---|---|---|
| (六四六)貞觀二〇 | 崔敦禮—春夏由靈督入遷時階銀青 | 楊弘禮—是年遷中郎 | ●張亮—正月二十六己丑見在任時階光祿・三月二十七己丑誅 | 崔仁師—是年以中舍兼檢校 | 唐臨—貞觀末二十年二十一年後曾官工尚 | 溫無隱—貞觀中或高宗初官至工侍 |
| (六四七)貞觀二一 | 崔敦禮 | | | 崔仁師 | | |
| (六四八)貞觀二二 | 崔敦禮 | 盧承慶—二月以民侍兼檢校兵侍仍知(吏部)五品選事 | | 崔仁師—正月十八己亥遷中郎參知機務<br>李道裕—是年由將作少匠遷 | 閻立德—貞觀末蓋二十二年或前後數月由將作大匠遷 | |
| (六四九)貞觀二三<br>高宗<br>(六月一日甲戌即位) | 崔敦禮 | 柳奭—是年或上年由中舍擢遷 | ●張行成—五月二十七庚午以少詹事兼侍中兼檢校刑尚時階銀青 | 釆宣明—貞觀末或高宗初官至刑侍 | 閻立德—八月見在任 | |
| (六五〇)永徽元 | 崔敦禮 | 柳奭—是年或上年秋冬遷中郎 | ●張行成—正月六日丙午正拜侍中兼刑尚 | 段寶元(乾)—是年或上年由給事遷<br>是年或明年初遷右丞 | 閻立德 | |

| | 〔兵尚〕 | 〔兵侍〕 | 〔刑尚〕 | 〔刑侍〕 | 〔工尚〕 | 〔工侍〕 |
|---|---|---|---|---|---|---|
| 永徽二（六五一） | 崔敦禮 | 韓瑗—永徽初始任 | ●張行成—八月八日己巳遷右僕同三品<br>唐臨—秋冬由大御換時階銀青 | 宋行質—五月卒官<br>劉燕客—六月見在任閏九月十四甲戌見在任 | 閻立德 | 丘行淹—是年見在任 |
| 永徽三（六五二） | 崔敦禮 | 韓瑗—三月二十四辛巳遷守黃郎同三品 | 唐臨—五月見在任 | 劉燕客—五月以前或上年冬遷右丞 | 閻立德 | |
| 永徽四（六五三） | 崔敦禮—十一月五日癸丑遷侍中 | | 唐臨—十一月十九丁卯見在任 | 魏滿行—蓋高宗初葉曾官刑侍 | 閻立德 | |
| 永徽五（六五四） | 唐臨—春或上年十二月由刑尚遷時階銀青 | | 唐臨—春或上年十二月遷兵尚階如故 | | 閻立德—是年見在任 | 王儼—正月或六月在任 |
| 永徽六（六五五） | 唐臨 | | 長孫祥—是年或上年始任 | | 閻立德 | |
| 顯慶元（六五六） | 唐臨—是年或明年春夏遷度支尚書 | | 長孫祥—正月見在任 | | 閻立德—是年卒 | |

| 年 | 兵尚 | 兵侍 | 刑尚 | 刑侍 | 工尚 | 工侍 |
| --- | --- | --- | --- | --- | --- | --- |
| （六五七）顯慶二 | 任雅相—顯慶中由兵侍遷 | 任雅相—顯慶中由兵侍遷兵尚 | 長孫祥—蓋是年由刑尚出爲荊大督長史 | | | |
| （六五八）顯慶三 | | | 長孫冲—十一月十七丙申在攝刑尚任 | | | |
| （六五九）顯慶四 | ●任雅相—五月二十丙申以本官同三品 | 竇遜—高宗世蓋中葉以前官至兵侍 | 劉祥道—是年由黃郎知吏侍事遷蓋檢校或兼任 | | 閻立本—三月十七甲午以將作大匠兼後蓋正拜 | |
| （六六〇）顯慶五 | ●任雅相 | | 劉祥道 | | 閻立本 | |
| （六六一）顯慶六 龍朔元〔三月改〕 | ●任雅相—四月十六庚辰爲大總管伐高麗 | | 劉祥道—是年兼檢校蒲刺 | | 閻立本 | |
| （六六二）龍朔二 | 司戎太常伯 二月四日甲子更名<br>●任雅相—二月十四甲戌薨 | 司戎少常伯 二月四日甲子更名<br>鄭欽泰—五月十五癸卯見在司戎少常伯任 | 司刑太常伯 二月四日甲子更名<br>劉祥道—五月八日丙申正授同月十五癸卯見在任 | 司刑少常伯 二月四日甲子更名<br>侯善業—不知何時始任是年五月八日丙申徙詳刑卿 | 司平太常伯 二月四日甲子更名<br>閻立本—五月十五癸卯見在任 | 司平少常伯 二月四日甲子更名 |

| | 〔司戎太常伯〕 | 〔司戎少常伯〕 | 〔司刑太常伯〕 | 〔司刑少常伯〕 | 〔司平太常伯〕 | 〔司平少常伯〕 |
|---|---|---|---|---|---|---|
| 〔六六三〕龍朔三 | | | 劉祥道—是年兼檢校雍州長史 八月二十七戊申充關內道巡察大使 是年冬或明年八月以前遷司列太常伯 | | 閻立本 | |
| 〔六六四〕麟德元 | | | | | 閻立本 | |
| 〔六六五〕麟德二 | ●姜恪—三月十二甲寅以兼司戎太常伯同三品 | 楊弘武—冬由荆州司馬入遷 | 源直心—是年見在任 後流嶺南 | 李敬玄—是年見在任 | 閻立本 | |
| 〔六六六〕乾封元 | ●姜恪 | 楊弘武—夏兼知司列五品選事 是年遷西郎 | | 袁公瑜—龍朔總章間曾官司刑少常伯蓋由西臺舍人遷 | 閻立本 | |
| 〔六六七〕乾封二 | ●姜恪 | | | | 閻立本 | 皇甫公義—十月見在任 |
| 〔六六八〕乾封三 總章元〔三月改〕 | ●姜恪—十二月二十四甲戌兼檢校左相 | | 李乾祐—是年或上年始任 | | 閻立本—十二月二十四甲戌遷右相 | |

| | (六六九)總章二 | (六七〇)總章三 咸亨元〔三月改〕 | (六七一)咸亨二 | (六七二)咸亨三 |
|---|---|---|---|---|
| 〔司戎太常伯〕 | ●姜恪—蓋是年卸<br>崔餘慶—十二月二十二丁卯見在任時階銀靑 | 兵部尚書 十二月二十一庚寅或二十三壬辰復舊名 | | 裴熙載—高宗世蓋中葉以前官至兵尚 |
| 〔司戎少常伯〕 | 四月二日庚戌增置司戎少常伯一員共二員 | 兵部侍郎 十二月二十一庚寅或二十三壬辰復舊名 | | |
| 〔司戎少常伯〕 | 李虔繹—四月二日庚戌所增一員以虔繹爲之 | 兵部侍郎 十二月二十一庚寅或二十三壬辰復舊名 | | |
| 〔司刑太常伯〕 | 李乾祐—正二月免<br>○盧承慶—二月十四癸亥由雍州長史遷時階銀靑 | ○盧承慶—閏九月二十一辛酉見在任 是年進階金紫致仕<br>刑部尚書 十二月二十一庚寅或二十三壬辰復舊名 | | |
| 〔司刑少常伯〕 | | 刑部侍郎 十二月二十一庚寅或二十三壬辰復舊名 | | |
| 〔司平太常伯〕 | 楊昉—十二月三日戊申見在任 | 工部尚書 十二月二十一庚寅或二十三壬辰復舊名 | | |
| 〔司平少常伯〕 | | 工部侍郎 十二月二十一庚寅或二十三壬辰復舊名 | | |

| | 〔兵尚〕 | 〔兵侍〕 | 〔兵侍〕 | 〔刑尚〕 | 〔刑侍〕 | 〔工尚〕 | 〔工侍〕 |
|---|---|---|---|---|---|---|---|
| 〔六七三〕咸亨四 | 李德懋—高宗世蓋中葉官至兵尙 | | | | 李叔眘<br>崔守業<br>以上二人皆高宗世官至刑侍 | | 虞昶—不知何時由將作少匠遷是年見在任時階中大夫 |
| 〔六七四〕咸亨五<br>上元元〔八月改〕 | | | | | | 劉審禮—不知何時由將作大匠遷工尙兼檢校左衛大將軍上元初已見在任 | 虞昶 |
| 〔六七五〕上元二 | | | | | | | 虞昶 |
| 〔六七六〕上元三<br>儀鳳元〔十一月改〕 | ●郝處俊—是年以中令檢校 | | | | | 劉審禮—閏三月十七乙酉爲總管伐吐蕃 | 虞昶—是年仍在任 |
| 〔六七七〕儀鳳二 | | 蕭德昭—三月九日辛未見在任 | 裴炎—三月九日辛未見在任 | | 張楚金—三月九日辛未見在任 | 劉審禮 | 李義琛—三月九日辛未見在任 |

| （六七八）儀鳳三 | （六七九）儀鳳四 調露元〔六月改〕 | （六八〇）調露二 永隆元〔八月改〕 | （六八一）永隆二 開耀元〔十月改〕 | （六八二）開耀二 永淳元〔二月改〕 |
|---|---|---|---|---|
| | 李虔繹—蓋高宗中末葉官至兵尚？ | | | |
| | 權玄福—高宗世官至兵侍 | | 馮元常—高宗末曾官兵侍 | ●岑長倩—四月二十四丁亥以兵侍與中書門下同承受進止平章事 |
| | | | | |

| | | | | |
|---|---|---|---|---|
| | 李義琛—儀鳳末或調露中由工侍遷 | 李義琛—是年或明年遷雍州長史 | 趙仁恭—永隆開耀前後官刑侍 | |
| 劉審禮—是年復伐吐蕃九月十二丙寅被俘 | 柏季纂—蓋高宗世官至工尚 | | | 李珍—高宗末或其後官至工尚 |
| 楊崇敬—約高宗世曾官工侍<br>屈突倫—約高宗世官至工侍 | 元令表—高宗世蓋末葉曾官工侍 | 裴懷節—約高宗世由給事遷 | | |

| 年 | 兵尚 | 兵侍 | 兵侍 | 刑尚 | 刑侍 | 工尚 | 工侍 |
| --- | --- | --- | --- | --- | --- | --- | --- |
| (六八三)永淳二 弘道元(十二月改) 中宗(十二月十一甲子即位) | ●岑長倩—十二月二十五戊寅由兵侍平章事遷兵尚同三品 | ●岑長倩—十二月二十五戊寅遷兵尚同三品 | | | 劉守悌—蓋高末官至刑侍 | | |
| (六八四)嗣聖元 睿宗(二月七日己未即位) 文明元(二月改) 武后 光宅元(九月改) | ●岑長倩 夏官尚書 九月六日甲寅或五日癸丑更名 | 姚璹—冬由夏侍貶桂督長史 夏官侍郎 九月六日甲寅或五日癸丑更名 | 夏官侍郎 九月六日甲寅或五日癸丑更名 | 秋官尚書 九月六日甲寅或五日癸丑更名 | 秋官侍郎 九月六日甲寅或五日癸丑更名 | 蘇良嗣—是年由雍州長史遷 冬官尚書 九月六日甲寅或五日癸丑更名 | 冬官侍郎 九月六日甲寅或五日癸丑更名 |
| (六八五)垂拱元 | ●岑長倩 | | | ●裴居道—二月二十九乙巳以秋尚同三品 五月一日丙午遷內史 | | 蘇良嗣—五月四日己酉遷納言 | |

| | （六八六）垂拱二 | （六八七）垂拱三 | （六八八）垂拱四 | （六八九）永昌元〔此年並閏九月只十一個月〕 |
|---|---|---|---|---|
| 〔夏尚〕 | ●岑長倩—四月十一庚辰遷內史仍知夏尚事 | ●岑長倩 | ●岑長倩 | ●岑長倩 |
| 〔夏侍〕 | | 張光輔—五月三日丙寅由夏侍遷鳳郎同平章事 | ●王本立—九月十二丁卯以夏侍同平章事 | ●王本立—三月一日甲寅遷左大御仍平章事 |
| 〔夏侍〕 | | | | 崔詧—不知何時始任是年閏九月十五甲午被殺 |
| 〔秋尚〕 | | | 李晦（崇晦）—垂拱末由檢校右金吾大將軍遷時階金紫 | 李晦—二月二十七庚戌卒<br>張楚金—是年始任八月十五乙未流嶺南 |
| 〔秋侍〕 | 張知默—垂拱中官至秋侍 | | 〔四月十一戊戌增置秋官侍郎一員共二員〕<br>周興—垂拱永昌中由司刑少卿遷 | 周興 |
| 〔秋侍〕 | | | 魏尚德—四月十一戊戌所增一員以尚德爲之 | |
| 〔冬尚〕 | 李冲玄—垂拱中官至冬尚 | | | |
| 〔冬侍〕 | 狄仁傑—是年由寧刺入遷 | | 狄仁傑—二月以本官充江南巡撫使六七月遷右丞 | |

| | （六九〇）載初元（用子正以十一月爲正月十二月爲臘月建寅月爲春一月）天授元（九月九日壬午改元更國號曰周） | （六九一）天授二 | （六九二）天授三 如意元（四月改） 長壽元（九月改） |
|---|---|---|---|
| 〔夏尚〕 | ●岑長倩－春一月十日戊子遷文昌右相仍同三品<br>武三思－是年始任九月前後遷天尚<br>歐陽通－是年由殿中監遷 | 歐陽通－八月十日戊申遷司禮卿兼判納言事<br>楊執柔－是年或明年正臘月始任 | ●楊執柔－春一月二日戊辰以本官同平章事八月十六戊寅罷爲地尚 |
| 〔夏侍〕 | | | 婁師德－是年由左金吾將軍檢校豐督入遷夏侍判夏尚事 |
| 〔夏侍〕 | | | 李昭德－八月十六戊寅由夏侍遷鳳郎同平章事 |
| 〔秋尚〕 | | | ●袁智弘－二月二十二戊午以秋尚同平章事九月二十二癸丑流嶺南 |
| 〔秋侍〕 | 周興－九月遷左丞 | 崔元綜－天授中始任 | 崔元綜－八月十六戊寅遷鸞郎同平章事 |
| 〔秋侍〕 | | | 陸元方－蓋是年由鳳舍判鳳郎事遷 |
| 〔冬尚〕 | | 傅元淑－是年蓋在任 | ●李遊道－春一月十四庚辰由司刑卿檢校陝州長史遷冬尚同平章事 |
| 〔冬侍〕 | | ●裴行本－九月二十六癸巳以冬侍同平章事 | ●裴行本－春一月四日庚午流嶺南 |

| | | 長壽二（六九三） |
|---|---|---|
| 〔夏尚〕 | ●王璿—八月十九辛巳由營繕大匠遷守夏尚同平章事 九月二十二癸丑流嶺南<br>婁師德—冬以夏侍判夏尚事 | 王孝傑—是年由左衛大將軍遷 |
| 〔夏侍〕 | | ●婁師德—春一月十日庚子以本官同平章事<br>春一月二十四甲寅又增置夏官侍郎一員共三員 |
| 〔夏侍〕 | | ●李昭德—春一月二十五乙卯復換夏侍仍平章事 |
| 〔夏侍〕 | | 侯知一—春一月二十五乙卯所增一員以知一爲之 |
| 〔秋尚〕 | | |
| 〔秋侍〕 | | |
| 〔秋侍〕 | | 陸元方—九月十五辛丑遷鸞郎同平章事 |
| 〔冬尚〕 | 蓋八月坐事下獄九月二十二癸丑流嶺南<br>○武攸寧—八月十六戊寅由納言罷爲冬尚 | 蘇幹—是年由右羽林將軍遷 五月七日乙未被殺 |
| 〔冬侍〕 | | |

| | 〔夏尚〕 | 〔夏侍〕 | 〔夏侍〕 | 〔夏侍〕 | 〔秋尚〕 | 〔秋侍〕 | 〔秋侍〕 | 〔冬尚〕 | 〔冬侍〕 |
|---|---|---|---|---|---|---|---|---|---|
| （六九四）長壽三 延載元〔五月改〕 | ●王孝傑 —四月九日壬戌以本官同三品 八月十七戊辰爲翰海道總管 | ●婁師德 —春一月十日甲午遷秋尚仍平章事 ●韋巨源 —三月由右丞平章事換夏侍仍平章事 | ●李昭德 —三月一日甲申遷檢校內史 | | ●婁師德—春一月十日甲午由夏侍平章事遷秋尚充河源等軍營田大使仍平章事 | | | | |
| （六九五）證聖元 天冊萬歲元〔九月改〕 | ●王孝傑 —正月二十六丙午爲總管伐突厥 七月十五辛酉爲總管伐吐蕃 | ●韋巨源 —正月八日戊子貶鄜刺 | | | ●婁師德 | | | | |
| （六九六）天冊萬歲二 萬歲登封元〔臘月改〕 萬歲通天元〔三月改〕 | ●王孝傑 —三月一日壬寅罷 | ●孫元亨 —四月二日癸酉以檢校夏侍同平章事 | | | ●婁師德—春一月二十六乙巳遷左大御仍平章事 | 劉如璿—是年見在任 | | 武攸宜—武后世蓋中葉官至冬尚 | |

| | | | | | | | | |
|---|---|---|---|---|---|---|---|---|
| | | | | | ○豆盧欽望<br>｜是年或明<br>年由新除司<br>府卿遷時階<br>銀靑 | | | |
| （六九七）<br>萬歲通天二<br>神功元<br>〔九月改〕 | | ●孫元亨<br>｜正月二<br>十四壬戌<br>被殺<br>●宗楚客<br>｜六月十<br>五己卯由<br>前內史尙<br>方少監遷<br>檢校夏侍<br>同平章事 | 姚元崇｜<br>上年冬至<br>是年九月<br>間由夏官<br>郎中擢遷 | 唐奉一｜<br>是年或稍<br>前由刺史<br>入遷 | ○豆盧欽望 | 劉如璿｜正<br>月二十四壬<br>戌稍後流瀼<br>州 | 皇甫文備<br>｜六月或稍<br>前見在任 | |
| （六九八）<br>聖曆元 | ●武攸寧<br>｜九月七<br>日甲子以<br>夏尙同三<br>品 | ●宗楚客<br>｜正月三<br>日丙寅罷<br>爲左丞<br>田歸道｜<br>九十月由<br>某官擢遷 | ●姚元崇<br>｜十月十<br>七癸卯以<br>本官同平<br>章事 | | ○豆盧欽望<br>｜春夏卸<br>○杜景儉｜<br>七月十三辛<br>未由鳳郎平<br>章事罷爲秋<br>尙<br>不知何時貶<br>司刑少卿時<br>階銀靑 | | | |

| | （六九九）聖曆二 | （七〇〇）聖曆三 久視元〔五月改〕〔此年並閏七月共十五個月〕 | （七〇一）大足元 長安元〔十月改〕〔此年復以建寅月爲正月〕 |
|---|---|---|---|
| 〔夏尚〕 | ●武攸寧—春一月四日庚申罷爲冬尚 | 唐奉一—三月四日癸丑以夏尚爲天兵中軍大總管備突厥 | ●姚元之—六月十九庚申以鳳郎平章事兼知夏尚事 |
| 〔夏侍〕 | 田歸道—蓋是年轉左金吾將軍 | 敬暉—聖曆末久視中由衞刺再遷夏侍出爲泰刺 | ●李迥秀—是年由鳳舍遷檢校夏侍兼知天侍選事　六月十九庚申以本官同平章事 |
| 〔夏侍〕 | ●姚元崇 | ●姚元崇—五月十九丁卯尙名元崇後更名元之 | ●姚元之—三月六日己卯還鳳郎仍平章事 |
| 〔夏侍〕 | | 張知泰—聖曆久視中由夏侍換地侍 | |
| 〔秋尚〕 | 鄧□（惲）—武后世官秋尚檢校懷刺 | | ○李懷遠—七月十三甲申由鸞郎平章事罷爲秋尚進階銀靑此時或稍後兼檢校右庶 |
| 〔秋侍〕 | | | 韋嗣立—是年或上年由鳳舍遷 |
| 〔秋侍〕 | 宋玄爽—聖曆前後曾官秋侍 | | |
| 〔冬尚〕 | ○武攸寧—春一月四日庚申由夏尚同三品罷爲冬尚 | ○姚璹—是年或上年由地尚換冬尚充西京留守 | ○姚璹—是年或明年致仕 |
| 〔冬侍〕 | | | |

| 長安二（七〇二） | 長安三（七〇三） |
| --- | --- |
| | ●唐休璟（璿）—七月二十一庚戌由右金吾衛大將軍檢校涼督遷夏尙同三品 |
| ●李迥秀—三月十九丙戌充山東諸州安置軍馬使 十月二十甲寅進同三品 | ●李迥秀 |
| 韋嗣立—是年由秋侍遷 | 韋嗣立—是年遷天侍 |
| 任輝（照鄰）—武后世官至夏侍 | 張知泰—蓋是年由右丞換 |
| ○李懷遠 | ○李懷遠<br>●韋安石—閏四月十七丁丑以鸞郎平章事充神都留守兼判天官秋官二尙書事 |
| 韋嗣立—是年蓋遷夏侍 | |
| 崔紹業<br>韋嶠<br>以上二人皆武后世官至秋侍 | 尹思貞—長安中官秋侍出爲定刺 |
| ○韋巨源—是年由地尙神都留守換旋轉賓客 | |
| | |

| | 長安四（七〇四） |
|---|---|
| 〔夏尙〕 | ●唐休璟—三月十四己亥轉右庶進階金紫仍同三品<br>●姚元之—六月二十八壬午以相王長史兼知夏尙同三品八月八日辛酉換兼春尙仍長史同三品<br>○唐休璟（璿）—八月七日庚申由右庶同三品罷爲夏尙兼幽營都督安東都護時階金紫 |
| 〔夏侍〕 | ●李迥秀—二月八日癸亥貶廬刺 |
| 〔夏侍〕 | ●宗楚客—三月十四己亥以夏侍同平章事七月十一甲午貶原督 |
| 〔夏侍〕 | 張知泰 |
| | 十二月三日甲寅夏官侍郎減一員存二員終唐世 |
| 〔秋尙〕 | ○李懷遠—是年正除左庶 |
| 〔秋侍〕 | ●張柬之—長安末蓋即是年由司刑少卿遷十月二十二甲戌以本官同平章事十一月五日丁亥遷鳳郎仍平章事 |
| 〔秋侍〕 | 十二月四日乙卯秋官侍郎減一員存一員終唐 |
| 〔冬尙〕 | |
| 〔冬侍〕 | ○朱敬則—是年由成均祭酒遷 |

神龍元（七〇五）

**中宗**（正月二十五丙午復位）（二月四日甲寅復國號曰唐）

兵部尚書（二月四日甲寅復舊名）

●張柬之—正月二十九庚戌由鳳郎平章事遷夏尚同三品　四月二日辛亥遷吏尚仍同三品

●魏元忠—四月二十五甲戌由衛尉平章事遷兵尚同三品　五月十六甲午兼侍中　六月十五癸亥正拜侍中仍兼檢校兵尚　十月二十五辛未遷中令進階光祿蓋仍兼兵尚事

兵部侍郎（二月四日甲寅復舊名）

崔貞愼—是年始任

兵部侍郎（二月四日甲寅復舊名）

張知泰—二月稍後遷右大御進階銀靑

刑部尚書（二月四日甲寅復舊名）

○韋安石—二月二十四甲戌由黃郎知侍中事罷爲刑尚　四月二十五甲戌遷吏尚同三品

●祝欽明—四月二十五甲戌由少詹事同三品遷刑尚仍同三品時階銀靑

刑部侍郎（二月四日甲寅復舊名）

崔昇（玄昇）—蓋中宗世官至刑侍

工部尚書（二月四日甲寅復舊名）

工部侍郎（二月四日甲寅復舊名）

○朱敬則—是年出爲鄭刺

李思冲—是年或明年始任

| | 〔兵尚〕 | 〔兵侍〕 | 〔兵侍〕 | 〔刑尚〕 | 〔刑侍〕 | 〔工尚〕 | 〔工侍〕 |
|---|---|---|---|---|---|---|---|
| （七〇六）神龍二 | ●豆盧欽望—是年或上年多蓋以左僕相王長史知軍國重事兼知兵部事<br>●魏元忠—七月二十五丙寅遷右僕仍兼中令知兵部事　十二月二十六丙申遷左僕仍兼中令知兵部 | 崔貞愼 | | ●祝欽明—蓋二月換禮尚仍同三品<br>●韋巨源—二月二十一乙未由禮尚遷刑尚同三品　七月二十五丙寅遷吏尚仍同三品 | | ○張錫—是年或明年正月由左丞遷 | 李思冲—是年或明年春遷左羽林將軍 |
| （七〇七）神龍三　景龍元〔九月改〕 | ●魏元忠—春夏卸兵部<br>●宗楚客—是年由太僕遷　七月六日辛丑見在任　九月二日丁酉以本官同三品 | 崔貞愼—春卒 | 崔湜—是年五月十八乙卯以前由中舍遷是日見在任 | 裴談—是年或上年秋冬由大理遷 | 徐堅—是年或上年五月以後由中舍遷進階銀青　是年五月十八乙卯見在任 | ○張錫—五月見在任 | 劉憲—五月十八乙卯見在任<br>張說—景龍初由中舍遷 |
| （七〇八）景龍二 | ●宗楚客 | 趙彥昭—十月四日壬辰以兵侍充修學 | 崔湜—春遷吏侍 | 裴談 | 徐堅—是年或明年換禮侍兼判戶部 | ○張錫 | 張說—是年丁憂免 |

| | |
|---|---|
| （七〇九）景龍三 | （七一〇）景龍四 唐隆元（六月四日甲申改）【溫王】（六月七日丁亥即位）【睿宗】（六月二十四甲辰復位）景雲元（七月二十己巳改） |
| ●宗楚客—三月一日戊午遷中令<br>●韋嗣立—三月一日戊午由太府遷兵尚同三品 | ●韋嗣立—六月二十三癸卯貶宋刺未之官 同月二十八戊申遷中令<br>●李嶠—蓋六月二十三癸卯至二十八戊申間曾以特進同三品守兵尚<br>●姚元之—六月二十八戊申由許刺入遷兵尚同三品時階銀青 七月十三壬戌兼左庶 同月十七丙寅兼中令 十一月一日戊申正拜中令仍兼兵尚 |
| 趙彥昭—三月一日戊午遷中郎同平章事 | 崔日用—是年或稍前由某官擢遷 六月二十庚子夜權知雍州長史時階太中 七月四日癸丑遷黃郎進階銀青參知機務<br>陸象先—秋始任 |
| | 張說—春夏由工侍遷 秋遷中郎<br>盧懷慎—秋始任 |
| 裴談 | ●裴談—六月三日癸未以本官同三品 蓋七月八日丁巳卸<br>○岑羲—七月八日丁巳由中郎平章事罷爲右騎兼刑尚時階銀青 同月十五甲子見在任 後出爲陝刺 |
| 冉祖雍—景龍末由中舍遷 貶蘄刺 | 薛謙光—蓋景龍末始任時階銀青<br>齊景胄—蓋中睿之世曾官刑侍 |
| ○張錫—二月見在任 | ●張錫—不知何時以本官充東都留守 六月三日癸未同三品乃充留守 七月十三壬戌貶絳刺 |
| 鄭越客—蓋中宗世或稍前官至工侍<br>杜從則—蓋中宗世官至工侍 | 張說—春服闋復官 春夏遷兵侍<br>徐彥伯—是年由蒲刺入遷時階太中 秋冬見在任 |

| | 兵尚 | 兵侍 | 兵侍 | 刑尚 | 刑侍 | 工尚 | 工侍 |
|---|---|---|---|---|---|---|---|
| (七一一)景雲二 | ●姚元之—二月九日甲申貶申刺<br>●郭元振—二月二十三戊戌由太僕同三品遷兵尚仍同三品時階銀青十月三日甲辰罷爲吏尚<br>○李迥秀—冬或明年春蓋由鴻臚遷 | 陸象先—十月以前遷中郎 | 盧懷愼—是年或明年遷黃郎 | 楊元琰—蓋是年或前後一年官刑尚<br>○岑羲—約是年由陝刺入遷冬或明年正月遷戶尚 | | ○薛稷—是年由少保遷 | 徐彦伯—蓋是年從衞尉<br>李適—是年由中舍遷是年卒 |
| (七一二)太極元<br>延和元(五月十三辛巳改)<br>玄宗(八月三日庚子即位)<br>先天元(八月七日甲辰改) | ○李迥秀—七月四日辛未爲朔方道後軍大總管旋卒<br>○郭元振—秋或十月十一月由刑尚朔方大總管遷兵尚仍充總管時階金紫 | 韋抗—是年由右御丞兼禮侍遷 | | ○蕭至忠—二月二十二辛酉由蒲刺入遷六月二十三辛酉或稍前換大御<br>○郭元振(震)—六月二十三辛酉由吏尚換時階銀青同日 | 程行謀—是年由少府少監遷刑侍兼檢校宋王府長史 | ○薛稷—是年或上年冬遷禮尚時階金紫 | 盧藏用—是年或上年由黃郎轉冬或明年春遷右丞時階正議 |

| | |
|---|---|
| | 先天二<br>開元元<br>（十二月改）<br>（七一三） |
| 十一月二十九甲午爲右軍大總管 | ●郭元振—六月九日辛丑以本官同三品<br>秋兼大御爲天下行軍大元帥<br>十月十三癸卯流新州<br>●姚元之（更名崇）—十月十四甲辰由同刺入遷兵尚同三品<br>十一月改名崇<br>十二月十三壬寅兼紫令時階金紫<br>旋爲都檢校諸軍大使 |
| | 韋抗 |
| | 裴漼—開元初由中舍遷時階通議 |
| 充朔方道行軍大總管<br>秋或十月十一月遷兵尚時階金紫<br>○李日知—是年末始任 | ○李日知—是年致仕<br>○趙彦昭—秋由大御遷<br>十月十九己酉爲朔方道大總管 |
| | 程行諶—春夏間出爲蒲刺河東按察<br>馬懷素—是年以少詹事兼判 |
| | 姜皎—七月十一壬申由殿中監遷工尚進階銀青<br>同月十九庚辰復轉殿中監 |
| | 蘇頲—春由前少太常遷工侍進階銀青<br>十二月擢中郎 |

| | 〔兵尚〕 | 〔兵侍〕 | 〔兵侍〕 | 〔刑尚〕 | 〔刑侍〕 | 〔工尚〕 | 〔工侍〕 |
|---|---|---|---|---|---|---|---|
| 開元二（七一四） | ●姚崇 | 韋抗—十月見在任 | 裴漼—夏迄冬見在任 | ○崔彥昭—三月十七甲辰貶袁州別駕<br>薛謙光—蓋是年由賓客遷刑尚進階金紫同年出爲東都留守<br>李乂—冬以紫郎兼檢校刑尚時階銀靑 | 馬懷素—是年進階銀靑兼判禮侍又正拜刑侍是年又遷戶侍階如故 | ○魏知古—五月二十五辛亥由黃門監罷爲工尚 | 姜晞—春夏見在任 |
| 開元三（七一五） | ●姚崇 | 韋抗—是年徙左庶時階銀靑<br>姜晦—是年由少太常遷 | 裴漼 | 李乂—三月見在任旋正除階如故 | 崔玄祗—蓋中宗玄宗世官至刑侍 | ○魏知古—正月二十一甲辰卒時階銀靑<br>尹思貞—是年由戶尚換旋致仕<br>劉知柔—是年由鴻臚遷時階銀靑十一月見在任充河北安撫使 | 桓臣範—蓋中宗至開元初曾官工侍 |

| | 開元四（七一六） | 開元五（七一七） | 開元六（七一八） |
|---|---|---|---|
| | ●姚崇—閏十二月二十七己亥罷爲開府 | | |
| | 姜晦—是年遷吏侍 | 楊滔—蓋五六年曾官兵侍 | |
| | 裴漼 | 裴漼—是年遷吏侍 | 盧弘愼—蓋開元初前後官至兵侍 |
| | 李乂—二月二十六癸酉卒時階如故　○宋璟—十二月由廣督入遷刑尚充西京留守　閏十二月二十七己亥遷吏尚兼黃門監時階銀青 | 王志愔—七月以前由揚大督長史入遷時階銀青 | 王志愔 |
| | 劉知柔—十一月見在工尚兼充東都留守任 | 劉知柔 | 劉知柔—九月四日乙未充河南安撫使 |
| | 蕭元嘉—蓋開元初官至工侍 | 盧從愿—是年或上年冬由豫刺遷　是年或明年遷左丞 | 呂延祚—是年見在任蓋由紫舍遷 |

<table>
<tr><th></th><th>（七一九）開元七</th><th>（七二〇）開元八</th><th>（七二一）開元九</th><th>（七二二）開元一〇</th></tr>
<tr><td>〔兵尚〕</td><td></td><td>王晙—九月由大御遷兵尚復充朔方軍大總管時階銀靑</td><td>王晙—是年仍兼大御<br>九月二日丙午貶梓刺<br>●張說—九月十九癸亥由右羽林將軍檢校幷大督長史天兵節度入遷兵尚同三品</td><td>●張說—四月二十九己亥兼領朔方節度<br>閏五月二日壬申出巡朔方</td></tr>
<tr><td>〔兵侍〕</td><td colspan="2">李尚隱—十年稍前蓋六七八年由御丞遷出爲蒲刺</td><td></td><td>王易從—約是年前後由中舍遷</td></tr>
<tr><td>〔兵侍〕</td><td colspan="4">魏奉古—六年稍後卒於兵侍</td></tr>
<tr><td>〔刑尚〕</td><td>王志愔</td><td>王志愔</td><td>王志愔—冬末以本官充西京留守</td><td>王志愔—九月十一己卯驚怖卒</td></tr>
<tr><td>〔刑侍〕</td><td></td><td colspan="3">源光裕—約八九十年間由中舍遷刑侍又遷戶侍</td></tr>
<tr><td>〔工尚〕</td><td>劉知柔—四月見在任階如故</td><td>劉知柔</td><td>劉知柔—是年轉賓客階如故<br>○陸象先—蓋是年始任</td><td>○陸象先—春夏或上年遷戶尚</td></tr>
<tr><td>〔工侍〕</td><td colspan="2">陳憲—開元初葉由少大理遷工侍出爲兗督後又由少衛尉遷工侍出爲蒲刺</td><td>王珣—開元初葉蓋十年前後曾官工侍</td><td>李元紘—約是年由少京尹</td></tr>
</table>

| （七二三）開元一一 | （七二四）開元一二 |
| --- | --- |
| ●張說—二月二十七癸亥兼中令 四月二十九癸亥正拜中令<br>●王晙—四月二十九癸亥由吏尚遷兵尚同三品時階銀青 五月二十五己丑充朔方節度兼知河北河東隴右河西兵馬使進階金紫 六月出巡朔方 十二月二十九庚申貶蘄刺 | |
| 王易從—約是年遷吏侍 | 蕭嵩—是年由左丞轉 |
| 李元紘—是年或上年蓋由工侍遷 | 李元紘—是年遷吏侍<br>寇泚—冬由中舍遷 |
| ○陸象先—是年由戶尚換 同年丁憂免<br>韋抗—是年由大理遷 | 韋抗 |
| 崔元同—二月見在任 | |
| 盧從愿—是年由中郎遷工尚進階銀青充東都留守 | 盧從愿 |
| 李元紘—約是年遷兵侍 | |

| | 〔兵尚〕 | 〔兵侍〕 | 〔兵侍〕 | 〔刑尚〕 | 〔刑侍〕 | 〔工尚〕 | 〔工侍〕 |
|---|---|---|---|---|---|---|---|
| （七二五）<br>開元一三 | | 蕭嵩 | 寇泚—二月二十一乙亥出爲宋刺 | 韋抗—是年以本官充東都留守<br>十二月二十五甲戌分掌吏部銓事 | | 盧從愿—冬進階金紫<br>十二月二十五甲戌以本官分知吏部十銓選事 | |
| （七二六）<br>開元一四 | 蕭嵩—是年由兵侍遷檢校兵尚領朔方節度 | 蕭嵩—是年遷檢校兵尚領朔方節度 | 裴光庭—春或上年十二月由少鴻臚遷 | 韋抗—八月卒<br>盧從愿—八九月由工尚遷時階金紫 | | 盧從愿—六月見在任<br>八九月遷刑尚<br>○張嘉貞—八九月由台刺入遷工尚兼定刺知北平軍事 | 賀知章—夏蓋五月由禮侍集學換工侍仍充集學<br>旋從賓客進階銀青 |
| （七二七）<br>開元一五 | 蕭嵩—五月兼關內鹽池使<br>十月十三辛巳改領河西節度判涼州事尋進階銀青 | 李暠—是年或前後一年由兵侍遷黃郎兼太原尹充太原以北諸軍節度 | 裴光庭 | 盧從愿 | | ○張嘉貞 | |
| （七二八）<br>開元一六 | ●蕭嵩—十一月一日癸巳正拜兵尚同平章事餘如故<br>後進同三品 | | 裴光庭 | 盧從愿 | | ○張嘉貞 | 韓休—約是年由前號刺遷工侍知制誥 |

| (七二九)開元一七 | (七三〇)開元一八 | (七三一)開元一九 | (七三二)開元二〇 |
|---|---|---|---|
| ●蕭嵩—六月十五甲戌兼中令仍遙領河西節度 | ●蕭嵩 | ●蕭嵩 | ●蕭嵩—七月六日丁未見在任時階如故十二月三日壬申遷吏尚仍兼中令 |
| 裴寬—開元中由御丞遷 | | | |
| 裴光庭—六月十五甲戌遷中郎同平章事 | | | |
| 盧從愿 | 盧從愿—是年左遷絳刺<br>崔隱甫—是年由大御換 | 崔隱甫—是年丁憂免 | |
| 李林甫—約是兩年間由御丞換 | | 李林甫—是年或明年遷吏侍 | 嚴挺之—是年由汴刺入遷 |
| ○張嘉貞—八月二十二庚辰卒<br>崔泰之—開元中葉蓋十七八年官至工尚 | 李嵩—是年由太常遷工尚充東都留守 | 李嵩 | 李嵩 |
| 韓休—約是年遷右丞<br>許景先—秋始任 | 許景先—是年或稍後遷吏侍 | | 張九齡—三月至七月間某月三日由秘書少監集學副知院事遷工侍仍集學副知院時階中大夫<br>八月二十庚寅加知制誥 |

| | 〔兵尚〕 | 〔兵侍〕 | 〔兵侍〕 | 〔刑尚〕 | 〔刑侍〕 | 〔工尚〕 | 〔工侍〕 |
|---|---|---|---|---|---|---|---|
| 開元二一（七三三） | 李嵩—十二月由工尚遷同月二十四丁巳或後一兩日遷吏尚 | 裴寬—十二月二十四丁巳至明年正月八日辛未間換戶侍 | 李鎮—二月以兵侍宣尉山南 | | 嚴挺之—是年徙太府 | 李嵩—正月二十己未使吐蕃十二月遷兵尚<br>○韓休—十二月二十四丁巳由黃郎平章事罷爲檢校工尚時階銀靑 | 張九齡—閏三月八日乙亥進階正議五月二十七癸巳遷檢校中郎餘並如故<br>陳希烈—是年五月二十七癸巳由中舍集學侍講遷檢校工侍時階朝散後代張九齡副知院不知何時遷門郎 |
| 開元二二（七三四） | 李禕—四月由禮尚關內採訪使遷兵尚領朔方節度時階開府 | 張均—蓋是年始任 | 韋虛心—是年或前後一年在兵侍任<br>陸景融—是年或明年以某官知兵部選事 | 崔隱甫—是年或明年由太原尹河東採訪入遷刑尚兼河南尹 | | ○韓休 | |
| 開元二三（七三五） | 李禕—蓋是年或明年貶衢刺 | 張均—正月十八乙亥見在任 | | 崔隱甫 | | ○韓休 | |

| | | | | | | | |
|---|---|---|---|---|---|---|---|
| （七三六）開元二四 | ●李林甫—七月二十三庚子由戶尚同三品遷兵尚仍同三品時階金紫<br>十一月二十七壬寅兼中令 | 張均 | | 崔隱甫—九十月以本官充東都留守<br>尋致仕 | | ○韓休—十一月二十七壬寅徙少保<br>●牛仙客—十一月二十七壬寅由殿中監朔方節度遷工尚同三品仍領節度<br>十二月二十一丙寅知門下省事 | 徐安貞—是年或明年春夏由檢校工侍集學遷中郎時階中大夫 |
| （七三七）開元二五 | ●李林甫 | 張均 | 盧奐—是年稍後由陝刺入遷 | | 鄭少微—不知何時由中舍遷是年十月六日丙午見在任 | ●牛仙客—六月二十七庚午見在任時階銀青 | |
| （七三八）開元二六 | ●李林甫—正月二十三壬辰遙領隴右節度<br>五月十八乙酉遙領河西節度<br>判涼州事 | 張均—是年貶饒刺時階正議 | 盧奐 | 崔琳—開元末蓋是年前後由刑尚徙少保時階銀青 | | ●牛仙客—正月六日乙亥正拜侍中 | |

| | （七三九）開元二七 | （七四〇）開元二八 | （七四一）開元二九 |
|---|---|---|---|
| 〔兵尚〕 | ●李林甫—四月二十八己丑遷吏尚仍兼中令階如故<br>●牛仙客—四月二十八己丑由侍中遙領河東節度遷兵尚仍兼侍中領節度 | ●牛仙客—十一月罷節度 | ●牛仙客 |
| 〔兵侍〕 | | 盧絢—蓋開元末曾官兵侍出爲華刺 | 李彭年—開元天寶之際以少太僕權判兵侍事時階朝議旋蓋正除 |
| 〔兵侍〕 | 盧奐 | 盧奐 | 盧奐 |
| 〔刑尚〕 | | | 李適之—是年或上年由大御兼幽大督長史知節度入遷 |
| 〔刑侍〕 | | | 盧貞諒—蓋玄宗世官至刑侍 |
| 〔工尚〕 | | 韋虛心—開元末始官工尚充東都留守 | 韋虛心—四月六日丙辰卒<br>裴伷先—四月六日丙辰由太原尹北都留守遷工尚蓋充東都留守 |
| 〔工侍〕 | 呂向—開元末由中舍翰林供奉遷工侍出院 | 蕭華—二十八九年或稍後曾官工侍 | 郭虛己—五月見在任 |

| 天寶元（七四二） | 天寶二（七四三） | 天寶三（七四四） | 天寶四（七四五） |
|---|---|---|---|
| ●牛仙客—七月二十九辛未薨<br>●李適之—八月二十壬辰以左相兼 | ●李適之 | ●李適之 | ●李適之—九月見在左相兼兵尚宏學任時階光祿 |
| | 李彭年—是年遷吏侍 | | 宋鼎—春夏或上年由右丞換秋見在任時階正議 |
| 盧奐—八月貶臨淄太守 | 張均—約是年或明年由戶侍遷時階正議 | 張均 | 張均—六月九月皆在任階如故 |
| 李適之—八月五日丁丑遷左相 | | 裴敦復—四月以後由河南尹江南東道宣撫招討入遷刑尚進階銀青 | 裴敦復—四月十八乙巳以本官充嶺南五府經略使五月十五壬申坐逗留貶淄川太守<br>韋堅—九月二十九癸未由陝郡太守江淮租庸轉運使入遷 |
| | | 宋鼎—是年或稍前由刑侍遷右丞時階通議<br>孫逖—是年以中舍權判 | 孫逖—三月十九丁丑見在中舍判刑侍任九月亦在任時階朝議 |
| | | | 陸景融—秋在檢校工尚東京留守任時階正議 |
| 郭虛己 | 郭虛己 | 郭虛己—是年或稍前由工侍遷戶侍時階朝議 | |

| | 〔兵尚〕 | 〔兵侍〕 | 〔兵侍〕 | 〔刑尚〕 | 〔刑侍〕 | 〔工尚〕 | 〔工侍〕 |
|---|---|---|---|---|---|---|---|
| (七四六)天寶五 | ●李適之—四月八日庚寅罷爲少保 | 宋鼎 | 張均 | 韋堅—正月二十一癸酉貶縉雲太守<br>蕭炅(隱之)—蓋是年春始任 | 孫逖—是年徙左庶 | 陸景融 | |
| (七四七)天寶六 | ●陳希烈—三月二十八甲辰以左相兼時階光祿 | 宋鼎 | 張均 | 蕭炅—十一月見在任 | | 陸景融—十二月十五丙辰卒 | |
| (七四八)天寶七 | ●陳希烈 | 宋鼎—正月尚見在任時階銀青 | 張均 | 蕭炅—七月在刑尚兼京尹任 | | 郭虛己—是年蓋由劍南節度入遷　十一月十七癸未見在任 | 韋見素—是年前後由給事遷檢校工侍 |
| (七四九)天寶八 | ●陳希烈 | 李巖—是年以後官至兵侍 | 張均 | 蕭炅—六月十八辛亥貶汝陰太守 | | 郭虛己—是年或明年卸任或卒官 | 韋見素—冬或明年遷右丞 |
| (七五〇)天寶九 | ●陳希烈—四月二十六甲申見在任時階特進 | 李麟—是年由刑侍遷　多以本官權知明年春貢舉 | 張均—是年遷刑尚<br>楊釗(國忠)—是年由給事兼 | 張均—是年由兵侍遷　十月見在任 | 李麟—四月二十六甲申在給事權知刑侍任時階正議 | 王倕—是年見在任 | 韋述—是年由左庶遷時階銀青　在任甚久蓋終 |

| | 天寶一〇（七五一） | 天寶一一（七五二） | 天寶一二（七五三） |
|---|---|---|---|
| 不知何時卸兵部 | | 武部尚書三月二十八乙巳更名 | 哥舒翰—是年或明年以員外鴻臚卿右河西節度兼判武部事時階開府 |
| | 李麟—冬復以本官權知明年春貢擧 | 武部侍郎三月二十八乙巳更名<br>李麟—秋冬徙國子祭酒進階銀青 | |
| 御丞判度支遷兵侍仍兼御丞判度支 | 楊釗—十一月二十七丙午遙領劍南節度 | 武部侍郎三月二十八乙巳更名<br>楊釗—五月十一丙辰遷大御仍判度支領節度<br>〔盧奕—是年以御丞留守東都分知東都武部選事〕 | 〔盧奕〕 |
| | 張均 | 憲部尚書三月二十八乙巳更名<br>張均 | 張均—十二月二十四庚寅在任 |
| 是年遷兵侍 | 韋虛舟—是年三月至明年三月間或至德稍後官至刑侍 | 憲部侍郎三月二十八乙巳更名 | |
| | | | 楊玄珪—天寶末官至工尚時階銀青 |
| 天寶世 | 韋述 | 韋述 | 韋述 |

| 年 | 〔武尚〕 | 〔武侍〕 | 〔武侍〕 | 〔憲尚〕 | 〔憲侍〕 | 〔工尚〕 | 〔工侍〕 |
| --- | --- | --- | --- | --- | --- | --- | --- |
| 天寶一三（七五四） | 哥舒翰—是年見在任<br>●韋見素—八月二十三丙戌由文侍遷武尚同平章事兼知門下省事時階銀青 | 吉溫—正月下旬由御丞京畿關內採訪使遷兵侍仍兼御丞充閑廐羣牧等副使<br>十二月十二壬寅貶澧陽長史 | 〔盧奕〕 | 張均—三月貶建安太守 | | 苗晉卿—天寶末由扶風太守遷工尚充東京留守 | 韋述 |
| 天寶一四（七五五） | ●韋見素 | 蕭華—天寶末官武侍 | 〔盧奕—是年爲安祿山所害〕 | 苗晉卿—是年或上年由工尚東都留守遷憲尚兼左丞<br>十二月致仕 | 房琯—是年由左庶遷憲侍 | 苗晉卿—是年遷憲尚兼左丞 | 韋述 |
| 天寶一五（七五六）<br>〔肅宗〕<br>〔七月十二甲子即位〕<br>至德元〔即位日改〕 | ●韋見素—七月十八庚午兼左相旋進階金紫卸武尚<br>●郭子儀—八月一日壬午由靈大督長史朔方節度遷武尚同平章事仍兼長史領節度 | 蕭華—六月玄宗西幸華從駕不及<br>李峘—秋在蜀始任武侍兼大御<br>十月遷蜀郡太守劍南節度 | 杜鴻漸—秋冬由兵部郎中知中舍事正除中舍判武侍 | 李巨—十月由陳留太守河南節度入遷<br>李麟—冬在蜀由戶侍兼左丞遷時階銀青 | 房琯—七月十二甲子遷文尚同平章事進階銀青 | 顏眞卿—七月由戶侍平原太守遷工尚仍平原太守充河北採訪招討使<br>十月棄郡 | 韋述<br>李遵—秋冬由彭原太守遷工侍領宗正 |

（七五七）
至德二

●郭子儀—四月一日戊寅遷司空充關內河東副元帥仍兼武尚平章事長史節度並如故　五月十七甲子貶左僕仍兼武尚平章事元帥長史節度並如故　十二月十五戊午遷司徒卸武尚餘並如故時階銀靑

兵部尚書　十二月十五戊午復舊名

●李光弼—十二月十五戊午由檢校司徒兼戶尚平章事河東節度遷司空兼兵尚仍平章事領節度時階銀靑

呂諲—夏秋由御丞遷

兵部侍郎　十二月十五戊午復舊名

杜鴻漸—五月十日丁巳兼大御出爲河西節度

兵部侍郎　十二月十五戊午復舊名

顏眞卿—四月由工尚河北採訪入遷　六七月兼大御　十一月左遷馮翊太守

●李麟—正月五日甲寅同平章事總上皇行在百司

刑部尚書　十二月十五戊午復舊名

十二月從上皇還京　同月十五戊午進同三品進階金紫

王綰—秋見在憲侍任

韓擇木—冬見在憲侍兼御丞任

刑部侍郎　十二月十五戊午復舊名

顏眞卿—四月遷憲尙

王思禮—十二月十五戊午由大御兼工尚充關內節度遷工尚仍兼大御領節度時階開府

李遵—冬見在任時階銀靑　十二月十五戊午進階特進

| | 〔兵尙〕 | 〔兵侍〕 | 〔兵侍〕 | 〔刑尙〕 | 〔刑侍〕 | 〔工尙〕 | 〔工侍〕 |
|---|---|---|---|---|---|---|---|
| （七五八）至德三 乾元元 〔二月改〕 | ●李光弼—八月十七丙辰遷侍中仍領節度<br>王思禮—八月十七丙辰由工尙兼大御關內節度遷兵尙仍領節度時階開府<br>旋兼潞沁節度 | 呂諲 | | ●李麟—五月二十四乙未罷爲少傅<br>李齊物—十月二十己未(?)由鳳翔尹遷 | | 王思禮—八月十七丙辰遷兵尙餘如故 | 李遵 |
| （七五九）乾元二 | 王思禮—七月二十三丁亥兼太原尹河東節度 | ●呂諲—三月二十八甲午以本官同平章事七月二十七辛卯丁憂罷十月二十九壬戌起復十二月二日甲午判度支充鹽鐵轉運等使同月十四丙午遷黃郎仍平章事判度支充使 | 裴遵慶—春夏以前由右丞換是年或明年換戶侍 | ○王嶼—三月二十九乙未由中郎平章事罷爲刑尙七月十七辛巳出爲蒲同絳三州節度 | 李曄—四月或五月上旬由刑侍貶嶺下尉 | 李遵—是年由工侍兼宗正遷工尙仍兼宗正時階特進 | 李遵—是年遷工尙仍領宗正<br>于休烈—九月七日庚午由少太常知禮儀事遷工侍仍知禮儀事 |
| （七六〇）乾元三 上元元 〔閏四月改〕 | 王思禮—閏四月七日丁卯遷司空 | | 尙衡—十月二十七甲申由兵侍出爲靑登節度 | | 顏眞卿—正二月由浙西節度入遷八月哉生魄（十六日）貶蓬州長史 | 李遵—四月見在任是年或明年徙少傅 | 于休烈—蓋是年徙國子祭酒 |

| （七六一）上元二 | （七六二）元年 寶應元（四月改）〔此年本廢年號但稱元年以建子月爲歲首月以所建辰爲名四月復建年號曰寶應並復寅正今據最後改定本年自寅正起〕 **代宗**〔四月二十己巳即位〕 |
|---|---|
| 李輔國—八月一日癸丑由殿中監判元帥府司馬閑廄總監隴右羣牧等使遷兵尚仍判司馬領諸使時階開府 | ●李輔國—四月二十六乙亥進號尚父五月四日壬午遷司空兼中令仍兼兵尚司馬領諸使六月十一己未卸兵尚罷判使<br>●來瑱—九月四日庚辰由檢校戶尚山南東道節度入遷兵尚同平章事仍領節度 |
| | 王縉—是年或上年由工侍遷 |
| | 嚴武—春蓋由兵侍出爲劍南西川節度（或六月由西川節度入遷兵侍） |
| 盧元裕（正己）—正月二十八甲寅見在任 | 盧元裕—九月仍見在任蓋年末徙太府 |
| | |
| 李之芳—蓋上元中由工侍轉右庶 | 王縉—是年或上年由工侍遷兵侍<br>李進—冬由給事遷工侍署雍王元帥府行軍司馬 |

| | 〔兵尚〕 | 〔兵侍〕 | 〔兵侍〕 | 〔刑尚〕 | 〔刑侍〕 | 〔工尚〕 | 〔工侍〕 |
|---|---|---|---|---|---|---|---|
| （七六三）寶應二 廣德元〔七月改〕 | ●來瑱—正月二十八壬寅流播州賜死時階開府<br>李抱玉—六月十一癸未由陳鄭澤潞節度遷司空兼兵尚仍領節度 | 王縉—正月七日辛巳在兵侍兼大御任時階銀靑<br>三月十八辛酉以前徙左（右）騎<br>李進—蓋是年由工侍遷 | 裴士淹—三月二十七庚午見在任<br>張重光—蓋是年始任<br>十月見在任 | ○房琯—四月由漢刺遷刑尚<br>進階特進<br>八月四日甲戌卒於道 | 王翃—是年或上年冬遷任 | 盧正己（元裕）—是年或上年冬由太府遷工尚東都留守 | 李進—蓋是年遷兵侍<br>李栖筠—秋冬由給事遷 |
| （七六四）廣德二 | 李抱玉—九月十七辛亥遷司徒兼鳳翔隴右節度 | ●杜鴻漸—正月二十五癸亥由太常充禮儀使遷兵侍同平章事時階光祿<br>同月二十九丁卯加莊宅使<br>四月二十七甲午遷中郎仍平章事 | 張重光 | *顏眞卿—正月五日癸卯由右丞遷檢校刑尚充朔方宣慰使未行留知省事時階金紫 | 王翃—三月見在任<br>高適—是年由劍南西川節度入遷<br>是年徙左騎 | ○*崔渙—約是年由吏侍遷檢校工尚知省事 | 李栖筠—三月見在任<br>是年出爲常刺 |
| （七六五）永泰元 | | 敬括—蓋永泰中或稍前由給事遷兵侍徙大理 | 張重光 | 顏眞卿—是年蓋正除 | 魏少遊—是年秋以前或上年由京尹換時階金紫 | ○*崔渙—三月一日壬辰見在任侍詔集賢後遷大御 | |

| | | | |
|---|---|---|---|
| 年 | （七六六）永泰二 大曆元〔十一月改〕 | （七六七）大曆二 | （七六八）大曆三 |
| | | ●李抱玉—秋由檢校左僕平章事河西隴右副元帥鳳翔等道節度復爲兵尚仍平章事領元帥節度 | ●李抱玉 |
| | | | 李涵—正月二十九甲戌由左丞轉　閏六月二十五丁卯兼大御宣慰河北時階銀靑 |
| | 張重光 | 張重光—正月十三甲子出爲華刺 | 賈至—正月二十九甲戌由右丞換 |
| | 顏眞卿—二月九日乙未貶峽州別駕　＊路嗣恭—是年由朔方節度留後還檢校刑尚知省事 | | |
| | 魏少遊 | 魏少遊—四月二十己亥出爲江西觀察階如故　黎幹—是年由京尹換 | 黎幹 |
| | | ＊于休烈—七月一日戊申由右騎遷檢校工尚知省事兼判太常　蓋旋卸 | 趙國珍—由黔督入遷　是年九月十六丁亥卒　于休烈—蓋是年又正除工尚　進階金紫 |
| | 趙縱—蓋是年或稍前由給事遷 | 趙縱—正月六日丁巳見在任　徐浩—春由中舍集學副知院遷時階銀靑　五月二十五癸酉出爲嶺南節度階如故　蔣渙—是年由右騎遷時階銀靑 | 蔣渙—正月二十九甲戌還左丞階如故 |

| 年 | 〔兵尚〕 | 〔兵侍〕 | 〔兵侍〕 | 〔刑尚〕 | 〔刑侍〕 | 〔工尚〕 | 〔工侍〕 |
|---|---|---|---|---|---|---|---|
| 大曆四（七六九） | ●李抱玉 | 李涵—五月二十四辛卯使回紇 | 賈至 | | 黎幹 | 于休烈 | |
| 大曆五（七七〇） | ●李抱玉 | 李涵 | 賈至—三月二十八辛卯還京尹兼大御時階正議<br>韓滉—是年以給事知兵部選事<br>張孚—十月十五癸卯或稍後見在任時階銀青 | *蔣渙—是年或前後一年在檢校刑尚知省事任時階銀青後以檢校本官兼鴻臚階如故 | 黎幹—五月九日辛未出爲桂管觀察 | 于休烈 | |
| 大曆六（七七一） | ●李抱玉 | 李涵 | | | | 于休烈 | 劉希逸—唐中葉蓋大曆前後官至工侍 |
| 大曆七（七七二） | ●李抱玉 | 李涵—二月三日甲寅出爲浙西觀察 | | | 閻伯璵—大曆五年至九年間或廣德永泰間由黎刺入遷時階銀青 | 于休烈—是年卒<br>李勉—十一月十五辛卯由嶺南節度入遷 | 崔侁—蓋大曆中或稍前後官至工侍 |
| 大曆八（七七三） | ●李抱玉 | | | | 李澥—蓋大曆中或稍前官至刑侍 | 李勉—三月一日丙子出爲永平節度 | |

| | | | | | |
|---|---|---|---|---|---|
| （七七四）大曆九 | ●李抱玉 | | | | |
| （七七五）大曆一〇 | ●李抱玉 | | | | |
| （七七六）大曆一一 | ●李抱玉 | | | | |
| （七七七）大曆一二 | ●李抱玉—三月三日乙卯薨 | 袁傪—三月二十八庚辰見在任 | | *王昂—五月十一辛酉由檢校刑尚知省事貶連刺<br>顏眞卿—八月二十五甲辰由湖刺入遷時階金紫 | 蕭昕—十一月二十五癸酉由右騎遷 |
| （七七八）大曆一三 | *路嗣恭—十二月十四丙戌由江西觀察入遷檢校兵尚知省事 | 袁傪 | 黎幹—是年由京尹換 | 顏眞卿—春遷吏尚階如故 | |

| | 〔兵尚〕 | 〔兵侍〕 | 〔兵侍〕 | 〔刑尚〕 | 〔刑侍〕 | 〔工尚〕 | 〔工侍〕 |
|---|---|---|---|---|---|---|---|
| （七七九）大曆一四 **德宗** 〔五月二十三癸亥即位〕 | 路嗣恭—閏五月二十一庚寅正除兵尚出爲東都留守 | 袁傪—七月見在任 | 黎幹—閏五月二十七丙申賜死 劉迺—九月十九丙戌由給事遷權知兵侍 | | | ○喬琳—十一月十六壬午由大御平章事罷爲工尚 | |
| （七八〇）建中元 | 路嗣恭 | | 劉迺 | | 蔣沇—是年五月以前由東都副留守入遷 是月充删定格式副使 是年徙大理 | ○喬琳—十月三十庚申以本官充奉迎皇太后副使 | |
| （七八一）建中二 | 路嗣恭—正月十七丙子兼鄭汝陝河陽三城節度及東都畿觀察 九月八日癸亥卒 | | 劉迺 | | | ○喬琳 | |

| | | | | | | | |
|---|---|---|---|---|---|---|---|
| (七八二)建中三 | | 蕭復—七月十三甲午由前同刺遷 | 劉廼 | | 關播—秋由給事遷是秋蓋八月二十七丁丑稍前遷吏侍<br>班宏—八月二十七丁丑稍前由給事遷 | ○喬琳 | 蔣鎮—是年或上年由給事遷 |
| (七八三)建中四 | | 蕭復—九月二十六庚子遷戶尚充荆湘等道行軍元帥長史 | 劉廼—夏正除十月駕幸奉天廼臥病不及從 | | 班宏—春夏遷吏侍<br>●劉從一—十月十三丁巳由吏部郎中兼御丞荆襄江西諸道元帥判官擢遷刑侍同平章事 | ○喬琳—七月見在任十月初旬遷吏尚 | 蔣鎮—二月三十丁丑以本官充禮儀使十月涇原兵變朱泚僞署宰相 |
| (七八四)興元元 | 崔漢衡—十一月某日或十二月十日丁丑由檢校兵尚兼秘書監西京留守正除兵尚爲東都河陽淄青魏博賑給宣慰使時階銀靑 | ●盧翰—正月十四丙戌由吏侍遷兵侍同平章事六月十四癸丑遷門郎仍平章事時階銀靑 | 劉廼—二三月絕食卒<br>韓洄—三月由蜀刺遷六月遷京尹<br>李紓—六月由前同刺遷十月三日辛丑見在任冬兼知吏部選事 | ○關播—正月一日癸酉由中郎平章事罷爲刑尚時階銀靑 | ●劉從一—六月十四癸丑遷中郎仍平章事<br>杜亞—七月二十六乙未由睦刺入遷十二月十三庚辰出爲淮南節度時階正議 | 賈耽—四月十七丁巳由檢校工尚山南東道節度入遷 | 劉太眞—秋冬由中舍遷十一(二)月丁丑見在任充河東等道賑給宣慰使 |

| | 貞元元（七八五） | 貞元二（七八六） |
|---|---|---|
| 〔兵尚〕 | 崔漢衡—是年爲幽州宣慰使 | 崔漢衡<br>●齊映—正月二十二癸丑詔宰相判六部映判兵部 十二月二日丁巳罷判 |
| 〔兵侍〕 | 柳渾（載）—七月二十四丁巳由右騎遷時階銀青 | 柳渾 |
| 〔兵侍〕 | 李紓 | 李紓 |
| 〔刑尚〕 | ○關播 | ○關播—二月在刑尚知刪定禮儀使任<br>●李勉—正月二十二癸丑詔宰相判六部勉判刑部 十二月二日丁巳罷判 |
| 〔刑侍〕 | 包佶—三月一日丙申由左庶汴東水陸運使遷 是年徙國子祭酒<br>劉太眞—是年由工侍遷 | 劉太眞—正月十六丁未徙秘書監<br>韓洄—正月十六丁未由京尹換 |
| 〔工尚〕 | 賈耽—二月一日丙寅充東都河南宣慰使 六月十九壬午以本官充東都留守時階銀靑 | 賈耽—七月二十二己酉加唐鄧觀察 九月十一丁酉檢校右僕出爲義成節度<br>●崔造—正月二十二癸丑詔宰相判六部造判戶部工部 十二月二日丁巳罷判 |
| 〔工侍〕 | 劉太眞—二月一日丙寅以本官充河南宣慰使 是年遷刑侍 | |

| 貞元三（七八七） | 貞元四（七八八） | 貞元五（七八九） | 貞元六（七九〇） |
|---|---|---|---|
| 崔漢衡—五月四日丁亥以本官充吐蕃清水會盟副使閏五月十九辛未爲蕃所執八月七日丁亥得還 | 崔漢衡—七月二十乙丑檢校吏尚出爲晉慈隰觀察 | ○關播—約是年由刑尚遷辭疾徙少師致仕 | |
| ●柳渾—正月二十七壬子以本官同平章事仍判門下省事八月九日己丑罷爲右騎 | 裴諝—是年或明年由賓客遷 | 裴諝—十二月四日辛未出爲河南尹東部副留守 | 陸贄—二月十九丙戌由前中舍翰學遷權知兵侍復充翰學 |
| 李紓—正月見在任 | 李紓—八月十三戊子尚在任冬遷吏侍 | 韓洄—是年由秘書監遷 | 韓洄 |
| ○關播 | ○關播—十一月加檢校右僕使吐蕃 | ○關播—是年遷兵尚 | |
| 韓洄—冬或明年徙秘書監<br>馬炫—冬或明年由左騎遷 | 馬炫—是年或明年遷兵尚致仕 | | 杜黃裳—蓋春由河南尹入遷 |
| | | | |
| 張彧—是年始任 | 張彧 | 張彧 | 張彧 |

| | （七九一）貞元七 | （七九二）貞元八 | （七九三）貞元九 | （七九四）貞元一〇 |
|---|---|---|---|---|
| 〔兵尚〕 | | | | |
| 〔兵侍〕 | 陸贄—八月八日丙申正除兵侍出院 多以本官權知明年春貢舉 | 陸贄—四月十一乙未遷中郎同平章事 | | |
| 〔兵侍〕 | 韓洄—十一月徙國子祭酒時階太中 | 韓皋—春夏或上年冬由右丞換 | 韓皋 | 韓皋 |
| 〔刑尚〕 | | ○劉滋—正月二十二丁丑由吏尚換時階金紫 | ○劉滋—正月削金紫階 | ○劉滋—十月二十二壬戌卒 |
| 〔刑侍〕 | 杜黃裳—春以本官知貢舉放榜 是年遷吏侍 | | | 奚陟—是年或前後一年由中舍遷 |
| 〔工尚〕 | 歸崇敬—八月一日己丑由檢校戶尚兼左騎翰學遷工尚仍充翰學時階特進 | 歸崇敬—七月一日甲寅遷兵尚致仕 | | 于頎—貞元中蓋十年前後由少保遷工尚又徙少師 |
| 〔工侍〕 | 張彧—是年尚見在任 | 薛季連—蓋德宗世或稍前官至工侍 | | |

| | | | | | | | |
|---|---|---|---|---|---|---|---|
| 貞元一一（七九五） | 〇董晉—五月以後由禮尚遷 | | 韓皐—四月二十六癸亥遷京尹 | | 奚陟—以本官兼領選事 | | |
| 貞元一二（七九六） | 〇董晉—三月十六戊申以本官充東都留守七月六日乙未檢校左僕平章事充宣武節度 | | | | 奚陟—是年遷權知吏侍 | | |
| 貞元一三（七九七） | | | | | 張彧—秋冬見在任 | | 鄭餘慶—五月二十八癸丑由庫部郎中翰學遷工侍知吏部選事 |
| 貞元一四（七九八） | | | | | 張彧—是年徙衞尉 | | 鄭餘慶—七月二十五壬申遷中郎同平章事 |
| 貞元一五（七九九） | | | | | | | |
| 貞元一六（八〇〇） | | | | | | | |

| | 〔兵尚〕 | 〔兵侍〕 | 〔兵侍〕 | 〔刑尚〕 | 〔刑侍〕 | 〔工尚〕 | 〔工侍〕 |
|---|---|---|---|---|---|---|---|
| 貞元一七（八〇一） | | | | 王鍔—蓋夏由嶺南節度入遷 | | | 趙植—五月二十五丙戌由工侍出爲嶺南東道節度 |
| 貞元一八（八〇二） | 顧少連—六月八日癸巳由吏尚換兵尚充東都留守 | | | 王鍔—十月四日丁亥檢校兵尚出爲淮南節度副使兼行軍司馬 | | | 崔淙—貞元末由陝虢觀察入遷旋遷工尚致仕時階銀靑 |
| 貞元一九（八〇三） | 顧少連—十月四日辛巳卒 | | | | | | |
| 貞元二〇（八〇四） | | | | | 鄭雲逵—冬見在任時階正議 | 劉公濟—正月二十三己亥由鄜坊丹延節度入遷 | 張薦—五月二日乙亥由秘書監遷工侍兼大御充入蕃弔祭使七月六日戊寅卒於道時階中大夫 |

| | |
|---|---|
| (八〇五)<br>貞元二一<br>順宗<br>(正月二十六丙申即位)<br>永貞元<br>(八月五日辛丑改)<br>憲宗<br>(八月四日庚子受內禪九日乙巳即位) | (八〇六)<br>元和元 |
| 王純(更名紹)—三月中旬由戶尚判度支遷兵尚罷判<br>四月更名<br>十二月五日庚子檢校吏尚出爲東都留守 | |
| 馮伉—二月二十二壬戌由給事遷<br>是年或明年春徙國子祭酒<br>李巽—是年蓋八月以前由檢校散騎江西觀察入遷<br>在途加度支鹽運副使 | 李巽—四月十四丁未進判度支兼鹽運使 |
| 鄭雲逵—夏秋由刑侍遷<br>秋冬最遲明年春夏換御丞 | 韋武—春或上年冬由晉慈隰觀察入遷時階銀青<br>五月八日辛未遷京尹兼大御階如故<br>權德輿—五六月由戶侍遷時階朝散<br>冬遷吏侍階如故 |
| ●高郢—三月二十一庚寅由中郎平章事遷刑尚仍平章事<br>時階銀青<br>七月二十八乙未罷守本官階如故<br>同時或稍後判吏尚事<br>十月十九甲寅出爲華刺 | |
| 鄭雲逵—正月二十六丙申見在任<br>夏秋遷兵侍<br>許孟容—夏秋由少太常遷 | 許孟容—冬見在任時階朝請 |
| 崔衍—八月十八甲寅由宣歙觀察入遷 | 張惛—十一月十九戊申由檢校工尚武寧節度遷<br>十二月十六乙亥卒於徐 |
| | |

| | 〔兵尚〕 | 〔兵侍〕 | 〔兵侍〕 | 〔刑尚〕 | 〔刑侍〕 | 〔工尚〕 | 〔工侍〕 |
|---|---|---|---|---|---|---|---|
| 元和二（八〇七） | 李巽—三月十五癸卯由兵侍判度支鹽運使遷兵尚落判度支仍充鹽運使 | 李巽—三月十五癸卯遷兵尚落判度支仍充使 | | | 許孟容—七月見在任 | | |
| 元和三（八〇八） | 李巽—正月十一癸巳見在兵尚兼大御任時階銀青是年遷吏尚仍充使階如故 | 權德輿—三月以前由賓客復遷時階朝議三月二十五丁未見在任時階太中 | 衞次公—夏由中舍遷權知兵侍六月二十五丙子充翰學承旨 | 鄭元—春由戶侍兼大御判度支遷刑尚兼京尹九月復兼大御判度支 | 許孟容—是年遷右丞<br>楊憑—是年由左騎遷 | | |
| 元和四（八〇九） | ○高郢—四月二十九甲辰由大御遷 | 權德輿—四月二十九甲辰徙太常時階通議 | 衞次公—三月徙賓客出院 | 鄭元—四月罷判使五月十六辛酉卒<br>李鄘—六月三日丁丑由河東節度入遷刑尚兼大御充鹽運使 | 楊憑—蓋春遷京尹 | 趙昌—是年或前後一年由賓客遷工尚兼大理歲餘卸大理 | 張弘靖—是年由中舍遷工侍同年遷戶侍<br>歸登—是年由給事遷十月二十一癸巳充皇太子諸王侍讀 |

<table>
<tr><td>（八一〇）<br>元和五</td><td>〇高郢—九月二十六癸亥還右僕致仕<br>〇裴垍—十一月二十三庚申由中郎平章事罷爲兵尚進階銀青</td><td>王播—三月五日乙巳由兵侍換御丞<br>許孟容—十月一日戊辰由京尹換</td><td rowspan="3">薛貽謀—蓋元和中官至兵侍</td><td>李鄘—十二月七日癸酉檢校吏尚出爲淮南節度</td><td>崔樞—春見在刑侍權知貢舉任<br>盧坦—十二月七日癸酉由宣歙觀察入遷刑侍充鹽運使</td><td>趙昌</td><td>歸登</td></tr>
<tr><td>（八一一）<br>元和六</td><td>〇裴垍—四月四日戊辰轉賓客<br>〇鄭餘慶—四月十五己卯由檢校兵尚東都留守正除兵尚仍充留守　十月七日戊辰遷吏尚<br>王紹（純）—冬由檢校右僕武寧節度入遷</td><td>許孟容—冬以本官權知明年春貢舉</td><td>〇趙宗儒—四月十五己卯由檢校吏尚荆南節度入遷</td><td>盧坦—四月六日庚午遷戶侍判度支<br>王播—四月六日庚午由京尹換刑侍充鹽運使</td><td>趙昌—十一月十四乙巳檢校兵尚出爲華刺</td><td>歸登—正月一日丙申見在任　三月八日壬寅見在任時階銀青　四月以前徙左（右？）騎階如故</td></tr>
<tr><td>（八一二）<br>元和七</td><td>王紹—正月十日庚午判戶部事</td><td>許孟容—二月十三壬寅出爲河南尹時階蓋正議</td><td>〇趙宗儒—正月九日己巳檢校吏尚出爲山南西道節度</td><td>王播</td><td></td><td></td></tr>
</table>

| | 元和八（八一三） | 元和九（八一四） | 元和一〇（八一五） |
|---|---|---|---|
| 〔兵尚〕 | 王紹—四月九日辛卯見在任時階銀青 | 王紹—十一月三十癸卯卒時階如故 | |
| 〔兵侍〕 | 衞次公—蓋是年冬由陝虢觀察入遷 | 衞次公 | 衞次公 |
| 〔兵侍〕 | | 楊於陵—三月或稍後由吏侍轉兵侍兼大御判度支時階銀青 | 楊於陵 |
| 〔刑尚〕 | | ●張弘靖—六月二十七壬寅由檢校禮尚河中節度入遷刑尚同平章事時階正議十二月七日庚戌遷中郎仍平章事 | ○權德輿—是年由太常遷十月十一月均見在任 |
| 〔刑侍〕 | 王播—四月九日辛卯見在任時階朝議 | 王播 | 王播—四月遷禮尚兼大御仍充使<br>裴度—五月十一辛巳以御丞兼時階朝議郎六月二十五乙丑遷中郎同平章事進階朝議<br>劉伯芻—秋冬由虢刺入遷蓋知是年冬遷 |
| 〔工尚〕 | | ○鄭絪—五月一日丁未由檢校禮尚嶺南東道節度遷後轉太常 | 韓章—元和中官至工尚 |
| 〔工侍〕 | 任迪簡—是年由檢校工尚義武節度入遷至京徙賓客 | 郭鈞—蓋元和中官至工侍 | 裴淥—蓋元和末前後官至工侍 |

| 元和一一（八一六） | 元和一二（八一七） | 元和一三（八一八） |
| --- | --- | --- |
| ○李絳―二月十八甲寅由檢校戶尚華刺入遷　冬或明年春夏丁憂免 | ○趙宗儒―七月由檢校右僕河中節度入遷　九月徙少傅權知吏尚銓事 | |
| 衛次公 | 衛次公―夏秋間遷左丞 | ○王涯―八月一日壬子由中郎平章事罷爲兵侍時階銀青　冬或明年遷吏侍 |
| 楊於陵―四月十五庚戌貶郴刺 | | 歸登―元和末由左騎遷兵侍兼判國子祭酒 |
| ○權德輿―十月二十五丁巳檢校吏尚出爲山南西道節度 | 王播―十一月以禮尚攝 | 李愿―七月由武寧節度入遷 |
| 馬總―是年由嶺南節度入遷 | 馬總―七月二十九丙辰以本官兼大御充淮西行營諸軍宣慰副使　十一月二十三戊申出爲彰義節度留後<br>韓愈―十二月二十一丙子由右庶遷 | 韓愈 |
| | 郗士美―八月三日庚申由檢校工尚昭義節度入遷 | 郗士美 |
| 王涯―十月十七己酉由中舍翰學承旨遷工侍進階通議仍充承旨　十二月十六丁未遷中郎同平章事階如故 | 孟簡―正月下旬由浙東觀察入遷　八月三日庚申遷戶侍 | ●程异―九月二十三甲辰由衞尉兼大御鹽運使遷工侍同平章事仍充使時階朝散 |

| | (八一九)元和一四 | (八二〇)元和一五　穆宗（閏正月三日丙午即位） | (八二一)長慶元 |
|---|---|---|---|
| 〔兵尚〕 | | ○李絳—七月二日壬寅由檢校吏尚河中觀察入遷 九月二十八丁卯換大御 | ○李絳—是年復遷檢校右僕兼兵尚時階中大夫 蓋七月遷兼吏尚 |
| 〔兵侍〕 | | | 張賈—四月見在任 |
| 〔兵侍〕 | 歸登—六月十四庚申遷工尚<br>柳公綽—秋冬或明年由刑侍鹽運使遷兵侍兼大御仍充使 | 柳公綽 | 柳公綽—二月五日壬申罷使職 三月二十二戊午遷京尹兼大御時階蓋正議 |
| 〔刑尚〕 | 李愿—四月十一戊午檢校左僕出爲鳳翔隴右節度 | 郭釗—三月二十三乙丑由司農遷刑尚仍兼司農 | 郭釗—正月六日癸卯檢校戶尚出爲河陽節度 |
| 〔刑侍〕 | 韓愈—正月十四癸巳貶潮刺<br>柳公綽—是年由前京尹起爲刑侍 五月一日戊寅以本官充鹽運使 是年或明年遷兵侍兼大御仍充使 | 李建—四月稍後由禮侍遷 多以本官知吏部選事 | 李建—二月十三庚寅卒時階中大夫 |
| 〔工尚〕 | 鄒士美—五月十三庚寅檢校刑尚出爲忠武節度<br>歸登—六月十四庚申由兵侍遷 | 歸登—六月十九己丑卒 | ○韋貫之—是年由河南尹遷未行十月十四丁丑卒 |
| 〔工侍〕 | ●程异—四月二十四辛未薨 | 薛放—閏正月十日癸丑由兵部郎中太子侍讀遷 | 薛放—三月十四庚戌遷刑侍 |

| | |
|---|---|
| | 長慶二（八二二） |
| ○蕭俛—蓋七月由吏尚換 十月十日癸酉見在任時階正議 | ○蕭俛—三月二日癸巳徙少保<br>○李逢吉—三月二日癸巳由山南東道節度入遷 六月五日甲子遷門郎同平章事時階正議 |
| 薛放—十二月或明年正二月由刑侍遷 | 薛放—六月稍後見在任 |
| 韓愈—七月二十六庚申由國子祭酒遷時階蓋朝散或稍高 | 韓愈—九月遷吏侍 |
| 王播—二月五日壬申由檢校戶尚劍南西川節度入遷刑尚充鹽運使時階中散 十月三日丙寅遷中郎同平章事仍充使時階太中 | 李遜—正月二十三乙卯由前鳳翔節度遷 同月二十七己未卒<br>○崔植—二月十九辛巳由中郎平章事罷爲刑尚時階正議 |
| 薛放—三月十四庚戌由工侍遷 十一月二十七庚申見在任 十二月或明年正二月遷兵侍 | 庾承宣—春或上年十二月始任 三月二十六丁巳以前遷右丞<br>韋弘景—是年由給事遷 |
| 崔倰—十月二十六己丑由戶侍判度支遷工尚仍判度支 | 崔倰—正月二十二甲寅檢校禮尚出爲鳳翔隴右節度<br>鄭權—十月二十二己卯由工侍遷 |
| 丁公著—三月十四庚戌由給事遷工侍兼集學 十月九日壬申檢校左騎出爲浙東觀察<br>元稹—十月十九壬午由中舍翰學承旨遷工侍出院 | ●元稹—二月十九辛巳以本官同平章事時階中散 六月五日甲子罷爲同刺時階通議<br>鄭權—是年由河南尹入遷 十月二十二己卯遷工尚<br>許季同—十月二十二己卯由前華刺遷 |

| | 〔兵尙〕 | 〔兵侍〕 | 〔兵侍〕 | 〔刑尙〕 | 〔刑侍〕 | 〔工尙〕 | 〔工侍〕 |
| --- | --- | --- | --- | --- | --- | --- | --- |
| 長慶三（八二三） | ○鄭絪—是年或明年春夏蓋由少傅遷 | 薛放—是年不能早過上年十一月遷禮尙判集賢院事<br>王起—是年由禮侍遷 | 武儒衡—是年由前禮侍遷權知兵侍月餘丁憂免<br>韓愈—十月五日丙戌由京尹換 同月十一壬辰遷吏侍<br>韋處厚—十月二十三甲辰由中舍翰林侍講遷權知兵侍仍充侍講 | ○崔植—正月見在任 是年出爲鄂岳觀察<br>○段文昌—多由劍南西川節度入遷 | 韋弘景—正月見在任 | 鄭權—四月二十五己酉檢校刑尙出爲嶺南東道節度<br>胡証—是年由檢校工尙兼金吾大將軍遷 | 許季同—蓋是年卸<br>錢徽—蓋三四年由湖刺入遷又出爲華刺 |
| 長慶四（八二四）<br>**敬宗**<br>〔正月二十六丙子即位〕 | ○鄭絪—六月二十九丁未遷吏尙<br>郭釗—七月三日庚戌由河中節度入遷檢校左僕兼兵尙 | 王起—九月二十三己巳出爲河南尹<br>李宗閔—十月二十七壬寅由禮侍遷權知兵侍 | 韋處厚—二月十三癸巳進充承旨 十月十四己丑正除兵侍仍充承旨 | ○段文昌—正月二十三癸酉見在任 三月十八丁卯兼判左丞事 | 韋弘景—十月二十七壬寅遷吏侍<br>于敖—十月二十七壬寅由工侍遷 | 胡証—三月十一庚申遷檢校戶尙兼京尹 | 張惟素—六月二日庚辰卒於工侍任<br>于敖—是年由給事遷 十月二十七壬寅遷刑侍<br>鄭覃—十月二十七壬寅由御丞遷權知工侍 |

| | | | | | | | |
|---|---|---|---|---|---|---|---|
| （八二五）<br>寶曆元 | 郭釗—三月一日乙巳出爲劍南東川節度<br>○段文昌—閏七月二十七戊戌由刑尚判左丞遷兵尚仍判左丞 | 李宗閔—是年正除<br>是年或明年丁憂免 | 韋處厚 | ○段文昌—閏七月二十七戊戌遷兵尚仍判左丞 | 于敖—春遷戶侍<br>劉栖楚—四月一日甲戌由大諫宣授<br>十一月二十三壬辰遷京尹<br>盧元輔—十一月由工侍遷 | | 鄭覃—閏七月一日壬申遷京尹<br>盧元輔—閏七月十七戊子由給事遷<br>十一月遷刑侍<br>王璠—十一月二日辛未由御丞換 |
| （八二六）<br>寶曆二<br>**文宗**<br>〔十二月十二乙巳即位〕 | ○段文昌 | 丁公著—五月十七甲申由右丞換 | 韋處厚—十二月十七庚戌遷中郎同平章事<br>時階正議 | 柳公綽—十二月二十三丙辰由檢校左僕山南東道節度入遷 | 盧元輔 | 裴武—三月十五壬午由工尚出爲同刺 | 王璠—八月一日丙申出爲河南尹<br>徐晦—八月一日丙申由前福建觀察入遷<br>旋出爲同刺 |
| （八二七）<br>寶曆三<br>大和元<br>〔二月改〕 | ○段文昌—正月八日庚午換大御<br>○崔羣—正月十六戊寅由宣歙觀察入遷 | 丁公著—秋換工侍<br>王起—六月或稍後一兩月由吏侍轉 | 路隋—正月八日庚午由中舍翰學遷兵侍進充承旨 | 柳公綽—八月十三壬寅復檢校左僕出爲邠寧節度 | 盧元輔 | 張正甫—二月七日己亥由右騎集學判院事遷 | 獨孤朗—正月八日庚午由御丞換<br>八月一日庚寅出爲福建觀察<br>丁公著—秋由兵侍換<br>冬知吏部西銓選事 |

| | 〔兵尚〕 | 〔兵侍〕 | 〔兵侍〕 | 〔刑尚〕 | 〔刑侍〕 | 〔工尚〕 | 〔工侍〕 |
|---|---|---|---|---|---|---|---|
| 大和二（八二八） | ○崔羣 | 王起—二月一日丁亥出爲陝虢觀察<br>盧元輔—二月十九乙巳由刑侍遷<br>八月四日丁巳出爲華刺<br>崔郾—蓋秋由前禮侍遷時階銀靑 | 路隋—十二月二十七戊寅遷中郎同平章事階由中散進正議<br>盧元輔—冬復由華刺入遷 | 柳公綽—七月一日乙酉復入爲檢校左僕兼刑尚 | 盧元輔—二月十九乙巳遷兵侍<br>白居易—二月十九乙巳由秘書監遷刑侍<br>冬末請長告 | 張正甫 | 丁公著—春正拜吏侍 |
| 大和三（八二九） | ○崔羣—二月一日辛亥檢校吏尚出爲荆南節度 | 崔郾 | 盧元輔—七月十七乙未卒<br>李德裕—八月十六癸亥由檢校禮尚浙西觀察入遷時階銀靑<br>九月十五壬辰檢校戶尚出爲義成節度階如故 | 柳公綽 | 白居易—春蓋正二月病免<br>高釴—七月由中舍遷 | 張正甫 | 庾敬休—大和初由前兵部郎中知制誥服闋遷工侍 |

| | | | | | | | |
|---|---|---|---|---|---|---|---|
| 大和四（八三〇） | ●牛僧孺—正月十六辛卯由檢校吏尚平章事武昌節度入遷兵尚同平章事時階金紫 | 崔鄲—正月十七壬辰出爲陝虢觀察階如故<br>鄭澣（涵）—是年由禮侍遷 | 徐晦—是年由同刺入遷 | 柳公綽—三月一日乙亥復檢校左僕出爲河東節度<br>崔弘禮—四月二十七辛未由檢校左僕東都留守遷刑尚以疾未至十月九日庚戌復爲東都留守<br>韋弘景—十二月二十八戊辰由河南尹遷刑尚充東都留守 | 高釴—冬遷吏侍 | 張正甫—蓋是年卸<br>鄭覃—三月三十甲辰由右騎翰林侍講遷工尚仍充侍講六月十七己未或明年六月十七癸未守本官出院 | 庾敬休—秋遷吏侍<br>崔琯—秋由給事遷十二月十六丙辰遷京尹<br>馮宿—十二月二十六丙寅由河南尹入遷 |
| 大和五（八三一） | ●牛僧孺—三月二十七乙丑遷中郎仍平章事 | 鄭澣 | 徐晦—是年徙賓客分司<br>溫造—四月一日己巳由檢校禮尚山南西道節度入遷七月五日辛丑檢校戶尚出爲東都留守 | 韋弘景—五月二十四辛酉卒 | 宇文鼎—蓋是年以御丞兼 | 鄭覃 | 馮宿 |

| | 兵尚 | 兵侍 | 兵侍 | 刑尚 | 刑侍 | 工尚 | 工侍 |
|---|---|---|---|---|---|---|---|
| 大和六（八三二） | 柳公綽—三月八日辛丑由檢校左僕河東節度入遷<br>四月三日乙丑卒<br>李德裕—十二月由檢校兵尚劍南西川節度入遷 | 鄭澣 | 王源中—秋由戶侍翰學承旨遷兵侍仍充承旨 | 殷侑—正月由檢校吏尚義昌節度入遷<br>二月一日甲子檢校吏尚出爲天平節度 | 宇文鼎—七月二十九己未遷戶侍判度支<br>馮宿—秋冬由工侍遷 | 鄭覃—三月十四丁未復以本官充侍講 | 馮宿—秋冬遷刑侍<br>李固言—是年由給事遷 |
| 大和七（八三三） | ●李德裕—二月二十八丙戌以本官同平章事時階銀青<br>七月十二丁酉遷中郎仍平章事<br>王起—九月中下旬由檢校吏尚河中節度入遷 | 鄭澣—是年遷吏侍<br>賈餗—五月由禮侍遷 | 王源中 | 高瑀—正月二十八丙辰由武寧節度入遷<br>六月十八甲戌徙少傅分司 | 馮宿 | 鄭覃—六月十六壬申換大御出院 | 李固言—四月二十三庚辰遷右丞<br>楊汝士—四月二十三庚辰由中舍遷 |

大和八（八三四）

王起—夏秋檢校右僕出爲山南東道節度

○李德裕—十月二十九丙午由新除檢校兵尚平章事山南西道節度留拜時階銀青

十一月二十九乙亥檢校右僕出爲鎭海節度

---

賈餗—十一月遷京尹兼大御

崔琯—是年由荆南觀察入遷

---

王源中—四月二十四乙巳遷禮尚出院

馮宿—四月以後由刑侍遷

---

---

馮宿—四月以後遷兵侍

裴潾—四月以後由左騎遷

十二月二十三己亥出爲華刺

李翺—十二月二十三己亥由湖南觀察入遷

---

---

楊汝士—七月七日丙辰出爲同刺

崔鄲—是年由中舍遷

冬以本官權知明春貢舉

十二月上旬正除禮侍

楊虞卿—十二月十三己丑由常刺入遷

| | 大和九（八三五） |
|---|---|
| 〔兵尚〕 | 王起—八月一日甲戌由檢校右僕山南東道節度入遷兵尙判戶部時階銀靑 |
| 〔兵侍〕 | 崔琯 |
| 〔兵侍〕 | 馮宿—是年蓋春檢校禮尙出爲劍南東川節度時階銀靑<br>李虞仲—是年由右丞換五月遷吏侍<br>許康佐—五月五日己酉由戶侍翰學承旨遷兵侍出院蓋是年遷禮尙<br>崔鄲—是年由禮侍遷多以兵侍判吏部東銓事 |
| 〔刑尙〕 | 殷侑—正月九日乙卯由檢校右僕天平節度入遷七月二十五戊辰復檢校右僕出爲天平節度<br>鄭覃—八月五日戊寅由秘書監遷十月三日乙亥遷右僕<br>王源中—十月二十八庚子由山南西道節度入遷十二月五日丙子出爲天平節度<br>殷侑—十二月五日丙子或稍後復由檢校右僕天平節度入遷 |
| 〔刑侍〕 | 李翺—春夏遷戶侍<br>蕭澣—七月十日癸丑由刑侍貶遂刺<br>鄭肅—七八月由給事遷八九月遷右丞<br>●舒元輿—九月十四丙辰以御丞兼判同月二十七己巳正除刑侍同平章事時階朝議郞十一月二十一乙丑爲宦官所殺<br>裴潾—冬末復由華刺入遷 |
| 〔工尙〕 | 鄭注—八月四日丁丑由太僕兼大御遷工尙充翰林侍講九月二十五丁卯檢校右僕出爲鳳翔隴右節度 |
| 〔工侍〕 | 楊虞卿—四月十六辛卯遷京尹<br>崔侑—是年始任工侍充太子侍讀七月十五戊午貶洋刺<br>歸融—八月二十癸巳或稍後由中舍翰學承旨遷工侍仍充承旨 |

| | | | | | | | |
|---|---|---|---|---|---|---|---|
| 開成元（八三六） | 王起—四月三日壬申見在兵尚判戶部任　同月二十七丙戌或稍前申能判戶部事　十一月十七壬午兼判太常事 | 崔琯—是年遷吏侍　裴潾—是年由刑侍遷 | 崔鄲—是年遷吏侍　楊汝士—七月由戶侍遷　十二月十八癸丑檢校禮尚出爲劍南東川節度 | 殷侑—七月二十四辛卯檢校左僕出爲山南東道節度 | 裴潾—是年遷兵侍　郭承嘏—是年由給事遷 | 韋縝—正月七日丁未由秘書監遷 | 歸融—春遷戶侍仍充承旨　陳夷行—六月二十四辛酉由少太常兼太子侍讀翰學承旨遷工侍仍兼侍讀充承旨 |
| 開成二（八三七） | 王起 | 裴潾—是年加集學判院事　三月二十九壬辰出爲河南尹 | 崔琯—蓋多以左丞權判兵部西銓事 | 鄭澣—正月十一乙亥由左丞遷刑尚仍判左丞事　十一月二十七丁亥檢校戶尚出爲山南西道節度 | 郭承嘏—二月二日丙申卒　狄兼謨—六月下旬由御丞遷 | 杜悰—十二月十三壬寅由檢校兵尚忠武節度入遷工尚判度支 | ●陳夷行—四月五日戊戌以本官同平章事　時階將仕郎 |
| 開成三（八三八） | 王起—五月五日辛酉充翰林侍講 | 裴潾—正月十八丁丑稍前復入遷　四月二十二己酉卒　高重—五月二十七癸未由鄂岳觀察入遷 | 歸融—是年由秘書監遷權知兵侍　同年遷吏侍　狄兼謨—九十月間由御丞換　十二月十七辛丑檢校工尚出爲河東節度 | | 狄兼謨—三月見在任　夏秋復換御丞 | 杜悰 | ●陳夷行—九月十四己巳遷門郎仍平章事　柳公權—九月十八癸酉由大諫翰學遷工侍進充承旨 |

| | 開成四（八三九） | 開成五（八四〇）<br>武宗（正月十四辛卯即位） |
|---|---|---|
| 〔兵尚〕 | 王起—三月十二甲午遷少師仍兼兵尚充侍講 | 王起—正月七日甲申進階金紫守本官出院八月十七庚申以本官充文宗山陵鹵簿使尋檢校左僕出爲東都留守 |
| 〔兵侍〕 | 韋溫—五月以後由右丞換 | 韋溫—蓋是年出爲陝虢觀察 |
| 〔兵侍〕 | | |
| 〔刑尚〕 | 崔珙—夏在刑尚充鹽運使任 | ●崔珙—五月四日己卯以本官同平章事仍充使時階銀青九月七日庚辰遷中郎仍平章事充使職 |
| 〔刑侍〕 | 高銖—閏正月由檢校左騎浙東觀察入遷七月二十三壬寅出爲河南尹<br>孫簡—七月下旬或八月一日庚戌由陝虢觀察入遷 | 孫簡—蓋是年遷吏侍 |
| 〔工尚〕 | 杜悰—四月十七戊辰稍後遷戶尚判戶部度支事 | |
| 〔工侍〕 | 柳公權 | 柳公權—三月九日乙酉徙右騎出院時階朝議<br>周墀—三月十三己丑由中舍翰學遷工侍仍充翰學六月十日甲寅守本官出院旋出爲華刺<br>李讓夷—是年冬或明年由中舍遷 |

| | | | | | | | |
|---|---|---|---|---|---|---|---|
| （八四一）會昌元 | | | | | 盧商—會昌初由浙西觀察入遷刑侍又遷京尹時約元二年 | | 李讓夷—是年最遲明年春遷戶侍 |
| （八四二）會昌二 | ○李固言—是年蓋在任 | 高元裕—會昌中蓋二三年由左騎遷 | | | 盧弘宣—會昌初由京尹換刑侍出爲劍南東川節度時約二三年 | | 李回—是年前後由中舍遷 |
| （八四三）會昌三 | ○李固言—是年或明年初換戶尚<br>鄭肅—是年或明年初由戶尚遷 | | 鄭涯—七月見在任 | | 李回—七月稍前蓋由工侍遷 | 韋琡—蓋會昌以後官至工尚 | 李回—七月稍前蓋遷刑侍 |
| （八四四）會昌四 | 鄭肅—秋後出爲山南東道節度<br>歸融—蓋是年冬始任 | 高元裕—五月以前或上年遷左丞 | 王彥威—會昌中曾官兵侍 | 楊汝士—春似在任 | 李回—秋蓋七八月遷戶侍判戶部事<br>劉三復—秋由給事遷九月見在任旋卒 | | 封敖—九月四日甲寅由中舍翰學遷工侍仍充翰學 |

| | （八四五）會昌五 | （八四六）會昌六 宣宗 〔三月二十六丁卯即位〕 | （八四七）大中元 |
|---|---|---|---|
| 〔兵尚〕 | 歸融—正月見在任 | 歸融 | 歸融 |
| 〔兵侍〕 | 白敏中—三月稍後由戶侍翰學承旨遷兵侍仍充承旨 | ●白敏中—五月五日乙巳以本官同平章事九月遷中郎仍平章事 | 周墀—六月由義成節度入遷兵侍判度支戶部事 |
| 〔兵侍〕 | | 盧商—五月由劍南東川節度入遷兵侍判度支九月遷中郎兼工尚同平章事 | 盧簡辭—大中初由戶侍遷旋檢校工尚出爲忠武節度 |
| 〔刑尚〕 | | 崔元式—是年由檢校禮尚河東節度入遷刑尚判度支 | ●崔元式—三月遷門郎仍兼刑尚同平章事 |
| 〔刑侍〕 | 盧簡辭—會昌中葉末葉遷刑侍旋遷戶侍 | | 馬植—二月由大理遷刑侍充鹽運使進階金紫 |
| 〔工尚〕 | 薛元賞—是年由檢校吏尚兼京尹遷工尚充鹽運使 | 薛元賞—四月四日甲戌貶忠刺<br>●盧商—九月由兵侍判度支遷中郎兼工尚同平章事 | ●盧商—三月檢校兵尚出爲武昌節度<br>盧弘宣—是年由檢校戶尚義武節度入遷 |
| 〔工侍〕 | 封敖—三月十八乙丑守本官出院是年遷御丞<br>盧弘正—是年由給事遷 | 盧弘正 | 盧弘正—三月遷戶侍判度支<br>封敖—三月由御丞換是年遷禮侍 |

| | | |
|---|---|---|
| 年 | 大中二<br>（八四八） | 大中三<br>（八四九） |
| | 歸融 | 歸融—十二月尚見在任 |
| | ●周墀—五月一日己未以本官同平章事落判使<br>六月二十二庚戌遷中郎仍平章事時階銀靑<br>魏扶—十一月見在兵侍判戶部任 | ●魏扶—四月一日乙酉以本官同平章事蓋罷判戶部時階正議 |
| | 崔璪—是年由吏侍轉兵侍充鹽運使 | 崔璪—四月或稍後檢校兵尚出爲河中節度 |
| | ●崔元式—正月五日丙寅遷兼戶尚仍門郎平章事<br>●白敏中—正月五日丙寅以中郎平章事兼 | ●白敏中—三月遷右僕進階金紫仍兼中郎平章事<br>●周墀—三月以中郎平章事兼刑尚時階銀靑<br>四月一日乙酉檢校本官出爲劍南東川節度<br>李玭—夏始任刑尚兼宗正<br>五六月檢校本官出爲鳳翔節度 |
| | 馬植—春見在任<br>五月一日己未稍前遷戶侍仍充使 | 李廓—春或上年由刑侍出爲武寧節度<br>韋有翼—蓋是年由陝虢觀察入遷<br>十一月換御丞時階朝請 |
| | 高少逸—大中初由左騎遷 | |
| | 裴諗—七月六日癸亥由中舍翰學遷工侍仍充翰學<br>十二月二十六壬子進充承旨 | 裴諗—五月二十三丙子守本官出院<br>是年或明年檢校左騎出爲宣歙觀察時階蓋太中 |

| | （八五〇）大中四 | （八五一）大中五 | （八五二）大中六 |
|---|---|---|---|
| 〔兵尚〕 | | | |
| 〔兵侍〕 | ●魏扶—六月二日戊申薨 | 裴休—是年由戶侍鹽運使遷兵侍仍充使 | 裴休—正月二十六癸巳或稍後月日遷禮尚仍充使時階正議<br>裴諗—正月二十六癸巳由檢校左騎宣歙觀察入遷權知兵侍時階太中 |
| 〔兵侍〕 | ●令狐綯—是年由戶侍判戶部事遷兵侍充翰學承旨<br>十月二十七辛未以本官同平章事 | ●令狐綯—四月十三乙卯遷中郎兼禮尚仍平章事<br>蘇滌—六月五日丙午由右丞翰學換兵侍仍充翰學 | 蘇滌 |
| 〔刑尚〕 | | | 韋損—是年或上年秋冬蓋由檢校戶尚武昌節度入遷<br>是年或明年春夏檢校兵尚出爲天平節度時階銀靑 |
| 〔刑侍〕 | 敬晦—是年或上年末由御丞遷刑侍充鹽運使<br>是年卸<br>裴休—是年由禮侍遷 | 裴休—二月遷戶侍充鹽運使<br>劉瑑—二三月由中舍遷<br>四月見在任後出爲河南尹 | 畢諴—七月七日壬申由中舍翰學遷權知刑侍出院時階朝散<br>明日癸酉出爲邠寧節度 |
| 〔工尚〕 | 陳商—大中世曾官工尚 | 鄭朗—五六年由宣武節度入遷工尚判度支 | |
| 〔工侍〕 | 庾簡休—蓋大中初或會昌中官至工侍 | 陸審傳—蓋會昌大中中或稍前後官至工侍 | 鄭薰—是年或上年由中舍遷 |

| 大中七（八五三） | 大中八（八五四） | 大中九（八五五） |
| --- | --- | --- |
| | | ●令狐綯—二月二十五甲戌由中郎兼戶尚平章事遷門郎兼兵尚仍平章事時階金紫 |
| | 韋有翼—十一二月或明年以兵侍兼大御充鹽運使 | 韋有翼—十一月檢校工尚出爲劍南東川節度時階朝散<br>柳仲郢—十一月由劍南東川節度新除吏侍轉兵侍兼大御充鹽運使時階正議 |
| 蘇滌—七月遷左丞出院時階銀青<br>崔璵—七月由前戶侍遷時階正議 | | |
| 崔璪—七月由左丞遷時階正議 | | |
| 鄭魯—大中中蓋七年前後由刑侍出爲河南尹 | 崔慎由—是年或上年由湖南觀察入遷出爲浙西觀察<br>孫景商—是年由京尹換 | 孫景商—是年檢校禮尚出爲天平節度 |
| | 楊漢公—是年由荊南節度入遷<br>是年轉秘書監 | 柳公權—是年或上年由國子祭酒遷時階金紫<br>夏秋見在任<br>冬徙少傅 |
| 鄭薰—是年遷禮侍時階中散 | 韋澳—五月十九癸卯由中舍翰學遷工侍仍充翰學 | 韋澳 |

| | 〔兵尙〕 | 〔兵侍〕 | 〔兵侍〕 | 〔刑尙〕 | 〔刑侍〕 | 〔工尙〕 | 〔工侍〕 |
|---|---|---|---|---|---|---|---|
| （八五六）大中一〇 | ●令狐綯—十月十八戊子遷右僕仍兼門郎平章事階如故 | 柳仲郢 | 蕭鄴—秋由戶侍判戶部事遷兵侍判度支時階朝散 | | 李鄴—是年以刑侍爲諸王侍讀<br>夏侯孜—是年由給事遷刑侍兼御丞是年又遷右丞仍兼御丞 | ●鄭朗—正月十三丁巳由大御遷工尙同平章事時階通議十月十八戊子遷中郎兼禮尙仍平章事階如故<br>●崔愼由—十二月二十三壬辰由戶侍判戶部事遷工尙同平章事時階太中 | 韋澳—五月二十五丁卯遷京尹出院<br>鄭處誨—是年由給事遷 |
| （八五七）大中一一 | 蘇滌—八月由太常遷兵尙權知吏尙銓事 | 柳仲郢 | ●蕭鄴—七月五日庚子以本官同平章事仍判度支階如故十一月二十五己未遷工尙仍平章事判度支 | 蔣係—十月由檢校禮尙山南西道節度入遷權知刑尙時階中散十二月檢校戶尙出爲鳳翔節度階如故 | 鄭顥—約是年由秘書監遷是年或明年遷吏侍 | ●崔愼由—十一月二十五己未遷中郎兼禮尙仍平章事階如故 | 鄭處誨 |

| | |
|---|---|
| | 大中一二（八五八） |
| | |
| | 柳仲郢—二月遷刑尚罷使職<br>●夏侯孜—二月由戶侍判戶部事遷兵侍充鹽運使時階朝議<br>四月十七戊申以本官同平章事仍充使階如故<br>十月五日癸巳遷工尚仍平章事<br>鄭顥—冬由吏侍轉兵侍權知明年春貢舉 |
| 蔣伸—十二月二十九壬辰由戶侍翰學承旨遷兵侍仍充承旨時階通議 | ●蔣伸—五月十三癸酉守本官判戶部事出院<br>十二月二十七甲寅以本官同平章事仍判戶部階如故 |
| | 柳仲郢—二月由兵侍鹽運使遷刑尚罷使職 |
| | 杜審權—春由陝虢觀察入遷本官充翰學<br>五月或六月以同月二十八遷戶侍進充承旨<br>鄭處誨—五六月由工侍遷<br>七月出爲浙東觀察 |
| ●蕭鄴—十一月二十五己未由兵侍平章事判度支遷工尚仍平章事判度支<br>十二月罷判度支 | ●蕭鄴—四月十八己酉遷中郎兼禮尚仍平章事<br>●劉瑑—四月十八己酉由戶侍平章事判度支遷工尚仍平章事<br>五月六日丙寅薨<br>●夏侯孜—十月五日癸巳由兵侍平章事鹽運使遷工尚仍平章事 |
| | 鄭處誨—五六月遷刑侍<br>衛洙—是年或明年由給事遷時階銀青 |

| | （八五九）大中一三<br>懿宗<br>（八月十三丙申即位） | （八六〇）大中一四<br>咸通元<br>（十一月改） |
|---|---|---|
| （兵尚） | ●蕭鄴—八月二十癸卯由中郎兼禮尚平章事遷門郎兼兵尚仍平章事 十一月七日戊午檢校右僕平章事出爲荆南節度<br>蔣係—十一二月由檢校戶尚鳳翔節度入遷 | 蔣係—春夏檢校右僕出爲山南東道節度<br>●夏侯孜—九月二十六癸酉由中郎兼刑尚平章事遷門郎兼兵尚仍平章事時階藍銀靑 十月二十三己亥檢校右僕平章事出爲劍南西川節度 |
| （兵侍） | 鄭顥—十月一日癸未出爲河南尹 | |
| （兵侍） | ●蔣伸—三月十八甲戌能判戶部事餘如故 八月二十癸卯遷中郎兼工尚仍平章事<br>●杜審權—八月二十九壬子由戶侍翰學承旨遷兵侍進階通議仍充承旨 十二月三日甲申以本官同平章事階如故 | ●杜審權—九月二十六癸酉遷中郎兼工尚仍平章事 |
| （刑尚） | 柳仲郢—是年遷戶尚進階金紫<br>●夏侯孜—八月二十癸卯由工尚平章事遷中郎兼刑尚仍平章事 | ●夏侯孜—九月二十六癸酉遷門郎兼兵尚仍平章事時階藍銀靑<br>●蔣伸—九月二十六癸酉由中郎兼工尚平章事遷兼刑尚仍中郎平章事時階金紫 |
| （刑侍） | | |
| （工尚） | ●夏侯孜—八月二十癸卯遷中郎兼刑尚仍平章事<br>●蔣伸—八月二十癸卯由兵侍平章事遷中郎兼工尚仍平章事 | ●蔣伸—九月二十六癸酉遷兼刑尚仍中郎平章事時階金紫<br>●杜審權—九月二十六癸酉由兵侍平章事遷中郎兼工尚仍平章事 |
| （工侍） | 皇甫珪—十一月由中舍翰學遷工侍仍充翰學時階朝請 | 皇甫珪—十月出爲同刺<br>楊知溫—十月由中舍翰學遷工侍仍充翰學 |

| | | | | | | | |
|---|---|---|---|---|---|---|---|
| 咸通二（八六一） | 李訥—蓋咸通初官至兵尚 | | | ●蔣伸 | 李福—八月由檢校工尚鄭滑節度入遷 | ●杜審權 | 高璩—八月七日己酉由右大諫翰學承旨遷工侍仍充承旨 |
| 咸通三（八六二） | ●畢諴—二月一日庚子由禮尚平章事遷中郎兼兵尚仍平章事 | 高璩—二月二十己未由工侍翰學承旨遷兵侍進階朝散仍充承旨　八月十九乙卯檢校禮尚出爲劍南東川節度時階朝議<br>楊收—九月二十六壬辰由中舍翰學承旨遷兵侍仍充承旨 | 劉汾—是年始任<br>李福—是年由刑侍遷兵侍判度支　是年末出爲宣武節度<br>曹確—是年末在兵侍判度支任 | ●蔣伸—正月十六乙酉檢校兵尚平章事出爲河中節度<br>徐商—蓋是年在刑尚充鹽運使任 | 李福—是年遷兵侍判度支<br>鄭從讜—是年由禮侍遷 | ●杜審權—二月一日庚子遷門郎兼吏尚仍平章事 | 高璩—二月二十己未遷兵侍進階朝散仍充承旨<br>李從晦—九月由工侍出爲檢校工尚山南西道節度 |
| 咸通四（八六三） | ●畢諴—四月一日癸巳罷守本官　十月檢校本官平章事出爲河中節度時階銀青 | ●楊收—五月七日己巳以本官同平章事時階朝議　十月遷中郎仍平章事蓋同時進階銀青 | ●曹確—閏六月以本官同平章事 | 李福—冬由戶尚換刑尚充鹽運使 | 鄭從讜—是年或明年遷吏侍 | | |

| | 咸通五（八六四） | 咸通六（八六五） |
|---|---|---|
| 〔兵尚〕 | 牛蘩—二月由兵尚檢校本官出爲劍南西川節度 | |
| 〔兵侍〕 | ●蕭寘—四月由兵侍判戶部事本官同平章事　八月一日乙卯遷中郎仍平章事<br>●路巖—九月二十六庚戌由戶侍翰學承旨遷兵侍仍充承旨　十一月十九壬寅以本官同平章事 | ●路巖—六月遷中郎仍平章事<br>侯備—九月十七乙未由戶侍翰學承旨遷兵侍進階朝散仍充承旨 |
| 〔兵侍〕 | ●曹確—三月十三己亥遷中郎仍平章事<br>●高璩—是年至明年二月間蓋曾以兵侍同平章事 | ●徐商—二月由大御遷兵侍同平章事　四月遷中郎仍平章事<br>于琮—蓋四月由刑侍遷兵侍判戶部事　十月改充鹽運使 |
| 〔刑尚〕 | 李福—二月十二己巳加平章事出爲劍南西川節度<br>●楊收—八月一日乙卯由中郎平章事遷門郎兼刑尚仍平章事時階銀靑 | ●楊收—六月遷右僕仍兼門郎平章事 |
| 〔刑侍〕 | 于琮—九月二十七辛亥由中舍翰學遷刑侍出院 | 于琮—蓋四月遷兵侍判戶部事 |
| 〔工尚〕 | ●曹確—八月一日乙卯以中郎平章事兼 | ●曹確—六月遷兼戶尚仍中郎平章事 |
| 〔工侍〕 | | 楊嚴—二月由給事遷<br>獨孤霖—九月十七乙未由中舍翰學遷工侍進階朝散仍充翰學 |

| 咸通七（八六六） | 咸通八（八六七） |
| --- | --- |
| ○蔣伸—春見在任蓋即是年出爲華刺 | |
| 侯備—三月九日乙酉出爲河南尹 | |
| 于琮 | ●于琮—七月二十七甲子以本官同平章事時階銀青十月遷中郎仍平章事<br>獨孤霖—十一月四日己亥由戶侍翰學承旨遷兵侍仍充承旨 |
| ●路巖—十一月二十七戊辰以中郎平章事兼 | ●路巖—十月遷門郎兼戶尚仍平章事<br>●徐商—十月由中郎兼工尚平章事遷兼刑尚仍中郎平章事 |
| 嚴祁—蓋咸通中葉曾官刑侍 | |
| ●徐商—八月以中郎平章事兼 | ●徐商—十月遷兼刑尚仍中郎平章事 |
| 獨孤霖—三月十七癸巳進充承旨 | 獨孤霖—正月二十七戊辰遷戶侍仍充承旨<br>裴璩—正月二十七戊辰由中舍翰學遷工侍仍充翰學時階蓋朝散九月二十三己未出爲同刺<br>劉允章—冬由工侍翰學遷禮侍出院<br>鄭言—十一月四日己亥由禮部郎中（中舍？）翰學遷工侍仍充翰學 |

| | 〔兵尚〕 | 〔兵侍〕 | 〔兵侍〕 | 〔刑尚〕 | 〔刑侍〕 | 〔工尚〕 | 〔工侍〕 |
|---|---|---|---|---|---|---|---|
| (八六八)<br>咸通九 | 蕭倣—冬由檢校兵尚義成節度入遷 | | 獨孤霖—九月八日戊戌守本官判戶部事出院 | ●徐商 | | | 鄭言—六月十八庚辰遷戶侍出院 |
| (八六九)<br>咸通一〇 | 蕭倣—是年以本官判度支是年或明年春遷吏尚 | 韋保衡—十一月十日癸亥由左大諫翰學承旨遷兵侍仍充承旨 | 孔溫裕—是年末或明年初由天平節度入遷 | ●徐商—六月十七癸卯檢校右僕平章事出爲荊南節度 | | 裴思猷—蓋咸通中官至工尚 | 張裼—十月由中舍翰學遷工侍仍充翰學十一月二日乙卯(?)進充承旨 |
| (八七〇)<br>咸通一一 | 王鐸—十一月三日辛亥由兵尚鹽運使遷禮尚同平章事 | ●韋保衡—四月二十四丙午以本官同平章事 | | ●劉瞻—正月五日戊午以中郎平章事兼九月七日丙辰檢校本官平章事出爲荊南節度時階正議 | | | 張裼 |
| (八七一)<br>咸通一二 | 盧耽—七月由兵尚出爲山南東道節度<br>●韋保衡—十月由兵侍平章事遷門郎兼兵尚仍平章事 | ●韋保衡—十月遷門郎兼兵尚仍平章事<br>張裼—十一月十八庚寅由戶侍翰學承旨遷兵侍仍充承旨 | 劉鄴—是年以兵侍充鹽運使十月遷禮尚同平章事 | ●王鐸—四月二十七癸卯由禮尚平章事遷中郎兼刑尚仍平章事十月遷門郎兼吏尚仍平章事 | | | 張裼—正月二十六癸酉遷戶侍仍充承旨<br>韋蟾—正月二十六癸酉由中舍翰學遷工侍仍充翰學 |

| （八七二）咸通一三 | （八七三）咸通一四 僖宗（七月十九辛巳即位） |
| --- | --- |
| ●韋保衡—二月十七丁巳遷右僕仍平章事<br>蕭倣—是年復以兵尚判度支 | ●蕭倣—是年遷左僕<br>十月四日乙未遷中郎復兼兵尚同平章事 |
| 張裼—五月十二辛巳貶封州司馬<br>鄭延休—十二月七日癸卯或明年正月七日壬申由工侍翰學承旨遷兵侍仍充承旨 | 鄭延休—八月二十二甲寅遷左丞進階金紫仍充承旨 |
| 高湜—蓋是年以兵侍判度支旋出爲昭義節度 | 韋保乂—是年由戶侍翰學遷兵侍蓋即此遷前後進充承旨<br>十月四日乙未貶賓州司戶 |
| | |

| （八七二）咸通一三 | （八七三）咸通一四 |
| --- | --- |
| 趙隱—二月十七丁巳由刑侍判戶部事遷戶侍同平章事<br>韋蟾—十一月十五辛巳由工侍翰學承旨遷御丞兼刑侍出院 | |
| 嚴祁—五月十四癸未由工尚貶郴刺 | |
| 韋蟾—十月十五壬子進充承旨<br>十一月十五辛巳遷御丞兼刑侍出院<br>鄭延休—十一月十八甲申由中舍翰學遷工侍仍充翰學 | 鄭延休—正月四日己巳（或上年十二月四日庚子）進充承旨<br>同月七日壬申（或上年十二月七日癸卯）遷兵侍仍充承旨 |

| | 〔兵尚〕 | 〔兵侍〕 | 〔兵侍〕 | 〔刑尚〕 | 〔刑侍〕 | 〔工尚〕 | 〔工侍〕 |
|---|---|---|---|---|---|---|---|
| （八七四）<br>咸通一五<br>乾符元<br>〔十一月改〕 | ●蕭倣—正月五日乙丑遷門郎兼右僕仍平章事 | ●崔彥昭—二三月由河東節度入遷兵侍充鹽運使 四月以本官同平章事蓋改判度支 十月遷中郎仍平章事判度支<br>●鄭畋—十月一日丙辰由吏侍遷兵侍同平章事 十一月五日庚寅遷中郎兼禮尚仍平章事 | 王凝—蓋夏以兵侍充鹽運使 | ○劉瞻—二月由虢刺入遷 五月八日乙未遷中郎同平章事<br>鄭從讜—五月由檢校刑尚嶺南東道節度入遷 | | 牛蔚—是年在權知工尚任<br>于涙—十二月由賓客遷 | 李景溫—約咸通末由工侍出爲華刺 |
| （八七五）<br>乾符二 | | | 王凝—二月徙秘書監罷使職<br>裴坦—二月由吏侍轉兵侍充鹽運使 | 鄭從讜—蓋是年卸<br>●崔彥昭—是年由中郎平章事判度支遷門郎兼刑尚仍平章事判度支 | | ●盧攜—六月以中郎平章事兼 | |

| 乾符三（八七六） | 乾符四（八七七） | 乾符五（八七八） |
| --- | --- | --- |
| 李瓚—九月由兵尚兼太常遷檢校右僕仍兼太常 | ●鄭畋—正月由門郎兼禮尚平章事遷兼兵尚進階開府仍門郎平章事 | ●鄭畋 |
| | 楊嚴—是年始任 | 楊嚴—是年以本官判度支四月見在任是年卒 |
| | | 孔緯—約是年前後由戶侍遷 |
| ●崔彥昭—六月遷右僕仍兼門郎平章事判度支 | ●盧攜—正月由中郎兼工尚平章事遷兼刑尚仍中郎平章事九月遷兼戶尚仍中郎平章事 | 牛蔚—乾符中嘗官刑尚 |
| 劉承雍—七月爲王仙芝所殺時官刑侍 | | 李景莊—五月二十六辛酉見在任 |
| ●盧攜 | ●盧攜—正月遷兼刑尚仍中郎平章事 | 薛能—乾符中由感化節度入遷工尚復出爲感化節度 |
| 崔朗—七月由工侍出爲同刺<br>楊知至—九月由京尹換 | | |

| | 〔兵尚〕 | 〔兵侍〕 | 〔兵侍〕 | 〔刑尚〕 | 〔刑侍〕 | 〔工尚〕 | 〔工侍〕 |
|---|---|---|---|---|---|---|---|
| 乾符六（八七九） | ●鄭畋—五月八日丁酉貶賓客分司<br>○盧攜—冬由賓客分司遷十二月遷門郎同平章事進階特進<br>●鄭從讜—十二月由中郎兼禮尚平章事遷門郎兼兵尚仍平章事 | ●豆盧瑑—五月八日丁酉由戶侍翰學承旨遷兵侍同平章事十二月遷中郎兼戶尚仍平章事 | 孔緯—是年遷吏侍<br>王徽—蓋是年秋冬由戶侍翰學承旨遷兵侍仍充承旨 | 李當—蓋乾符中或稍後官至刑尚 | | ●崔沆—十二月由戶侍平章事遷中郎兼工尚仍平章事 | 楊授—乾符末或廣明元年曾官工侍 |
| 廣明元（八八〇） | ●鄭從讜—二月二十八壬子檢校司空平章事出爲河東節度行營招討等使時階開府<br>●盧攜—六月二十四丙午以門郎平章事兼十二月五日甲申貶賓客分司 | | 王徽—是年遷左丞仍充承旨 | | 李溥—十二月爲黃巢所殺時官刑侍 | ●崔沆—十二月二十一庚子爲黃巢所殺 | 鄭紹業—四月由工侍出爲荊南節度<br>●裴徹—十二月五日甲申由戶侍翰學遷工侍同平章事 |

| (八八一)廣明二 中和元〔七月改〕 | (八八二)中和二 |
|---|---|
| ○王徽—三月由戶侍平章事罷爲兵尚進階光祿 尋蓋檢校本官充東面宣慰催陣使<br>●裴徹——四月十三庚寅由中郎兼禮尚平章事遷門郎兼兵尚進階特進仍平章事 十一月檢校本官出爲鄂岳觀察 | ○王徽—是年復正除兵尚 |
| 蕭遘—正月一日庚戌由戶侍翰學承旨遷兵侍判度支時階朝散 同月二十三壬申遷工侍同平章事進階銀青<br>●韋昭度—是年由戶侍翰學承旨遷兵侍仍充承旨 七月十四庚申以本官同平章事時階銀青 十一月遷中郎兼禮尚進階光祿仍平章事 | 鄭紹業—八月由兵侍判度支出爲荊南節度 |
| 陸威—蓋僖宗世官至兵侍 | |
| 孔緯—是年以刑尚判戶部事 同年徙少保 | |
| | |
| ●裴徹—正月二十三壬申遷中郎兼禮尚仍平章事時階金紫<br>●蕭遘—正月二十三壬申由兵侍判度支遷工侍同平章事進階銀青 四月十三庚寅遷中郎兼禮尚進階光祿仍平章事<br>張禕—八月由中舍翰學遷工侍仍充翰學 | 張禕——是年遷右丞仍充翰學 |

| | 〔兵尚〕 | 〔兵侍〕 | 〔兵侍〕 | 〔刑尚〕 | 〔刑侍〕 | 〔工尚〕 | 〔工侍〕 |
|---|---|---|---|---|---|---|---|
| 中和三（八八三） | ○王徽—五月遷右僕<br>●裴徹—七月由檢校兵尚判度支遷中郎兼兵尚同平章事仍判度支 | 鄭凝績—七月由兵侍檢校禮尚出爲壁刺 | | 裴瓚—僖昭世或中和前後官至刑尚 | | | |
| 中和四（八八四） | ●裴徹—十月遷右僕兼門郎仍平章事<br>樂朋龜—十月由兵侍翰學承旨遷兵尚仍充承旨 | 樂朋龜—十月由兵侍翰學承旨遷兵尚仍充承旨 | 鄭昌圖—是年在兵侍判度支任 | | 李煥—九十月間見在任<br>韋庾—是年末以刑侍判戶部事 | | 秦韜玉—秋冬在工侍判度支兼充十軍司馬任 |
| 中和五 光啓元〔三月改〕（八八五） | 樂朋龜—是年卸<br>杜讓能—是年由禮尚翰學承旨遷兵尚仍充承旨時階銀青 | 楊授—是年由秘書監遷後徙左騎 | 鄭昌圖 | | 韋庾—二月卒官 | | |

| 光啓二 (八八六) | 光啓三 (八八七) | 光啓四 文德元〔二月改〕 (八八八) 昭宗〔三月八日乙巳即位〕 |
| --- | --- | --- |
| 杜讓能—三月十九戊戌遷兵侍同平章事進階金紫 | ●杜讓能—六月以中郎平章事兼時階特進 | ●杜讓能—二月二十戊子遷右僕進階開府仍平章事 |
| ●杜讓能—三月十九戊戌由兵尚翰學承旨遷兵侍同平章事進階金紫四月遷工尚仍平章事 | ●張濬—九月由戶侍判度支遷兵侍同平章事仍判度支 | ●張濬—二月遷中郎仍平章事<br>劉崇望—約是年由戶侍翰學承旨遷兵侍仍充承旨 |
| 鄭昌圖—春在兵侍判戶部任<br>●孔緯—三月十九戊戌由大御遷兵侍同平章事四月遷中郎仍平章事 | | |
| 孔緯—正月十日庚寅以刑尚兼大御三月十九戊戌遷兵侍同平章事 | | |

| 光啓二 (八八六) | 光啓三 (八八七) | 光啓四 (八八八) |
| --- | --- | --- |
| 魏簹—蓋僖宗世官至刑侍 | | 孫揆—蓋是年由中舍遷 |
| ●杜讓能—四月由兵侍平章事遷工尚仍平章事 | ●杜讓能—三月九日癸未遷中郎仍平章事<br>鄭紹業—是年或明年正二月由前荊南節度遷 | |
| | | 盧知猷—是年由前中舍遷 |

| | 〔兵尚〕 | 〔兵侍〕 | 〔兵侍〕 | 〔刑尚〕 | 〔刑侍〕 | 〔工尚〕 | 〔工侍〕 |
|---|---|---|---|---|---|---|---|
| (八八九)龍紀元 | ●劉崇望—三月或稍後以中郎平章事兼十一月二十一己酉遷兼吏尚仍中郎平章事<br>●張濬—蓋十一月由中郎兼吏尚平章事換兼兵尚仍中郎平章事 | ●劉崇望—正月一日癸巳以本官同平章事三月遷中郎仍平章事 | | | 孫揆—正月一日癸巳遷京尹 | | 盧知猷—蓋是年遷戶侍 |
| (八九〇)大順元 | ●張濬—冬遷右僕仍兼中郎平章事 | | 鄭延昌—大順中以兵侍兼京尹蓋二年遷戶尚 | | | | 陸□—蓋僖昭之際曾官工侍 |
| (八九一)大順二 | ●徐彥若—十二月以中郎平章事兼 | ●崔昭緯—正月九日庚申由兵侍翰學承旨本官同平章事蓋判戶部事二月遷中郎仍平章事 | | | | | |

| （八九二）景福元 | （八九三）景福二 | （八九四）乾寧元 | （八九五）乾寧二 |
|---|---|---|---|
| ●徐彥若 | ●徐彥若—正月檢校左僕平章事出爲鳳翔隴右節度 | 張禕—蓋乾寧初二年六月以前曾官兵尚 | ○張濬—六月七日癸巳由賓客遷兵尚充諸道租庸使進階光祿 |
| 崔胤——大順中景福初或曾官兵侍 | | 趙光逢—是年由戶侍翰學承旨遷兵侍仍充承旨 | 趙光逢—三月遷左丞仍充承旨<br>陸扆—五月由戶侍翰學承旨遷兵侍進階銀青仍充承旨 |
| 盧知猷—大順景福中由前右丞換 | | | |
| | ●鄭延昌—六月二十二戊午以中郎平章事兼 | ●鄭延昌—二月遷左僕兼門郎仍平章事 | 崔凝—以刑尚權知是年春貢舉放榜二月十九丁未貶合刺 |
| 鄭凝績—景福中官刑侍遷戶侍 | | 牛徽—乾寧中由中舍遷刑侍徙左騎 | |
| 盧知猷—乾寧初或景福中曾官工尚 | | | |

| | 〔兵尚〕 | 〔兵侍〕 | 〔兵侍〕 | 〔刑尚〕 | 〔刑侍〕 | 〔工尚〕 | 〔工侍〕 |
|---|---|---|---|---|---|---|---|
| （八九六）乾寧三 | ○張濬—二月尚見在任是年卸兵尚仍充使<br>○劉崇望—十月十一戊午由吏尚換兵尚進階光祿 | 陸扆—正月稍後遷左丞仍充承旨階如故<br>●崔遠—是年由戶侍翰學遷兵侍進充承旨九月十七乙未守本官同平章事兼判戶部時階銀青不數日卸判戶部 | | | | | |
| （八九七）乾寧四 | ○劉崇望—蓋是年卸<br>●崔遠—四月由兵侍平章事遷兵尚仍平章事六月一日乙巳遷中郎仍平章事<br>○陸扆—八月一日甲辰由工尚遷 | ●崔遠—三月復判戶部事四月遷兵尚仍平章事判戶部 | 司空圖—是年或上年冬由前戶侍徵爲兵侍辭不拜 | 張禕—四月由刑尚貶衡州司馬<br>楊授—乾寧末官刑尚徙少保時與張禕相先後 | 楊涉—九月一日癸酉由刑侍遷吏侍 | ○陸扆—二月八日癸丑由硤刺入遷八月一日甲辰遷兵尚 | |

| （八九八）乾寧五 光化元〔八月改〕 | （八九九）光化二 | （九〇〇）光化三 |
|---|---|---|
| ○陸扆 | ○陸扆—正月十三丁未遷中郎同平章事<br>○劉崇望—春復遷兵尚是年卒時階特進 | 孫儲—七月二十五庚戌以兵尚守本官兼京尹時階金紫<br>樂仁規—蓋是年冬遷兵尚時階光祿 |
| | 裴樞—六月二十五丁亥由兵侍遷吏侍<br>薛昭緯—六月二十五丁亥由戶侍遷 | |
| 盧說—光化中曾官兵侍翰學 | | |
| | | ●裴贄—正月一日庚寅或十一庚子由禮尚遷<br>九月二十三戊申遷中郎同平章事仍兼刑尚時階正議 |
| | | |
| ●崔遠—正月以中郎平章事兼 | ●崔遠 | ●崔遠—四月遷兼吏尚仍中郎平章事 |
| | | ○王摶—六月十一丁卯由司空兼門郎平章事判度支貶工侍削階特進明日戊辰再貶溪刺 |

| | 〔兵尚〕 | 〔兵侍〕 | 〔兵侍〕 | 〔刑尚〕 | 〔刑侍〕 | 〔工尚〕 | 〔工侍〕 |
|---|---|---|---|---|---|---|---|
| (九〇一)光化四 天復元〔四月改〕 | ●陸扆—五月十九庚子由門郎兼戶尚平章事遷兼兵尚進階特進仍門郎平章事 | ●盧光啓—十一月十三辛酉以兵侍權勾當中書事兼判三司時在鳳翔同月十九丁卯遷右大諫參知機務 | 韓偓—十一月由中舍(?)翰學遷兵侍進充承旨 | ●裴贄—五月遷兼戶尚仍中郎平章事 | | ○崔胤—十一月二十六甲戌由司空兼門郎平章事判度支鹽運使貶工尚削階朝散 | 柳遜—是年始任 |
| (九〇二)天復二 | ●陸扆 | 薛貽矩—天復中由戶侍翰學遷兵侍進充承旨 | 韓偓—是年換戶侍仍充承旨 | 長孫凝—唐末葉官至刑尚 | 薛廷珪—蓋天復中曾官刑侍 | ○崔胤 | ●韋貽範—正月二十丁卯由給事遷工侍同平章事判度支五月二十五庚午丁憂罷<br>●蘇檢—六月二日丙子由中舍遷工侍同平章事 |

| 天復三（九〇三） | 天復四（九〇四）<br>天祐元（閏四月改）<br>哀帝（八月十五丙午即位） |
| --- | --- |
| ●陸扆—二月三日甲戌貶沂王傅分司<br>○崔遠—蓋是年始任 | ●崔遠—正月十日丙午遷中郎同平章事閏四月十四戊申復以中郎平章事兼 |
| 薛貽矩—蓋是年二月貶濮州司戶<br>吳融—蓋是年在兵侍翰學任<br>●獨孤損—十二月十五辛巳由禮尚遷兵侍同平章事 | ●獨孤損—正月十日丙午兼判度支及右三軍事閏四月十四戊申遷門郎兼戶尚仍平章事判如故<br>李燕—九月八日己巳見在任 |
| 王贊—二月見在任<br>張文蔚—是年由戶侍翰學遷兵侍此時前後進充承旨 | 張文蔚—是年末換禮侍出院 |
| 鄭元規 | 鄭元規—正月九日乙巳由刑尚兼京尹六軍諸衞副使貶循州司戶<br>張禕—八月二十七戊午見在任<br>十月六日丙申見在任 |
| | |
| ○崔胤—正月二十五丁卯復遷司空兼門郎同平章事判度支鹽運使 | |
| ●蘇檢—二月五日丙子被殺 | |

| | 〔兵尚〕 | 〔兵侍〕 | 〔兵侍〕 | 〔刑尚〕 | 〔刑侍〕 | 〔工尚〕 | 〔工侍〕 |
|---|---|---|---|---|---|---|---|
| 天祐二（九〇五） | ●崔遠—三月五日甲子罷爲右僕時階光祿 | 韓渥—秋復徵爲兵侍翰學承旨辭不拜 | 王贊—五月二十二庚辰由兵侍貶濮州司戶時階銀靑 | 張禕—四月七日乙未仍見在任<br>裴廸—二月二十三壬子由汝刺入遷十一月見在任 | 盧膺—是年冬或稍前見在任 | ○王溥—二月二十一庚戌由太常遷五月十七乙亥貶淄州司戶<br>李克助—十二月見在任 | |
| 天祐三（九〇六） | | 于兢—約是年見在任 | 王鉅—昭哀世官至兵侍 | | | | 孔績—九月見在任 |
| 天祐四（九〇七）（四月十八甲子朱梁簒位唐亡） | | | | 張禕—四月十八甲子見在任 | | | |